UHL · HANDBUCH FÜR RUCKSACKREISEN

Ausrüstung für Wanderer, Bergsteiger,
Trekker, Camper, Abenteurer,
Rad- und Motorradfahrer

WOLFGANG UHL

HANDBUCH FÜR RUCKSACK-REISEN

ORAC PIETSCH

Umschlaggestaltung: Siegfried Horn
unter Verwendung zweier Dias des Autors.

Bild- und Fotonachweis

Ajungilak
Fotos: Schlafsack Tyin, Schlafsack Polaris, Ausschnitte Polaris

Caravan (Nordisk Freizeit)
Fotos: Schlafsack Carry Combi, Navarac, Skvader
Zelte Trip und Nomad

Fjällräven
Foto: Schlafsack Himalaya

Gerhard Poggenpohl
Fotos: Schlafsack Pakker Entrant, Zelte Space und Spar

Salewa
Fotos: Gore-Tex Zelt, Sierra Nevada, Schlafsäcke Kantsch und Konka

Die Konstruktionszeichnungen bei den Schlafsäcken stammen von Caravan.
Bild »Differential Schnitt«: Ajungilak
Bild »Mehrlagen-Steppung«: Ajungilak
Bild »Verschiedengroße Stopfung«: Fjällräven
Bild »Dacron Hollofil«: Ajungilak
Bild »Fülltechnik Konka-Schlafsack«: Salewa

Diese Zeichnungen wurden den Katalogen obiger Firmen entnommen.

Farbbild Motorrad in der Wüste: Rudi Weidner
Farbbild Stephan Pastor von S. Pastor
Farbbild Ernst Uhl von E. Uhl

Alle anderen S/W-Bilder und Farbbilder Wolfgang Uhl

ISBN 3-87943-970-2

1. Auflage 1983

Eine Abteilung des Buch- und Verlagshauses Paul Pietsch GmbH & Co. KG.

Satz und Druck: Johannes Illig, 7320 Göppingen.
Buchbinderische Verarbeitung: Großbuchbinderei E. Riethmüller, 7000 Stuttgart.
Printed in Germany.

Inhalt

1. Vorwort

Dieses Buch soll all denjenigen, die »auf Tour« gehen wollen, helfen, einen Überblick über die erforderlichen Ausrüstungs-Gegenstände zu gewinnen und gleichzeitig die Auswahl verschiedener Artikel zu erleichtern.
Dem Bastler werden Tips gegeben, seine Ausrüstung mit einfachen Tricks selbst zu verbessern.
Angesprochen sind alle, die mit Gepäck unterwegs sind: Wanderer, Bergwanderer, Tramper, Trekker, Bergsteiger und Extrem-Reisende. Ebenso kommen Rad- und Motorradfahrer mit Reisegepäck auf ihre Kosten.
Es wird gezeigt, wo man sparen kann, ebenso aber werden erprobte Ausrüstungsgegenstände aufgeführt, für die man schon etwas mehr ausgeben muß.
Die angebotene Warenpalette auf diesem Gebiet ist mittlerweile schon so groß, daß man selbst als »Eingeweihter« Mühe hat, stets auf dem laufenden zu bleiben.
Hinzu kommen die Fachausdrücke: Da werden bei Zelten Gewebe wie »Vinylon F« und »silikonimprägnierte Baumwoll -/Polyestermischgewebe« verwandt, da ist ein Schlafsack mit »Dacron 808« oder »ICI Terylene Endlos Hohlfaser« gefüllt, da gibt es geschraubte, gelötete und geschweißte Rucksackpackrahmen.
Die Informationen darüber allerdings, worauf man achten sollte, sind spärlich. Was ist zu empfehlen – was nicht?
Da sieht ein Zelt genauso aus wie das nebendran, aber der Preisunterschied beträgt glatt 600 Mark. Wo liegen nun die Unterschiede?
Ist man Auszubildender oder Student mit chronisch leerer Reisekasse, wird man sich zwangsläufig einen anderen Schlafsack aussuchen als ein gutverdienender Hobby-Alpinist.
Wenn man als Familienvater am Wochenende mit »Kind und Kegel« gern wandert, wird einem ein 90-Liter-Rucksack oder ein sturmsicheres Zelt kaum interessieren. Dagegen wird man wohl Interesse an Wanderschuhen, Regenbekleidung und Wanderrucksäcken haben.
Aber es gibt auch noch andere wichtige Faktoren:
Man hat sich vom Verkäufer einen Gaskocher aufschwatzen lassen und merkt dann drei Wochen später im Reiseland, daß man keine Ersatzkartuschen bekommt. Vielleicht hätte man doch den Benzinkocher nehmen sollen . . .
Oder man stellt fest, daß das erworbene Zelt zwar recht günstig war und eine hübsche Farbe hat, aber nicht wasserdicht, sondern allerhöchstens wasserabweisend ist.
Ebenso aber gibt es Zelte, die laut Hersteller »in zwei Minuten aufgebaut sind«. Die gibt es, aber es gibt auch Hersteller, die scheinbar davon ausgehen, daß bei schönem Wetter und absoluter Windstille mindestens drei Leute zur Verfügung stehen.
Um solche Erfahrungen auf ein Minimum zu beschränken, soll dieses Buch helfen.

Zu den Produktbeschreibungen

Es gibt eine Vielzahl von Herstellern und Vertriebsfirmen. Ich konnte in diesem Buch nur die mir bekannten Artikel beschreiben, einige Firmen werden deshalb öfters genannt sein, andere wieder – je nach Artikel – nur einmal. Ich mache darauf aufmerksam, daß es andere Hersteller mit durchaus gleichwertigen Produkten auf dem Markt gibt. Die Produktbeschreibungen (z.B. Schlafsäcke, Rucksäcke, etc.) sind Kurzbeschreibungen – schließlich soll das Buch kein Katalog sein.

Für die- oder denjenigen, die sich für Produkte bestimmter Hersteller interessieren, sei auf die Liste »Globetrotter-Shops« verwiesen.

Ein Hersteller- und Vertriebsverzeichnis befindet sich am Ende des Buches.

Und noch etwas: Ich habe versucht, so objektiv wie möglich zu bleiben, obwohl sich eine gewisse Subjektivität selten vermeiden läßt (dem einen gefällt dieser Schlafsack, ein anderer schwört auf ein anderes Modell – und auch ich habe natürlich Sachen, für die ich mich begeistern kann). Ich habe hier meine eigenen Erfahrungen, die meiner Freunde und Kunden wiedergegeben und versucht, ein möglichst breites Erfahrungsspektrum zu schaffen. Sollten Sie den einen oder anderen Artikel vermissen, mit dem Sie vielleicht gute Erfahrungen gemacht haben, oder Verbesserungsvorschläge und konstruktive Kritik auf Lager haben, lassen Sie's mich wissen.

Zu den genannten Preisen:

Bei verschiedenen Preisen für ein und denselben Artikel habe ich den ca., bzw. Durchschnittspreis angegeben. Bei Artikel mit »unverbindlich empfohlenen Verkaufspreisen« wurde dieser angegeben.

Der Preisstand ist Mai 1983.

2. Zu den verschiedenen Klimagebieten

WOHIN?

Jede Landschaftsform stellt spezielle Anforderungen an Mensch und Ausrüstung. Kommt man bei Benutzung heimatlicher Wanderwege noch mit relativ wenig Ausrüstung aus, so verhält es sich in einer anderen Klimazone oder abseits der Zivilisation doch ganz anders. Auf den nächsten Seiten werden kurz die klimatisch bedingten Schwerpunkte, die man bei der Ausrüstungsauswahl beachten sollte, aufgezeigt.
Man sollte sich bei Anschaffung von Ausrüstung stets eines vor Augen halten: bleibe ich bei einer bestimmten Landschaftsform, oder durchwandere oder durchfahre ich verschiedene Gebiete? Unternehme ich nur leichte Wanderungen über das Wochenende, oder soll die gekaufte Ausrüstung auch für die kommende Sommertour mit dem Motorrad tauglich sein? Oder soll die Ausrüstung spezielle Zwecke erfüllen und für eine »richtige« Wildnistour herhalten?
Egal, ob sie gerne wandern oder eine Zeitlang den kanadischen Busch unsicher machen möchten, mit der richtigen Ausrüstungswahl ist schon viel getan.
Es nützt einem gar nichts, wenn man eine vierstellige Summe in eine Super-Ausrüstung investiert, die man nie ausschöpfen kann und wird. Genauso aber ist es verkehrt, um jede Mark zu geizen; das rächt sich in der Regel, und durch eine Ersatzanschaffung hat man mehr Geld ausgegeben, als bei richtiger Auswahl nötig wäre.
Bei größeren Touren sollte man bedenken, daß oft von der richtigen Ausrüstung Gesundheit und Leben abhängen kann, da sollte man nicht am falschen Platz sparen.

A. AUSRÜSTUNG FÜR GEMÄSSIGTE GEBIETE

Wanderungen im Frühjahr, Sommer, Herbst

Wenn man in Deutschland oder anderen Ländern Europas wandert, wird man meist Wanderwege benutzen. Die meisten Leute beschränken sich auf Tagestouren, oft wird unterwegs eine Ausflugs-Gaststätte besucht. Es werden keine allzu großen Ansprüche an Kondition oder Gesundheit gestellt, was die Teilnahme der gesamten Familie begünstigt. Erfolgt die Anreise mit dem Wagen, kann Oma ebenso wie die Jüngste mit von der Partie sein.
Macht man ganztägige Touren, sollte man darauf achten, daß niemand überfordert wird; dies gilt besonders für ältere Menschen und kleine Kinder.

Ausrüstung
für Wanderer

Die benötigte Ausrüstung für einen Ausflug ist schnell aufgezählt: Ein leichter Wander- oder Tagesrucksack, je nach Klima etwas Bekleidung und Proviant für unterwegs. Leichte Wanderschuhe, eine Kopfbedeckung und eventuell ein Regenschutz werden die Grundausrüstung darstellen.

B. BERGWANDERN

Eine passable Kondition und eine entsprechende Ausrüstung sollte man auf solche Touren mitbringen.
Je nach Vorhaben und den an die Tour gestellten Ansprüchen wird man freilich Unterschiedliches dabeihaben.
Einige haben ihren Standort vielleicht in einer Pension im Tal und unternehmen von hier aus Tages- oder mehrtägige Bergtouren.
Andere wieder bevorzugen das Wandern von Hütte zu Hütte, wenige nehmen Zelt und Schlafsack mit, um völlig unabhängig zu sein.
Anfänger sollten ein relativ einfaches Gelände bevorzugen. Mit zunehmender Erfahrung können die Touren dann nach und nach ausgebaut werden. Passionierte Bergwanderer kennen sich mit Wettervorzeichen aus und haben auch die entsprechende Ausrüstung dabei, um bei Nachteinbruch oder Wetterumsturz kein Risiko eingehen zu müssen.
Kommt man bei einfachen Tagestouren noch mit leichten Bergschuhen, Ano-

Ausrüstung
für Bergwanderer
und Bergsteiger

rak, Pullover, einem Wanderrucksack und entsprechender Verpflegung aus, wird man bei schwierigeren oder längerdauernden Touren noch Ersatzwäsche, Leichtgewichtsnahrung, Gletscherbrille, Wetter- und Kälteschutzausrüstung mitführen.
Möchte man unterwegs im Freien übernachten, kommen noch Zelt, Schlafsack, Biwakmatte, Kocher, usw. dazu.

C. BERGSTEIGEN

Im Gegensatz zum Bergwanderer benötigt der Bergsteiger je nach Gebiet mehr Kälteschutzausrüstung. Auch wird er an seine Ausrüstung andere Ansprüche stellen. Es ist natürlich ein Unterschied, ob man in Österreich eine Drei-Tages-Tour unternimmt, oder mehrere Gipfel im Himalaya bezwingen möchte. Deshalb seien an dieser Stelle die benötigten Gegenstände nur grob aufgeführt, eine ausführlichere Auflistung und Erklärung folgt unter Kapitel »34. Spezielle Bergausrüstung«.
Die benötigte Ausrüstung eines Bergsteigers richtet sich nach Art seines Unternehmens. Ein Freikletterer wird logischerweise andere Dinge mitnehmen als ein Expeditionsbergsteiger in Eis- und Schnee. Profis wissen sowieso Bescheid, aber vielleicht finden auch sie noch einige nützliche Tips; genannt seien nur einmal Schlafsäcke oder Kocher.
Ich gehe deshalb auch nicht auf Klettertechniken ein, sondern auf mitzunehmende Ausrüstungs-Gegenstände.
Die Palette ist groß: Pickel, Seile, Karabiner, Klemmkeile, Sitzgurte, Haken, Bohrmeisel und Steigeisen, um hier nur einige aufzuführen. Hinzu kommen gegebenenfalls Schlafsack, Zelt, Kocher, Daunenbekleidung, Bergstiefel, Biwacksack, Geschirr, Verpflegung und und und ...
Vieles aus dem alpinen Bereich läßt sich auch in anderen Bereichen verwenden.

D. AUSRÜSTUNG FÜR RAD- UND MOTORRAD-FAHRER

Rad- und Motorradfahrer sind auf Straßen, Pisten oder Wege angewiesen. Was allerdings das »Wohin?« betrifft, gilt für sie das gleiche wie für Wanderer oder Rucksackreisende. Je nach Landschaftsform und Klimagebiet können Zweiradfahrer die gleichen Ausrüstungsgegenstände wie Rucksackträger mitnehmen. Hinzu kommen natürlich Ersatzteile fürs Gefährt und bei Motorradfahrern Öl und Benzin.
Ich setze voraus, daß jeder Zweiradfahrer sein Gefährt kennt und so in der Lage ist, die entsprechenden Werkzeuge und Ersatzteile mitzuführen. Pack- und Checklisten befinden sich am Ende dieses Buches. Viele der mir bekannten Rad- und Motorradfahrer bevorzugen Europa, einige davon aber machen auch Touren nach Afrika und Asien. Was Leute mit Wüstenerfahrung mitnehmen, wird auch teilweise für Europareisende brauchbar sein, man denke nur an Faltkanister, Kocher, Schlafsack und Zelt. Fährt man in kältere Ge-

Ausrüstung
für Motorradfahrer

genden, kann man einiges aus dem Kapitel »Ausrüstung in Eis und Schnee« übernehmen, ich denke hierbei z.B. an's alljährlich stattfindende Elefantentreffen. Daß sich niemand mit einer Daunenjacke auf ein Motorrad setzen wird, ist logisch, bei der Benutzung eines Schlafsacks aber im Winter wird man die gleichen Maßstäbe wie ein Tramper oder Trekker setzen: Klein verpackbar, möglichst leicht und warm.
Die wenigsten Motorradfahrer allerdings werden sich in der Kälte aufhalten, meistens werden südliche Gebiete in und außerhalb Europas bevorzugt. Also Schwerpunkt Hitze.
Und auch hier fällt jede Menge an: Außer Schlafsack, Zelt und Kocher, Isoliermatte, Bekleidung und Wasserdesinfektionsmittel, einer kleinen Apotheke und dergleichen wird man noch Ersatzteile für die Ausrüstung und fürs Motorrad (Fahrrad) mitnehmen.

E. AUSRÜSTUNG FÜR EIS UND SCHNEE

Winterwandern, Trekking, Bergsteigen, Reisen mit Expeditionscharakter

Jeder, der sich in kalten Zonen aufhalten will oder muß, muß vor allem über ausreichende Kälteschutzbekleidung verfügen.

Ausrüstung
für Radfahrer

Wird es in gemäßigten Zonen kalt, kann man der Kälte oft auch mit einem oder zwei Pullovern, Fäustlingen und einer gefütterten Parka begegnen.
Oft aber reicht dies nicht aus. Sei es, daß die Temperatur ungewöhnlich tief abfällt, sei es, daß man sich in Ländern aufhält, die für ihre Kälte berüchtigt sind (Alaska, Kanada, Grönland).
Aber auch bei uns muß man, will man sich bei Kälte in der Natur aufhalten, die richtigen Dinge mitführen.
Man muß nicht gerade in Kanada überwintern, um die Kälte »kennenzulernen«. Sie kann einem als Bergwanderer oder Bergsteiger in Deutschland genauso wie beim Trekking in Nepal überfallen.

Winterwandern, Trekking, Bergsteigen

Unkenntnis, mangelnde Ausrüstung und eine geradezu unwahrscheinliche Unbekümmertheit kosten auch bei uns Jahr für Jahr vielen Menschen das Leben, beim Bergwandern ebenso wie beim Skilaufen abseits der Pisten. Da bringen es Leute fertig, mit Strickjäckchen und Stiefeletten auf einen 2500 m hohen Berg zu steigen, um dann bei einem Wetterumsturz in einem Schneesturm jämmerlich zu erfrieren.
Und wenn man sich manche Leute in ihrer hochmodischen Skibekleidung ansieht, die ja hauteng sitzen soll, um ja kein wärmendes Luftpolster zwischen Körper und Bekleidung zu bilden, macht man sich seine (berechtigten) Gedanken.
Für uns wichtig sind die zwei Arten von Kälte:
Zum einen die trockene Kälte, die bei etwa minus 20 Grad (nach unten sind keine Grenzen gesetzt) beginnt. Diese Kälte ist – richtige Ausrüstung vorausgesetzt – leichter zu ertragen als nasse, feuchte Kälte.
Feuchte Kälte, die kurz unterhalb des Gefrierpunktes beginnt und bis etwa minus 15 Grad reicht, leitet die Körperwärme durch Feuchtigkeit viel schneller ab als trockene Kälte.
Man sollte sich deshalb bei der Auswahl seiner Bekleidung stets informieren, mit welcher Art von Kälte es man zu tun hat, denn Daunenbekleidung ist nässeempfindlich, Kunstfaster nicht.

F. AUSRÜSTUNG FÜR WALD UND WILDNIS

Zu Fuß in der Wildnis

Nicht zu verwechseln mit Wandern auf heimischen Pfaden mit ausreichender Beschilderung und Gaststätten unterwegs.
Gemeint sind Wanderrouten abseits von Wegen, beispielsweise im Sarek-National-Park in Schweden, in Kanada oder sonst in unberührter Natur. Hier entscheidet die Jahreszeit und Reisedauer über die entsprechende Ausrüstung.
Ist man mit dem Rucksack unterwegs, muß man sich darüber im klaren sein, daß man alles fürs Überleben in der Wildnis bei sich haben muß. Schwierigkeiten treten bei der Verpflegungsbeschaffung auf, vor allem, wenn man etliche Wochen oder Monate im Busch bleiben will. Hier hilft dann nur ein Großeinkauf an Lebensmitteln, und man muß auf Kanu oder Buschpilot umsteigen, um die entsprechende Menge zu transportieren.
Eine andere Möglichkeit bieten Angel- und Jagdmöglichkeiten unterwegs, vorausgesetzt, man bringt die entsprechende Sach- und Fachkunde mit. Völlig falsch wäre es, anzunehmen, daß Tiere nur darauf warten, geschossen zu werden, um in den menschlichen Magen zu wandern.
Plant man die Tour etappenweise – vielleicht mit einer oder zwei Verpflegungsmöglichkeiten unterwegs – ist man durchaus in der Lage, die benötigte Verpflegung mitzunehmen. Voraussetzung dafür ist entweder dehydrierte Spezialnahrung (s. Nahrung) oder die Mitnahme von Grundnahrungsmitteln und Kochen unterwegs.
Außer Nahrung benötigt man entsprechende Kleidung, Notfallausrüstung, Schlafsack, Zelt, Geschirr und eine ganze Menge anderer Kleinigkeiten, wie eine gute Rucksackapotheke und ein gutes Jagdmesser, mit dem man verschiedene Arbeiten verrichten kann.
Flick- und Nähzeug, Axt oder Säge gehören ebenfalls dazu. Muß man mit Kälte rechnen, benötigt man noch einiges mehr.

Zu Fuß in der Wildnis

G. AUSRÜSTUNG FÜR WÜSTENGEBIETE

Reisen mit Expeditionscharakter

In Steppen- und Wüstengebieten ist es die Hitze, die einem zu schaffen macht. Dies gilt für Nordafrika ebenso wie für Australien. Egal, ob man mit dem Fahrrad in den Osten der Türkei, mit dem Motorrad in die Sahara oder mit dem Rucksack nach Ägypten möchte, der große Feind ist die Hitze.
Ebenso wie bei der Kälte gibt es wieder zwei Arten der Hitze: Die trockene und die feuchte Hitze (s. Ausrüstung für Dschungel). In Wüstengebieten hat man es immer mit trockener Hitze zu tun, die – ebenso wie trockene Kälte – leichter zu ertragen ist. Das soll nun aber nicht heißen, daß einem die Hitze nicht sonderlich viel ausmacht.
50 bis 70 Grad Tagestemperatur ist in Wüsten keine Seltenheit, und bei diesen Temperaturen verliert der Mensch rasch einige Liter Feuchtigkeit, die wieder getrunken werden müssen, will man nicht innerhalb kurzer Zeit an Austrocknung sterben.
Nicht umsonst legen viele »Expeditionsreiseunternehmen« ihre Reisezeit in das Frühjahr oder den Herbst, wenn die Temperaturen um etliches tiefer liegen.
Die Ausrüstung bei solchen Touren besteht aus geeignetem Schuhwerk und Bekleidung, hinzu kommen Mineralsalztabletten, Tropenapotheke, Wasserdesinfektionsmittel, möglichst exaktes Kartenmaterial und dergleichen.
Rad- und Motorradfahrer sind ebenso wie Rucksackreisende auf eine Wasser- (und Sprit)versorgung unterwegs angewiesen.
Bleibt man auf den Hauptrouten (asphaltierte Straßen, Pisten) mit einem einigermaßen guten Wasser- und Benzinversorgungsnetz, lassen sich solche Reisen durchaus durchführen.

Ausrüstung für Wüstengebiete

H. AUSRÜSTUNG FÜR DEN DSCHUNGEL

Reisen mit Expeditionscharakter

Im Gegensatz zu Wüstengegenden herrscht im Dschungel ein feuchtheißes Klima. Bei einer Luftfeuchtigkeit von teilweise fast 100 Prozent und einer Temperatur von 40 Grad ist es eine Tortur, mit Gepäck zu marschieren. Jede Bewegung verursacht ungeahnte Schweißausbrüche. Zu einem Marsch im tropischem Regenwald gehört eine hervorragende Konstitution.
Hinzu kommt die psychische Kraft, die im Urwald vonnöten ist. Abgesehen von den ständig nervenden, stechenden Insekten, die einen fast zum Wahnsinn treiben, kommen Blutegel, Spinnen und Skorpione hinzu, um nur einige Urwaldbewohner aufzuführen.
Die benötigte Kleidung unterscheidet sich nur wenig von der, die man in Wüsten tragen sollte, hinzu kommt aber eine ganze Reihe anderer Dinge, wie Moskitonetze, Hängematten, Tropenapotheke, Macheten, usw., um einen kleinen Teil aufzuführen. Aufgrund der hohen Luftfeuchtigkeit muß man seine Ausrüstung möglichst feuchtigkeitsunempfindlich wählen, beispielsweise einen leichten Schlafsack mit Synthetikfüllung.
Die Foto- und Filmausrüstung muß vor Feuchtigkeit geschützt werden, ebenso alles andere, was sich mit Nässe nicht verträgt.
Das Problem der Nahrungsbeschaffung ähnelt dem in der gemäßigten Wildnis.

Ausrüstung für den Dschungel

3. Rucksäcke

Schon früher versuchten Menschen in allen Kontinenten, ihre Lasten mit geringstem Kraftaufwand zu tragen. Angefangen von einfachen Tragestöcken, die über der Schulter getragen werden und an deren Ende die Last befestigt wird, bis hin zu den Packboards der Trapper und Fallensteller Nordamerikas, die ihre Last in einem Packen zusammengeschnürt auf zwei vertikale Bretter banden, gibt es die unterschiedlichsten Tragemethoden.
In Afrika werden Gepäckstücke bevorzugt auf dem Kopf getragen, in Asien beispielsweise wird eine Stange über die Schultern gelegt, an deren beiden Enden Körbe oder Behälter angebracht sind. Allen Techniken aber ist eines gemeinsam: Immer wird versucht, den Schwerpunkt der Last möglichst nahe an die Körperachse zu bringen. Je besser dies gelingt, umso angenehmer und ermüdungsfreier lassen sich auch schwerere Lasten transportieren.
In Europa wurden früher Holztragegestelle verwandt. Diese kamen in weiten Gebieten Skandinaviens ebenso zum Einsatz wie im unwegsamen Gebirge, wo sie von Bergbauern noch heute benutzt werden.
Die ersten »richtigen« Rucksäcke bestanden aus schwerem Segeltuch und hatten kein Tragegestell. Mit der Wasserdichtheit gab es Probleme, und oft schnitten bei vollgepacktem Rucksack die Leder- oder Segeltuchgurte in die Schultern ein. Die Grundform dieser Rucksäcke wurde im Laufe der Zeit wesentlich verbessert und findet auch heute noch als Tages- oder leichter Wanderrucksack Verwendung. Aus dem ursprünglich schweren Holztragegestell entstand die Kraxe, der Packrahmen für die heute verwandten Tragegestellrucksäcke.
Der Tragegestellrucksack ist trotz einiger Nachteile immer noch die bekannteste Form eines modernen, großvolumigen Rucksacks.
In den letzten Jahren wurde das innenliegende Tragegestell, das im alpinem Bereich schon länger seinen festen Platz hatte, stark verbessert, und man kann sich heute seine passende Tragegestellart aussuchen.

A. DIE GRUNDTYPEN

Egal, wie Rucksäcke optisch aufgemacht sind und welcher Farbe- oder Modetrend bei ihrer Fertigung zugrundelag, man kann sie in verschiedene Grundtypen einteilen. Je nach Einsatzzweck müssen sie verschiedenen Anforderungen genügen.

Tagesrucksack

Der Tagesrucksack ist die kleinste Ausführung eines Rucksacks. Er bietet gerade genug Platz, um etwas zu Essen, einen Anorak, einen Pullover und einige Kleinigkeiten darin zu verstauen. Er ist nur für kurze Ausflüge gedacht und ohne irgendwelche technische Raffinessen konstruiert. Verschiedene Ty-

Tagesrucksack »Multi«, Wanderrucksack »Cloud«, Kofferrucksack »Interrail«, Rucksack m. außenliegendem Tragegestell »Globetrotter«

pen können auch in einer kleinen Nierentasche verpackt am Körper getragen werden. Auch auf größeren Touren kann ein klein verpackbarer Tagesrucksack seinen Zweck erfüllen, da man mit ihm kleine Streifzüge unternehmen kann, ohne sein ganzes Gepäck mitführen zu müssen. Der Stuff Sack der Fa. Lowe z.B. kann auf den großen Rucksack aufgeschnallt werden und bei Verwendung zweier Schultergurte kann man diesen als Tagesrucksack benutzen (s. Transportmöglichkeiten). Ein Tagesrucksack ist für Leute geeignet, die kurze Ausflüge oder Wanderungen unternehmen und deshalb so gut wie kein Gepäck mitnehmen müssen.

Touren- oder Wanderrucksack

Der Touren- oder Wanderrucksack ist der große Bruder des Tagesrucksacks. Gute Säcke verfügen über ein innenliegendes, kleines Tragegestell und sind am Rücken gepolstert. Je nach Typ und Hersteller sind außen mehrere Taschen angebracht, um diverse Utensilien darin unterzubringen. Für Wanderungen über das Wochenende, für kleine Bergwanderungen und kleine Unternehmungen erfüllen solche Modelle in der Regel ihren Zweck.

Kofferrucksack

Kofferrucksäcke sind ein Mittelding zwischen Rucksack und Reisetasche. Gute Kofferrucksäcke verfügen über ein innenliegendes Tragegestell, das meist in Form zweier Aluminiumbänder, die entweder parallel in Längsrich-

Rucksack mit innenliegendem Tragegestell »Backpacker« Rucksack mit außenliegendem Tragegestell »Nepal Gyro« Kletter- u. Hochtourenrucksack »Alpinist 7 KS 100 E«

tung oder über Kreuz laufen, gebildet wird. Die Schulter- und Hüftgurte sind durch eine per Reißverschluß zu öffnende Klappe verdeckt, wenn man das Ding als Reisetasche benutzen will. Zur Benutzung als Rucksack wird die Klappe geöffnet, in einem Fach verstaut und der Kofferrucksack kann aufgesetzt werden. Gepackt wird ein Kofferrucksack wie ein richtiger Koffer, also von vorn, wobei sich die Frontpartie meist ganz öffnen läßt. Je nach Modell kann man den Tragegriff versenken. Die meisten Kofferrucksäcke weisen zusätzliche Befestigungsmöglichkeiten auf, z.B. Halterungen für Zeltgestänge usw. Kofferrucksäcke bestehen meist aus einem einzigen großen Hauptfach und – je nach Hersteller – einer aufgesetzten Fronttasche.

Kletterrucksack

Diese Art findet ihren Einsatz im alpinen Bereich. Je nach Modell sind Kletterrucksäcke mit zwei längsverlaufenden Metallbändern ausgestattet, um einen guten Sitz zu gewährleisten. Kletterrucksäcke werden ausschließlich in hoher, schmaler Form gefertigt, um ihren Träger bei Klettertouren nicht zu behindern. Zumeist sind sie mit vielen Schlaufen und Halterungen ausgestattet, um daran Pickel, Steigeisen, Ski und dergleichen zu befestigen. Zu den meisten Modellen sind Zusatz- oder Außentaschen erhältlich, oft auch in verschiedenen Größen.

Hochtourenrucksack

Hochtourenrucksäcke sind im Prinzip genauso gearbeitet wie Kletterrucksäcke. Bei dieser Ausführung wurde allerdings mehr Gewicht auf großes Volumen gelegt, um das für hochalpine Touren meist umfangreiche Gepäck unterzubringen. Auch sie verfügen über viele zusätzliche Befestigungsmöglichkeiten. Kletter- und Hochtourenrucksäcke bestehen aus einem einzigem großen Hauptfach, das aber unterteilt sein kann. Meistens handelt es sich um sogenannte Frontlader, d.h. sie weisen in der Mitte der Vorderseite einen zusätzlichen, längsverlaufenden, durchgehenden Reißverschluß auf, um jederzeit auch an das Gepäck heranzukommen, das im unteren Teil des Rucksacks aufbewahrt wird. Der Reißverschluß ist in der Regel mit einem Klettverschluß abgedeckt. Viele Hochtourenrucksäcke sind in der Höhe variabel, also mittels einem angenähten Schlauch ausziehbar.

Tragegestellrucksack

Sie gibt es entweder mit außenliegendem oder innenliegendem Gestell. Diese Rucksäcke wurden für größere, länger dauernde Touren entwickelt, und es gibt sie von kleineren Typen mit 45 Litern Inhalt bis hin zu wahren »Schränken« mit über 100 Litern Fassungsvermögen. Erhältlich sind diese mit vielen oder gar keinen Außentaschen, die Palette reicht von einem Hauptfach bis hin zu dreifach unterteilten Typen, von einfachen Fernost-Ausführungen bis hin zu Modellen mit integriertem Tagesrucksack.
Das Tragegestell befindet sich entweder außerhalb des Rucksacks (Packrahmen), oder es handelt sich um ein innenliegendes Tragegstell, das meist in Form zweier längsverlaufender Aluminiumbänder oder -rohre auftaucht.

B. DAS AUSSENLIEGENDE TRAGEGESTELL

Einfache Tragegestelle haben eine gerade Form, bessere Rahmen weisen eine leichte »S-Form« auf, sind also der menschlichen Wirbelsäule nachgebildet. Die beiden längs verlaufenden Hauptrohre werden durch querliegende Verstrebungen zusammengehalten. Das Verbinden erfolgt entweder durch Schrauben, Löten oder Schweißen, wobei das letztere die sicherste und beste Methode darstellt.

Beim Schrauben werden die Aluminium-Hohlräume in den Endstücken mit Hartplastikstopfen ausgefüllt. Durch ein Loch im Außenrohr wird die Schraube in den Plastikstopfen gedreht. Diese Art der Befestigung ist mit Vorsicht zu genießen, da sich das so entstandene Gewinde im Stopfen im Laufe der Zeit ausweiten kann.

Bei billigen Tragegestellrucksäcken findet man häufig gelötete Gestelle. Löten hat für den Hersteller den Vorteil, daß es wesentlich billiger als z.B. Schweißen ist – dafür hält es aber auch weniger. Ich habe etliche Leute gesehen, bei denen am Tragegestell einzelne Verstrebungen ab- oder herausgebrochen waren. Und das kann unterwegs kritisch werden. Für die erste Trampreise, für den, der weg will und dessen Finanzen beschränkt sind, aber sicher auch eine – wenngleich nicht die beste – Alternative.

In der Regel ist bei gelöteten Tragegestellen auch das Rohr und die Rohrwandstärke geringer als bei geschweißten Tragegestellen.

Wie gesagt, das Schweißen stellt die sicherste Art der Verbindung dar. Es gibt natürlich verschiedene Arten von Schweißtechniken. Vereinfacht kann man auf die zwei am häufigsten angewandten eingehen:

Da wäre zunächst einmal das sogenannte WIG-Verfahren (WIG = Wolfram-Innert-Gas). Bei diesem Verfahren wird unter anderem eine nicht schmelzende Wolfram-Elektrode und Helium-Schutzgas verwandt. Dabei werden bei richtiger Ausführung die Schweißnähte stärker als die Rohrwandstärke. Das ganze entsteht in Handarbeit, und diese Verbindung hält bombenfest.

Eine andere Möglichkeit wäre Argonfill-Schweißen. Bei dieser Art des Schutzgas-Schweißens läuft die Elektrode durch eine Düse. Um den Schweißpunkt herum tritt Argon, bzw. Corgon aus. Diese Verbindung benötigt einige Tage zum Nachhärten des Rohres. Argonfill-Schweißen kann in Handarbeit oder maschinell ausgeführt werden. Abgesehen von der Schnelligkeit dieses Verfahrens benötigt man nur eine kurze Schweißzeit, und es gibt so gut wie kein Verziehen des Materials.

Zum Thema Rohrqualität: Am besten bewährt hat sich Duraluminium, das auch beim Flugzeugbau Verwendung findet. Verschiedene Hersteller verwenden eine dunkle Hartlackierung. Dadurch wird ein Anfrieren der Finger an das Metall unter Null Grad ausgeschlossen.

C. DAS INNENTRAGEGESTELL

Was man mit einem durchdachten Innentragegestell erreichen kann, möchte ich am Beispiel des LAS-Systems (LAS = Lowe Alpin System) der Fa. Lowe erläutern.

Im Gegensatz zu einem Tragerahmen besteht dieses »Innentragegestell« aus zwei in Längsrichtung verlaufenden Aluminium-Flachstäben, die dem Rucksack die notwendige Stabilität geben. Bei Bedarf können die Stäbe herausgenommen werden, sei es zum Skilaufen oder als Schiene bei gebrochenen Gliedmaßen. Durch kräftiges Biegen kann man sie seiner Rückenform optimal anpassen. Das vor einigen Jahren neu konzipierte Tragegurtsystem ermöglicht es, schwere Lasten mit geringstmöglichem Kraftaufwand zu tragen. Für alle verschiedenen Rucksacktypen und -größen wird einheitlich ein und dasselbe Tragegurtsystem verwandt, wobei die Personengröße keine Rolle spielt. Es ist gleich, ob man 150 cm klein oder 200 cm groß ist. Die gewünschte Höhe der Tragegurtaufhängung läßt sich genau einstellen. Dies ist ein wesentlicher Faktor für einen guten Sitz des Hüftgurtes und somit des ganzen Rucksacks. Verschieden sind die Rucksäcke in den Ausführungen und Größen. Von 12 bis über 100 Litern gibts fürs Wandern, Klettern oder Trampen speziell abgestimmte Typen. Eines ist allen gemeinsam: Die Rucksäcke lassen sich im Volumen stufenlos verstellen. Wird die Last im Laufe einer Unternehmung weniger (durch Proviantentnahme, Kartuschenaufbrauch, etc.) oder durch Nahrungeinkäufe unterwegs mehr, so kann man diese Rucksäcke so verstellen, daß die Last immer eng am Rücken liegt und gleichmäßig verteilt ist. Die Größenverstellung erfolgt mit Hilfe von meist seitlich angebrachten Zugbändern mit Schnallen, die je nach Inhalt gelockert oder angezogen werden.
An diesen Bändern lassen sich zusätzliche Außentaschen in verschiedenen Größen anbringen. Der sehr gut gepolsterte Hüftgurt besitzt einen Blitzverschluß, der sich durch einen kräftigen Druck von Daumen und Zeigefinger blitzschnell öffnen läßt. Bei Unfällen, z.B. Sturz in Wasser, Lawinengefahr usw. ist es ein großer Vorteil, wenn der Rucksack schnell abgeworfen werden kann.

D. DIE RUCKSACKAUFHÄNGUNG

Bei der Rucksackaufhängung am Außentragegestell wird meist das gleiche System angewandt. Am gebräuchlichsten ist die Art, den Rucksack mittels Splinten zu befestigen. An der Seite des Rucksacks befinden sich Ösen, durch die ein Alu-Stift gesteckt wird. Das Ganze führt durch Löcher im Rahmen und wird mit einem Metallring gesichert. Die meisten Packsäcke werden mit sechs (seltener acht) Splinten am Gestell befestigt. Je mehr Befestigungspunkte der Rucksack am Rahmen hat, desto weniger hoch ist die Belastung pro Splint, was ein Ausreißen des Stoffes um die Ösen verhindert.
Die gleiche Befestigung dient auch für Tragegurte. Eine andere Möglichkeit bietet die Aufhängung mittels angebrachter Schlaufen oder Gurte zum Befestigen des Packsacks am Gestell.
Bei einigen Firmen kann man die verschiedenen Rucksäcke mit jedem Tragegestell aus ihrer Produktion verwenden, da die Gestelle über ein einheitliches Maß verfügen. So kann man den Rahmen seinen individuellen Verhältnissen anpassen.

Tips und Tricks:

- **Bei einem Tragegestellrucksack kann man die Federringe, die zum Halten der Splinte dienen, gegen kleine Schlüsselringe austauschen. Ein Schlüsselring in dieser Größe kostet nur ein paar Pfennige und das Mehrgewicht ist gering – dafür aber sichern sie den Splint bombenfest.**
- **Ist der Abstand der Befestigungsösen zueinander gleich, so kann man nötigenfalls den Packsack höher oder tiefer am Gestell befestigen (z.B. eine Stufe nach oben).**
  Dadurch gewinnt man unten am Gestell Platz, um zusätzliche Dinge befestigen zu können.
- **Einige Hersteller bieten spezielle Tragegestellverlängerungen an. Das sind u-förmig gebogene Verlängerungsrohre, die in beide Rohrenden eingeschoben werden. Dadurch erhält man eine zusätzliche Befestigungsmöglichkeit für über der Deckeklappe zu befestigende Ausrüstungs-Gegenstände. Auch ein Hin- und Herwackeln von schweren Gepäckstücken wird dadurch verhindert.**

E. DIE SCHULTERGURTE

Gut gepolsterte Schultergurte sind wichtig, denn sie verhindern ein Einschneiden in der Schulter. Gerade bei großvolumigen Rucksäcken, die –vollgepackt– ein oft recht hohes Gewicht aufweisen, sollte man auf breite Schultergurte achten. Je breiter, desto angenehmer.

Der Schultergurt sollte eine Druck- und Höhenverstellung haben, d.h. zum Packsack in Schulterhöhe, um den Sack optimal anpassen zu können. Genauso wichtig ist die Verstellmöglichkeit zum Hüftgurt hin. Konisch geformte Tragegurte ergeben einen besseren Tragekomfort und gewähren größere Schulterfreiheit. Materialien gibts verschiedene: An Tages- oder kleinen Wanderrucksäcken findet man häufig Leder- oder Synthetikgurte, zum Teil ungepolstert. Ungepolsterte Leder- oder Synthetikgurte können (je nach Breite) bei einigem Rucksackgewicht schmerzhaft einschneiden. Zwar sind Rucksäcke in einfacher Ausstattung recht billig, die Nachteile wiegen jedoch schwer, vor allem, was den Tragekomfort betrifft.

Tragegurte aus Leder saugen Feuchtigkeit auf (Schweiß) und dehnen sich bei längerer Belastung. Ein synthetischer Gurt dagegen ist sehr haltbar und wird sich kaum verändern. Bei schlechten Modellen ist er sehr schmal, was bei einiger Belastung wieder – wie bei Leder – zum Einschneiden in Schulter oder Hüfte führen kann.

Schaumstoffgepolsterte Tragegurte (Schlauchgurte) erfüllen alle an einen Gurt zu stellenden Eigenschaften. Ein Schlauchgurt ist mit geschlossenzelligem Schaumstoff gepolstert, da das geschlossene Material keine Feuchtigkeit aufnimmt (s. Biwakmatten). Sie sind angenehm zu tragen und weiten sich nicht aus, wie beispielsweise Ledergurte. Kleiner Nachteil: Schaumstoffgepolsterte Gurte sind etwas schwerer als ein ungepolsterter, billiger Gurt, was aber, gemessen an seinen Vorteilen, absolut nichts ausmacht.

F. DER HÜFTGURT

Der gern bei Tragegestellrucksäcken gebrauchte Ausdruck »fließender Hüftgurt« bezeichnet einen Hüftgurt, der über eine bewegliche Aufhängung verfügt. Diese gewährleistet eine bessere Bewegungsfreiheit des Rucksacks und geht mit Bewegungen des Oberkörpers mit. Der Hüftgurt ist mit Splinten am unteren Ende des Tragegestells befestigt, weist aber trotzdem soviel Bewegungsfreiheit auf, daß er mit dem Rucksack »gehen« kann. Auch beim Hüftgurt ist darauf zu achten, daß er wie der Schultergurt an der Rahmenbefestigung verstellt werden kann, um den Rucksack dem Träger anzupassen.
Bei Rucksäcken mit Innentragegestell kann der Hüftgurt meist in der Höhe nicht verstellt werden. Bei diesen Typen ist dies auch nicht wichtig, da man die Gesamtbefestigung der Schultergurte nach Belieben höher oder tiefer setzen kann.
Auch der Hüftgurt sollte möglichst breit und gut gepolstert sein, um nicht einzuschneiden oder zu drücken. Eine Polsterung mit der Stärke von 1 bis 2 Zentimetern und einer Breite von 8, 10 oder mehr Zentimetern ist bei guten Rucksäcken keine Seltenheit.

G. AUSSEN- INNEN- ODER GAR KEIN GESTELL?

Ein Außengestell, also ein Packrahmen, ist einem Innengestell vorzuziehen, wenn man dieses auch ohne Packsack benutzen will. Hat man bei einem längeren »Wildnis«-Aufenthalt z.B. vor, Holz oder Wildbret zu transportieren, bietet sich ein Packrahmen an. Der Rucksack läßt sich durch die Splintenbefestigung relativ schnell vom Tragegestell lösen, und das Transportieren sperriger oder großer Lasten ist kein Problem.
Innentragegestelle haben den Vorteil, daß ein sperriger Packrahmen wegfällt. Gute Ausführungen lassen sich zudem bequemer tragen als Rucksäcke mit Packrahmen. Aber hier scheiden sich die Geister. Der eine schwört auf Außengestell, der andere wieder gibt dem Innentragegestell den Vorzug. Man sollte sich deshalb genau überlegen, wofür der Rucksack benutzt werden soll. Auf jeden Fall abraten würde ich von Rucksäcken ohne Gestell, ausgenommen Tages- und kleine (!) Wanderrucksäcke, denn ein Tragegestell – sei es Innen oder Außen – entscheidet wesentlich über den Tragekomfort.

H. DAS GEWEBE IST WICHTIG

Bei früheren Rucksäcken wurde Baumwollgewebe verwandt. Durch die schlechte Imprägnierung nahm es jedoch bei Regen Wasser auf; der Rucksack wurde schwerer und die Ausrüstung naß. Ein weiterer Nachteil von Baumwolle besteht in ihrem hohen Gewicht.
Heute nimmt man z.B. Baumwoll-/Kunstfaser Mischgewebe. Es ist wesentlich leichter und strapazierfähiger als reine Baumwolle. Richtig beschichtet, ist es fast absolut wasserdicht.
Auch Nylongewebe eignet sich gut als Rucksackmaterial. Allerdings meine ich nicht das Nylon, das bei »Neunundvierzigfuffzich-Rucksäcken« ver-

wandt wird. Denn bei dieser Art Nylon handelt es sich um billigstes Gewebe, das leicht reißt und (wenn überhaupt imprägniert) auch nicht wasserabweisend ist.
Nylon ist wesentlich reißfester und strapazierfähiger als andere Materialien gleicher Stärke und nimmt kein Wasser auf. Bedingt durch die Fertigung allerdings verschleißt Nylon stärker als andere Gewebe. Gute Rucksäcke werden deshalb aus extra starkem Nylon gefertigt, um eine hohe Widerstandsfestigkeit zu erreichen.
Man braucht nur einmal das Nylon-Material eines Billig-Rucksacks mit dem Nylon eines Qualitätsrucksacks zu vergleichen – den Unterschied wird man deutlich fühlen.
Ein anderes gut geeignetes Material ist Vinylon F (s. Materialkunde). Diese Kunstfaser ist sehr widerstandsfähig und abriebfest und nimmt so gut wie kein Wasser auf.
Generell kann man sagen, daß Firmen, die gute Tragegestelle konstruieren, bei einem Rucksack auch ein gutes Gewebematerial verwenden (wobei die vielgerühmte Ausnahme wieder einmal die Regel bestätigt).

I. DIE RUCKSACKIMPRÄGNIERUNG

Eine gute Imprägnierung ist wichtig. Schließlich soll das Gepäck unterwegs nicht naß werden. Bei richtiger Gewebebehandlung wird die Gefahr nasser Gepäckstücke erheblich herabgesetzt. Das geschieht dadurch, daß man z. B. Nylongewebe auf der Innenseite mit Polyurethan beschichtet und außen mit Silikon behandelt. Es gibt verschiedene Techniken und Methoden, um einen Rucksack weitgehend wasserdicht zu machen. Die Betonung liegt auf weitgehend, da es einen absolut wasserdichten Rucksack nicht gibt. Das hat mehrere Gründe: Bei ständigem Regen, vielleicht noch zusammen mit einem starken Wind, kann es durchaus passieren, daß etwas Wasser durch das Rucksackgewebe nach innen dringt. Bei guten Produkten freilich wird die Wassermenge minimal sein. Obwohl viele Hersteller baumwollüberzogene Nähfäden nehmen (d. h. Nylongarn wird mit Baumwolle überzogen, die bei Nässe quillt und die Nahtlöcher weitgehend abdichtet), sind gerade Nahtstellen etwas anfällig gegen Regen und Nässe. Dem kann man begegnen, indem man die Löcher zusätzlich nachimprägniert (s. Imprägniermittel).
Bleibt das Rucksackgewebe. Hier hilft man sich entweder mit einem Poncho oder einer Rucksack-Regenhülle, die fast von allen Rucksackherstellern angeboten wird. Die Hüllen weisen so gut wie keine Nähte auf und werden über den gesamten Rucksack gespannt. Und diese Hülle sollte dann auch einen Dauerregen zuverlässig abhalten.

Tips und Tricks:

Rucksack-Regenhüllen gibt es in verschiedenen Größen. Bei dem Kauf sollte man daran denken, daß man vielleicht auf oder am Rucksack noch zusätzliche Gepäckstücke befestigt. Die Regenhülle also entsprechend groß genug kaufen!

J. RUCKSACKUNTERTEILUNG

Eine Rucksackunterteilung hilft, Ordnung im Rucksack zu halten, hat aber Vor- und Nachteile. Die alpinen Rucksäcke haben oft nur ein einziges großes Hauptfach. Um trotzdem auch gut an die unteren Packstücke zu gelangen, hilft ein durchgehender, an der Vorderseite angebrachter Reißverschluß. So braucht man nicht erst die oberen Gepäckstücke herauszunehmen, um an die tiefer gelegenen zu gelangen (seltsamerweise befindet sich genau das Teil, daß man benötigt, immer ganz unten!).
Besitzt der Rucksack nun eine Unterteilung, z. B. ein oberes und ein unteres Fach, kann man zwar seine Ausrüstung gleich gut von oben oder unten erreichen, aber wenn die Unterteilung fest eingenäht ist, hat man wiederum nicht die Möglichkeit, längere Gegenstände, die die Gesamtlänge des Packsacks in Anspruch nehmen, unterzubringen. Kann man dagegen die Unterteilung mittels Reißverschluß heraustrennen, bietet dies mehr Variationsmöglichkeiten. Das gleiche gilt natürlich auch für vertikale Unterteilungen.
Solange man ähnliche Touren und Wanderungen unternimmt, wird eine feste Unterteilung bestimmt nicht hinderlich sein. Anders dagegen verhält sich die Sache, wenn man beispielsweise aufgrund verschiedener Touren in unterschiedlichen klimatischen Verhältnissen (Hitze/Kälte) je nach Unternehmen und Reisedauer verschiedene Gepäckstücke mitführen muß.
Aber man soll es nicht übertreiben. Überlange oder sehr sperrige Gepäckstücke kann man schließlich auch am Tragegestell oder auf (am) Rucksack befestigen.

Tips und Tricks:

Um Ordnung in den Rucksack zu bekommen, empfiehlt es sich, mehrere Gegenstände in verschiedenfarbige Beutel zu packen. Am besten verstaut man zusammengehörige Dinge in einem Beutel, also z. B. Küchenartikel, wie Kocher, Gewürze, Geschirr, Brennstoff usw. in einem (oder mehreren) orangen Beutel, medizinische Ausrüstung kommt in einen roten Beutel, und so weiter. Die Beutel werden mittels Tanka-Verschluß (s. Stichwortregister) verschlossen.

K. AUSSENTASCHEN

Außentaschen sind eigentlich immer zu empfehlen. Kleinigkeiten oder Dinge, die man unterwegs öfter benötigt, hat man dadurch schnell zur Hand.
Die einfachsten Außentaschen an billigen Gestellrucksäcken fallen leider zu klein aus, um eine Stabtaschenlampe oder ein vernünftiges Messer darin unterzubringen. Für kleine Dinge sind sie aber dennoch gut geeignet.
Diese Außentaschen sind rundherum an der Außenseite des Rucksacks angenäht. Bei besseren Rucksäcken findet man dann größere Außentaschen. Man sollte darauf achten, daß diese nur längs am Rücksack angenäht sind, da man dann die Möglichkeit hat, lange Gegenstände, wie Zeltgestänge oder Klappsägen durchzustecken.

Außentaschen sind entweder von vorn oder von oben her zugänglich. Im ersten Fall erweist es sich von Vorteil, wenn die Außentaschen einen Zwei-Wege-Reißverschluß aufweisen; man kann dadurch ein unbeabsichtigtes Herausfallen von kleineren Sachen vermeiden. Daß die Reißverschlüsse, egal ob vorn, an der Oberseite oder umlaufend angebracht, abgedeckt sein müssen, versteht sich von selbst. Ist die Außentasche nur von oben her zugänglich, reicht ein Ein-Wege-Reißverschluß zum Öffnen und Schließen aus.
Weisen die Außentaschen keinen Reißverschluß, sondern Schnallen auf, so würde ich denen den Vorzug geben, die über einen Schneeverschluß verfügen, um Regen und Schnee zuverlässig abzuhalten. Ist kein Schneeverschluß vorhanden, so sollte man unbedingt darauf achten, daß die Deckelklappe möglichst tief über die Außenklappe reicht.
Viele Rucksackaußentaschen sind abnehmbar, bzw. die Rücksäcke für zusätzliche Anbringung von Außentaschen ausgelegt. Bei solchen Modellen immer aufpassen, daß die Außentaschen leicht und sicher(!) anzubringen sind und nicht hin- und herwackeln. Für viele Rucksäcke gibt es die zusätzlichen Außentaschen in verschiedenen Größen, was bei unterschiedlichen Reisen ein echter Vorteil ist.

L. BEFESTIGUNGSMÖGLICHKEITEN

Je mehr zusätzliche Befestigungsmöglichkeiten ein Rucksack aufweist, desto besser. Sei es, um die bereits erwähnten Außentaschen zu befestigen, oder um Fotostativ, Pickel, Schlafsack oder sonstiges anzubringen. Viele Rucksäcke haben an der Deckelklappe angenähte Laschen oder Bänder, um ein Zelt oder einen Schlafsack oben drauf packen zu können. Bei allen außen am Rucksack zusätzlich befestigten Teilen sollte man immer darauf achten, daß – gerade bei scharfkantigen Gegenständen, wie Pickel, Steigeisen, Axt, etc. – der Rucksack nicht beschädigt wird.
Durch einen Spitzen- oder Zackenschutz aus Gummi, oder beim Beil einer Lederscheide, wird man dies vermeiden können. Genau wie beim Packen des Rucksacks gilt auch hier: Leichte Gegenstände nach unten, schwere nach oben (z. B. Axt nach oben, Liegematte nach unten).
Schwere, lange Gegenstände befestigt man am besten an der Außenseite, also links oder rechts am Rucksack, so daß das Gewicht möglichst nahe am Körper liegt. Reichen die angebrachten Laschen, Ösen oder Bänder nicht aus, kann man selbst noch einige anbringen. Viele Hersteller bieten Verlängerungsgurte oder Lederaufnäher an.

M. REISSVERSCHLÜSSE ODER SCHNALLEN?

Vorneweg: Reißverschlüsse können in der Wildnis schlecht (meistens gar nicht) repariert werden.
Inwieweit der Reißverschluß störanfällig ist, kann man an der Ausführung erkennen. Allerdings, der beste Reißverschluß kann seinen Geist aufgeben, wenn er schlecht angebracht ist. Man achte beim Kauf eines Rucksacks dar-

auf, ob sich aufgrund schlechter Verarbeitung (an den Nähten) das Gewebe in Reißverschlußnähe »auffieseln« kann. Dann nämlich verklemmen sich nach einiger Zeit die Fasern im Reißverschluß, und sein Tod ist nur noch eine Frage der Zeit. Der Reißverschluß hat den Vorteil, daß man alle Taschen schnell öffnen kann. Und wenn er so verarbeitet ist, daß man sich wirklich darauf verlassen kann, ist nichts gegen Reißverschlüsse einzuwenden. Desweiteren ist ein Reißverschluß bei bestimmten Fächern (Trennfächer im Inneren, Deckeltasche außen) unerläßlich – es gibt eben nichts Anderes. Auch hier sind Zwei-Wege-Reißverschlüsse eine prima Sache.
Die Hersteller von Schnallenverschlüssen, die meist an Vorder- und Seitentaschen angebracht sind, stehen auf dem Standpunkt, daß solche Verschlüsse, wenn einmal kaputt, selbst von Hand zu reparieren sind, womit sie gar nicht so unrecht haben. Ein Rucksack, der nur mit Schnallen ausgestattet ist, bietet aber beileibe nicht so viele Variationsmöglichkeiten wie ein mit Reißverschlüssen ausgestattetes Modell. Viele Firmen kombinieren deshalb beide Verschlußarten.
Eine gute Sache ist der sogenannte Schneeverschluß. Bei diesem Verschluß liegt unter dem Deckel mit Schnalle ein an die Außentasche angenähter Schlauch, der sich mittels Tanka zusammenziehen läßt. Auf diese Weise kommt weder Schnee noch Regen in die Tasche.

Tips und Tricks:

Reißverschlüsse sollten im Klöppel ein nicht zu kleines Loch haben, um eine Reepschnur durchziehen zu können. Das erleichtert bei Kälte und Schlechtwetter mit behandschuhten Händen das Öffnen und Schließen. Außerdem läßt sich ein kleines Schloß anbringen (bei Zweiwege-Reisverschlüssen).

N. GRÖSSE UND QUALITÄT DES RUCKSACKS

Die Größe eines Rucksacks hängt ganz vom geplanten Unternehmen ab. Beginnt man jetzt mit seiner ersten Wanderung oder Tramptour und ist sich noch nicht sicher ob man die Sache öfter macht, so kann man ein preiswertes Modell mittlerer Größe kaufen, das auf die Anfangs-Bedürfnisse zugeschnitten ist. Findet man dann Gefallen am neuen Hobby und möchte eine bessere Ausführung, so läßt sich das Ding ja verschenken (Frau, Mann, Freund(in), Bekanntenkreis) oder verkaufen. Weiß man allerdings von Anfang an, daß man mehrere Touren, womöglich noch in unterschiedlichen Klimazonen, unternehmen will, so lohnt es sich auf jeden Fall, etliche Mark mehr locker zu machen, als sich nach ein- oder zweimaligem Gebrauch über das verbogene oder gebrochene Tragegestell, die defekten Reißverschlüsse und ein lädiertes Rückgrat zu ärgern. Ich rate (ausgenommen Wander- und Tagesrucksäcke) zu einem möglichst großen Rucksack, der genug Befestigungsmöglichkeiten zum zusätzlichen Anbringen von Gepäck aufweist. Es hat keinen Sinn, wenn man bei der Planung einer neuen Tour feststellt, daß man nach zwei Jahren wieder einen neuen Rucksack kaufen muß, nur weil der alte eine Nummer zu klein ist.

Als Drei-Wochen-Frankreich-Tramper braucht man natürlich wesentlich weniger Volumen als jemand, der die Sarek-Wildnis in Schweden mehrere Wochen bewandern will.
Auf jeden Fall sollte der gewählte Rucksack gut zu packen, also leicht zugänglich sein. Kann man zusätzliche Außentaschen befestigen? Wenn ja, in welchen Größen sind sie erhältlich? Wird damit auch geklettert oder nur gewandert? Bekomme ich von meinem Modell gegebenenfalls auch Ersatzteile, wie Schultergurte, Splinte, Verschlüsse? Kann ich ihn vielseitig verwenden? Und überhaupt: Was kann oder will ich ausgeben? Das alles sind Fragen, die man sich vor dem Kauf gründlich überlegen sollte.

Merke: Auch ein schmaler Geldbeutel sollte niemanden vom Wandern oder Reisen abhalten. Eine Preisalternative findet sich immer!

O. PACKEN DES RUCKSACKS:

Generell gilt: Schwere Gegenstände nach oben, mittelschwere in die Mitte, leichte Dinge nach unten, und zwar so körpernah wie möglich. Bei einem richtig gepackten Rucksack kann man geradestehen. Packt man ihn schlecht, ist eine mehr oder weniger vornübergebeugte Haltung notwendig, um das Gleichgewicht zu halten – und das geht natürlich auf Kosten der Kraft. Diese Packart gilt fürs Wandern, Trampen, Trekking; bei Skiabfahrten verfährt man umgekehrt, d. h. man setzt den Schwerpunkt tiefer, um in der gebeugten Haltung nicht das Gleichgewicht zu verlieren.
Es gibt natürlich Gegenstände, die sich in diese zwei Packsysteme nicht oder nur schwer einfügen lassen. Bei diesen Dingen muß man ein Mittelmaß finden.

Tips und Tricks:

1. Viele Tragegestellrucksäcke sind mit zwei unterschiedlichen Tragegestellgrößen lieferbar. Für kleinere Leute empfiehlt sich deshalb die kleinere Ausführung (z. B. »Medium«), für größere Personen »Large«.
2. Nachdem ich auf dem Flughafen in New Dehli gesehen habe, wie mit Fluggepäck umgegangen wird, kann ich den Rat verschiedener Leute nur weitergeben, den Rucksack nochmals in einen billigen, gebrauchten Seesack zu verpakken (wo dann auch oft noch andere Kleinigkeiten Platz finden). Das schont den Rucksack erheblich.
3. Ist ein Armee-Seesack für den Rucksack zu klein, nehme man ein neues Modell, das die Rucksackhersteller für die verschiedenen Modelle anbieten.

P. PRODUKTBEISPIELE (Bilder s. Seite 20)

Tagesrucksack »Multi« von vauDe

Dies ist ein kleiner Tagesrucksack, der zusammengelegt in einer Nierentasche Platz findet. Bei Nichtgebrauch wird das Oberteil zusammen mit den Trä-

gern in der Tasche versenkt. Auch bei zusammengelegtem Rucksack kann man die Nierentasche noch benutzen. An der Nierentasche ist der Rucksack mit einem Zwei-Wege-Reißverschluß ausgestattet. Von oben her ist er mittels Rundbogen-Reißverschluß zugänglich. Schnellverschlußschnalle am Hüftgurt.
Maße: 54 cm hoch, 30 cm breit und 12 cm tief. Preis: 59 Mark.

Wanderrucksack »Cloud« von vauDe

Der Wanderrucksack hat zwei aufgesetzte Außentaschen. Die Rückenpartie besteht aus Segeltuch, die Hüftlage ist gepolstert. Die Deckeltasche weist einen Gummizug auf. Der Rucksack verfügt über einen gedoppelten Boden, die Gurte sind mit Schnellverschlüssen ausgestattet. Das Material ist ebenso wie beim »Multi« Nylon.
Inhalt: 34 Liter, Gewicht 590 Gramm. Preis: 78 Mark.

Rucksack mit außenliegendem Tragegestell »Globetrotter« von TomCat

Das Tragegestell ist gelötet. Der einfache Tragegestellrucksack besitzt eine Unterteilung, also zwei Fächer. An den Seiten sitzen vier Außentaschen, die Deckelklappe weist eine große, zusätzliche Tasche auf. Die Schultertragegurte sind gepolstert. der Hüftgurt besteht aus einem Nylonband.
Volumen 40 Liter, Gesamtgewicht 1600 Gramm. Preis ca. 70 Mark

Kofferrucksack »Interrail« von Caravan

Ein Zwischending zwischen Reisetasche und Rucksack stellt dieser Rucksack dar. Der »Interrail« kann wie eine normale Reisetasche getragen werden. Zum Gebrauch als Rucksack entfernt man mittels Reißverschluß die Nylonabdeckung auf der Rückseite, die in einem Fach verstaut wird, der Tragegriff wird versenkt. Man hat nun einen Rucksack mit Innentragegestell, das aus zwei über Kreuz verlaufenden Metallbändern besteht. Wie bei allen andern Rucksäcken sind Schulter- und Haltegurte verstellbar und gepolstert. Der Rucksack weist einen umlaufenden, U-förmigen Reißverschluß auf (Frontlader). An seiner Vorderseite befindet sich eine zusätzliche große Tasche, an den Seiten sind Halterungen für Isoliermatten, Zeltgestänge, etc. angebracht. Mit zwei querverlaufenden Riemen kann der Kofferrucksack zusammengezogen werden.
Das Material ist Nylon. Volumen 50 Liter, Gewicht 2000 Gramm.
Preis: 275 Mark.

Kletter- und Hochtouren-Rucksack »Alpinist 7 KS 100 E« von Salewa

Dieser Rucksack ist mit einer steiferen Rückenauflage ausgestattet, die hier das Innentragegestell ersetzt. Der »Alpinist« ist von oben und von vorn her zugänglich. Der vordere durchlaufende Zwei-Weg-RV ist mit Klettband abgedeckt. Der Rucksack hat ein zusätzliches Wäschefach und zwei Deckeltaschen. Er ist mit Pickel-, Eishammer-, Steigeisen-, Ski- und Außentaschenbefestigungen ausgestattet. Schulter- und Hüftgurte sind gepolstert. Den »Alpinist« gibt es in drei verschiedenen Größen, wobei jede Größe mittels ei-

nem oben unter der Deckelklappe angenähten Schlauch nochmals ausziehbar ist. Dadurch kann man das Volumen von 55 bis 84 Liter wählen. Für diesen Rucksack sind zusätzliche Außentaschen erhältlich, wobei jede ein Volumen von 5,5 Liter Inhalt hat.
Der »Alpinist« kostet 310 Mark, sein Gewicht beträgt 1600 Gramm.

Rucksack mit innenliegendem Tragegestell »Backpacker« von Lowe

Auch dieser Rucksack ist mit einem innenliegendem Tragegestell ausgerüstet. Der Rucksack wurde allerdings nicht für Klettertouren, sondern für Trekking und Backpacking entwickelt. Der »Backpacker« besitzt drei große Innenfächer, wobei die Unterteilungen nach Wunsch mittels Reißverschluß geöffnet werden können. So erhält man wahlweise ein einziges, großes Hauptfach. Das Modell hat eine große Deckeltasche, die mit zwei Spanngurten ebenso wie das untere Fach im Volumen variiert werden kann. Die mittlere, vertikale Unterteilung läßt sich durch Schnürzug zusammenziehen, um das Volumen gegebenenfalls zu verkleinern. Auch hier besteht das Tragegestell aus zwei längslaufenden Aluminumbändern, die nach Wunsch herausnehmbar sind. Das Tragegestell, ebenso Schulter- und Hüftgurte, sind stufenlos verstellbar und hervorragend gepolstert.
Seitlich befinden sich zwei angenähte Außentaschen, durch die sich z. B. Zeltgestänge durchstecken lassen. An der Vorderseite des »Backpackers« ist eine Pickelhalterung angebracht. Das Rucksackvolumen läßt sich von 24 bis 85 Liter Inhalt verstellen. Ebenso wie beim »Alpinist« wurde auch hier als Material Nylon verwandt.
Der »Backpacker« kostet 368 Mark, er wiegt 2350 Gramm

Rucksack mit außenliegendem Tragegestell »Raven Gyro« von Fjällräven

Der »Raven Gyro« weist ein hervorragendes geschweißtes Außentragegestell auf.
Beim »Raven Gyro« kam das Gyro-Prinzip zur Anwendung, durch das die Last direkt auf die Hüften abgestützt wird.
Der Rucksack weist vier versetzte Außentaschen auf, wobei die beiden oberen Außentaschen wieder nur seitlich angenäht sind, um Ski, Zeltgestänge oder ähnliches durchstecken zu können. Die beiden unteren Taschen wurden nach vorn versetzt, um Ellenbogenfreiheit zu gewährleisten. Die Taschen haben Schnallen und sind mit Schneeverschlüssen ausgestattet. Bevor die Dekkelklappe über den Rucksack kommt, wird der Rucksack oben mit Zugverschluß geschlossen. Der »Raven Gyro« weist ein Volumen von 70 Litern auf und wiegt 2100 Gramm. Als Material wurde Vinylon F (s. Materialkunde) verwandt. Erhältlich ist er für 438 Mark.

4. Tragegestelle

A. LASTEN- UND EXPEDITIONSTRAGEGESTELLE

Tragegestelle, oft auch als »Expeditionstragegestelle« bezeichnet, dienen zum Transportieren schwerer Lasten. Das Tragegestell ist ebenso wie beim Rucksack meistens aus Rundprofil, oft aber auch aus Vierkant-Rohr. Je nach Typ verfügen Tragegestelle oft über ausziehbare Längstäbe, mit denen das Gestell verlängert werden kann. Die stabilsten Tragegestelle sind schwerer als die Rucksackpackrahmen.

Auf diese Gestelle werden schwere Gepäckstücke gebunden, oder man befestigt Aluminium-Koffer oder Boxen, Kisten oder Expeditionstonnen.

Der Nachteil solcher Expeditionsgestelle ist der, daß man für den Preis eines einzigen Gestells oft schon einen guten Rucksack mit Außentragegestell bekommt. Hat man also nicht vor, extrem schwere Lasten durchs Gelände zu transportieren, fährt man mit einem vom Gestell demontierbaren Rucksack besser - und vor allem - preisgünstiger.

Tragegestell geschraubt, dto. mit Expeditionstonne, Tragegestell gelötet.

B. PRODUKTBEISPIELE

Tragegestell 1

Dieses Expeditions-Tragegestell besitzt einen verschweißten Aluminium-Rahmen. Der Lastauflagebügel ist höhenverstellbar und weist zwei Arretierungen auf. Das Tragegestell verfügt über eine breite, verstellbare Rückenauflage. Mittels Schnallen läßt sich die darunterliegende Polsterung verstellen. Die Schultergurte sind gepolstert, der Hüftgurt besteht lediglich aus einem Nylonband mit Schnellverschluß (man sollte ihn zweckmäßigerweise austauschen).
Das Tragegestell ist 70 cm hoch und ca. 40 cm breit. Der Lastenbügel hat eine Breite von 17 cm. Das Gestell besteht aus Rundrohr. Gesamtgewicht 1650 Gramm, Preis ca. 230 Mark.

Tragegestell 2

Im Gegensatz zu obigem Modell ist dieses Tragegestell geschraubt und besteht aus viereckigen Alurohren. Das Tragegestell ist nach oben ausziehbar. Der Lastenbügel ist mittels Schrauben höhenverstellbar. Die drei seperaten Rückenpolsterungen sind ebenfalls höhenverstellbar und mit Schnallen anzuziehen. Dieses Gestell verfügt über keinen Hüftgurt, also gegebenenfalls nachrüsten! Die Schultergurte sind gepolstert. Das Tragegestell hat eine maximale Höhe von 85 cm, die Breite beträgt 40 cm. Breite des Auflagebügels ca. 15 cm. Das Gewicht beträgt 2250 Gramm, der Preis ca. 250 Mark.

5. Transport- und Aufbewahrungsmöglichkeiten

Unterwegs müssen verschiedene Dinge verpackt werden, genannt seien nur Film- und Fotoausrüstung, Ersatzteile, Medikamente, optische Geräte, Nahrung und viele Dinge mehr.
Je nach Anfälligkeit der zu verstauenden Gegenstände muß man sich entweder für eine feste, stabile Unterbringungsmöglichkeit (z. B. Aluminium-Kisten, Expeditions- oder Transporttonen) oder für Packbeutel und Säcke entscheiden.
Ein Seesack oder Packbeutel hat den Vorteil, daß man ihn bei Nichtbenutzung platzsparend unterbringen kann, während eine leere Aluminium-Box immer Platz in Anspruch nimmt. Aluminiumkisten bieten sich sowieso nur bei Exkursionen, Expeditionen mit einheimischen Trägern oder für Motorradfahrer an, für Rucksackreisende sind sie ungeeignet. Der Vorteil solcher Transportmittel liegt in ihrer festen Form und Wasserdichtheit, zumindest aber sind sie spritzwassergeschützt, was bei einem Seesack nicht der Fall ist. Bei einer größeren Film- und Fotoausrüstung oder sonstigem wertvollen technischem Gerät wird man eine feste Box oder Tonne anderen Möglichkeiten vorziehen, da der Inhalt vor Stößen und rauher Behandlung wesentlich besser geschützt ist.
Für kleine Gegenstände eignen sich Packbeutel, ebenso für Schlafsäcke und Zelte.

Verschiedene Möglichkeiten:

A. ARMEE-SEESACK

Den meisten bestimmt schon bekannt, ist der BW- oder US-Seesack. Vor allem zu Trekkingzwecken ist der Sack zu empfehlen, erfüllt aber auch bei Motorradfahrern seinen Zweck. Man erhält ihn gebraucht für einen günstigen Preis, und wenn man ein noch einigermaßen gut erhaltenes Stück ersteht, kann man ihn noch etliche Jahre benutzen. Erhältlich ist dieser Seesack in Armee- oder Globetrottershops. Der Sack ist ca. 80 cm hoch, sein Durchmesser beträgt 36 cm. Der Seesack besitzt einen Handgriff an der Längsseite und einen Schultergurt, verschlossen wird er mit vier Ösen mittels Karabinerverschluß. Erhältlich ist er für ca. 15 bis 20 Mark.

B. vauDe-SEESACK

Dem Original-Armee-Seesack nachempfunden ist dieses Importmodell, das es entweder in Baumwoll- oder Nylonausführung gibt. Dieser Seesack hat eine quadratische Grundfläche von 26 x 26 cm und eine Höhe von 90 Zentimetern. Er wiegt 350 Gramm und ist für 29 Mark zu bekommen.

C. TREKKINGSACK

Fast die gleiche Form hat der Trekkingsack von Salewa, fällt allerdings geräumiger aus. Er ist wesentlich stabiler als das obige einfache Modell – dafür kostet er aber auch mehr. Als Material dient beschichtetes Nylon, und ebenso wie die anderen Seesäcke hat auch dieses Modell einen Schultergurt und Karabinerverschluß. Quadratisches Bodenmaß von 32 x 32 cm, Höhe 94 cm, Gewicht 790 Gramm, Preis 66 Mark.

D. STUFF SACK

Von Lowe stammt dieser Packsack aus Nylon. An den Längsseiten sitzen vier Zugbänder, die nach dem Bepacken angezogen werden. Dadurch läßt sich der Stuff Sack komprimieren, was bei Dingen wie Schlafsäcken, gefütterten Jacken und Daunenbekleidung eine gute Sache ist. Diesen Sack kann man auf oder unter den Rucksack schnallen, man kann ihn aber genauso als Umhängetasche benutzen. Besitzt man einen Lowe-Rucksack, so kann man die Tragegurte abnehmen und mit Hilfe zweier mitgelieferter Verlängerungsgurte am Stuff Sack befestigen. So erhält man einen Tages- oder Gipfelrucksack. Den Stuff Sack gibt es in drei Größen:

Small: Diese Ausführung hat 50 cm Länge und 15 cm Durchmesser, Gewicht 200 Gramm, und kostet 39,80 Mark
Medium: In gleicher Länge, allerdings mit vergrößertem Durchmesser von 20 cm und einem Gewicht von 280 Gramm, ist diese Ausführung zu haben. Preis: 49,80 Mark
Large: Diese große Ausführung hat 60 cm Länge und 20 cm Durchmesser, wiegt 300 Gramm und kostet 55,80 Mark

E. MATERIALSACK

Für Höhlenkundler interessant dürfte der Materialsack von vauDe sein. Er besteht aus PVC-beschichtetem Nylonstoff und ist mit Tragegurten ausgestattet, die längenverstellbar sind. Der Sack ist wasserdicht verschließbar, 60 cm lang und hat einen Durchmesser von 24 cm. Preis: 64 Mark.

F. SCHLEIFSACK

Von der Robustheit her interessant ist der Schleifsack von Petzl, der ebenfalls von vauDe vertrieben wird. Er besteht aus beschichtetem Nylonmaterial und kann mittels zweier Gurte auch behelfsmäßig als Rucksack verwandt werden. Er ist 70 cm hoch und hat einen Durchmesser von 20 cm. Sein Preis: 81 Mark

Hintere Reihe: Armee-Seesack, Transporttonne, Mini-Box, Mini-Box Professional darauf-liegend Lowe-Stuff-sack, Seesack (Importmodell) Vordere Reihe: Schlafsacktransport-beutel, verschiedene Packbeutel

G. PACKBEUTEL

werden in verschiedensten Ausführungen und Größen angeboten. Man erhält sie nicht imprägniert, schlecht imprägniert oder aber wirklich hervorragend beschichtet. Das Geld für einen wasserdichten Packbeutel kann man sich meist schenken, wenn man die Packbeutel zum Unterbringen von Dingen im Rucksack benötigt. Zum Außentransport allerdings am Rucksack oder Motorrad sollte man schon imprägnierte Beutel nehmen. Die empfehlen sich auch fürs Geschirr, vor allem wenn es benutzt wurde und man keine Möglichkeit hatte, es zu säubern, oder in der Mittagshitze einfach zu faul ist und warten will, bis der letzte Suppenrest eingetrocknet ist.
Packbeutel gibt es von allen Sportartikelherstellern. Die Preise reichen von einigen Mark für kleine Beutelchen bis hin zu 20 Mark für die größeren Typen.
Für Kleinutensilien bieten sich beispielsweise Größen von 45 x 25 oder 16 x 25 cm an (zwischen 5 und 9 Mark). Zum Verschließen der Beutel eignet sich am besten ein Tanka.

H. WASSERDICHTE PACKBEUTEL

Diese Packbeutel gibt es in drei Größen. Sie bestehen aus Vinyl und sind mit einem wasserdichten Falzverschluß versehen. Zum Transport von Karten,

Wasserdichte Packbeutel in verschiedenen Größen aus PVC, in der Mitte größerer, hypalonbeschichteter Packsack.

für die Notausrüstung und alles, was nicht naß werden sollte, sind die Beutel prima geeignet.
Größe I: 13 x 18 cm, ca. 8 Mark, Gewicht 23 Gramm
Größe II: 18 x 25 cm, ca. 10 Mark, Gewicht 42 Gramm
Größe III: 27 x 35 cm, ca. 14 Mark, Gewicht 80 Gramm

I. ALUMINIUM-KISTEN

Alu-Kisten, z. B. Zarges-Boxen der gleichnamigen Firma, sind in verschiedenen Größen erhältlich. Wie eingangs schon gesagt, sind sie die ideale Verpakkung für alles, was leicht verbiegbar oder zerbrechlich ist. Versieht man die Boxen noch mit einer selbstgebastelten Schaumstoff- oder Styroporeinlage, werden die darin untergebrachten Geräte und Dinge weitgehend vor Stößen und sonstiger Fremdeinwirkung geschützt. Alle Aluminium-Boxen sind weitgehend staubdicht und spritzwasserfest. Der Deckel sitzt auf einer umlaufenden Gummidichtung. Die Boxen sind korrosionsfrei, geruchsneutral und lebensmittelbeständig. Zwei Typen möchte ich herausgreifen:
Die Mini-Box und die Mini-Box Professional.
Die erste Box ist bis auf die Verschlüsse und die fehlenden umlaufenden Sikken sowie den vorderen Tragegriff baugleich mit ihren größeren Kollegen. Die Mini-Box Professional wurde vor allem für Fotoausrüstung und professionellen Einsatz hergestellt (deshalb kostet sie auch das Doppelte). Bei ihr sind alle zusammentreffenden Seitenteile gelötet, bei der Mini-Box sind diese genietet. Die Mini-Box Professional wird mit einem breiten Schultergurt geliefert. Für alle Boxen sind Trennwandsysteme erhältlich, ausgenommen die Mini-Box Professional.

Maße und Gewichte

Mini-Box		Mini-Box Professional
Innenmaße:	55 x 35 x 22 cm	48 x 30 x 22 cm
Außenmaße:	60 x 40 x 24 cm	48,5 x 33 x 22,5 cm
Inhalt:	42 Liter	32 Liter
Gewicht:	4000 Gramm	2500 Gramm
Preis: (ca.)	120 Mark	210 Mark

Wer sich über die größere Aluminium-Boxen informieren möchte, wende sich an die Expeditions-Ausrüster und Globetrotter-Shops.

J. EXPEDITIONSTONNE (TRANSPORTTONNE)

Zum sicheren Transport von Nahrung und Ausrüstung werden auf größeren Reisen und Expeditionen gern Plastiktonnen verwandt. Diese Expeditionstonnen gibt es in runder oder eckiger Form, bei der die Kanten stark abgerundet sind. Die eckige Ausführung besitzt einen Deckel mit Metallspannvorrichtung, die runde Tonne hat einen Schraubdeckel. Beide Tonnen sind bruchsicher, hitze- und kältebeständig und durch eine Dichtung im Deckel absolut wasserdicht. Mir gefällt die eckige Form besser, da sie sich besser auf Tragegestellen befestigen läßt. Beide Ausführungen sind zur Anbringung von (Zoll-) Plomben geeignet, die eckige Transporttonne ist zudem mit zwei seitlichen Griffmulden versehen.

Beide Tonnen haben eine Durchmesser von ca. 40 cm und eine Höhe von 60 cm, Gewicht ca. 2800 Gramm, Inhalt 60 Liter. Erhältlich sind sie von Bergsportfirmen für ca. 60 Mark.

6. Fahrradtaschen

Für Touren-Radfahrer gibt es Fahrradtaschen in verschiedenen Varianten, je nachdem, wo sie befestigt werden sollen. Auf jeden Fall sollte man es vermeiden, allzuviele Packtaschen am Rad unterzubringen und einzupacken, was nur irgendwie reingeht. Derart vollgepackt bei vielleicht 30 Grad im Schatten einen längeren Berg in Angriff zu nehmen, macht bestimmt keinen Spaß.
Das soll nun nicht heißen, daß man sich auf 20-Liter-Taschen beschränken muß, aber ein gesundes Maß sollte man schon einhalten.
Im Angebot findet man Vorderradtaschen, zu deren Montage man einen Vorderradgepäckträger benötigt. Für hinten sind Doppel- und Dreifachtaschen erhältlich, und am Lenker schließlich kann man noch eine Lenkertasche anbringen, womit man das Warenangebot zusammen hat.
Zu den hinteren Taschen: Man sollte trennbaren oder einzelnen Taschen den Vorzug geben, da man diese auch einzeln und – mit Schultergurt – als Umhängetasche verwenden kann. Viele Außentaschen sind zusätzlich noch mit zwei aufgenähten kleineren Taschen versehen, die für Kleinigkeiten und Krimskrams gut geeignet sind. Die meisten Taschen sind mit farbigen Kontraststreifen versehen, die im Dunkeln leuchten – man wird rechtzeitig erkannt. Von vauDe ist zusätzlich zu den hinteren Doppeltaschen eine Quertasche erhältlich, die mit Schnellverschlüssen an den Außentaschen befestigt wird. Die Tasche kann durch einen umlaufenden Zwei-Wege-Reißverschluß ganz aufgeklappt werden und ist innen wie ein Koffer nochmals mit einer Nylonabdeckung versehen. Dadurch kann die Tasche (jetzt in ihrer doppelten Länge) auch aufgehängt werden, ohne das etwas herausfällt. Außen befindet sich ein zusätzliches Fach, und mit Schultergurten kann man diese Tasche auch als Umhänge- und Reisetasche benutzen. Verwendet man zwei Schultergurte, so dient sie als behelfsmäßiger Rucksack.
Vorderradtaschen sind eigentlich verkleinerte Hinterradtaschen, die ebenfalls mit einem Hauptfach und – je nach Modell – mit einer oder zwei Außentaschen versehen sind. Die mir bekannten Vorderradtaschen sind nicht trennbar. Die Lenkertasche schließlich besteht meist nur aus einem Fach, und oft befindet sich auf der Oberseite noch eine angebrachte Klarsichtfolie, sprich Kartentasche. Diese Tasche wird direkt am Lenker befestigt, einige Modelle lassen sich auch hinten am Fahrradsattel anbringen.
Die billigsten Fahrradtaschen kommen aus Fernost und verhalten sich ebenso wie Billig-Rucksäcke. Die Reißverschlüsse sind sehr anfällig, ebenso Nähte und Befestigungsgurte.
Macht man mehrere Touren, sollte man ohnehin besseren Produkten den Vorrang geben – auch wenn diese wesentlich teurer sind als koreanische oder taiwanische Artikel.
Das Material der Packtaschen muß strapazierfähig und gleichzeitig möglichst leicht sein. Es bieten sich Materialien wie Nylon und Cordura-Nylon an, al-

Hintere Reihe: Aesthetic-Hinterradtaschen und -Vorderradtaschen
Vorne: Importhinterradtaschen, große Quertasche (Aesthetic-Serie)

so die Stoffe, die auch bei Zelten und Rucksäcken verwandt werden. Eine gute Imprägnierung ist ebenso wichtig wie eine Abdeckpatte für die Reißverschlüsse. Die Hinterradtaschen von Camp Trails oder Karrimor werden wie bei Rücksäcken durch eine große Klappe abgedeckt und mit Schnallen verschlossen.
Auch die Befestigung am Fahrrad selbst ist wichtig, denn die Taschen sollen einen festen Sitz haben und nicht hin- und herpendeln.
Viele Fahrradtaschen werden z. B. am Gepäckträger eingehängt und mit einem Gummizug um die Gepäckträgerhalterungen fixiert. Ein steifes Rückteil der Taschen ist wichtig, damit die Dinger auch in halbvollem Zustand formstabil bleiben und nirgends scheuern. Je tiefer die Fahrradtaschen hängen, desto günstiger liegt ihr Schwerpunkt. Im Gegensatz zur Packweise des Rucksacks sollte man die schweren Dinge möglichst unten in die Packtasche verstauen. Bei größeren Hinterradtaschen sollte man darauf achten, daß man durch ihr Volumen nicht beim Treten behindert wird. Viele Hinterradtaschen sind deshalb abgeschrägt. An den Taschen angebrachte Laschen sind nie verkehrt. Man hat dadurch die Möglichkeit, Schlafsack oder Isoliermatte mit Schnallgurten zu befestigen.

Produktbeispiele:

Hinterradtasche »Standard-Fahrradtasche« von Karrimor (Salewa)

Diese Hinterradtasche verfügt über eine verstellbare Aufhängevorrichtung. Am Deckel befindet sich ein Tragegriff. Der Verschluß ist rucksackähnlich konstruiert, d. h. die Tasche hat einen Schnürverschluß. Darüber wird die Deckelklappe gestülpt und mit zwei umlaufenden Bändern mit Schnallenverschluß verschlossen. Die Rückenpartie der Tasche ist versteift. An der Fahrradtasche befindet sich hinten noch eine aufgesetzte Außentasche mit Reißverschluß, die mit Reflexstreifen ausgestattet ist.
Die Maße betragen 40 cm Höhe, 33 cm Breite und 18 cm Tiefe. Volumen 38 Liter, Gewicht 900 Gramm. Die Tasche kostet 139,50 Mark.
Vom gleichen Hersteller gibt es auch noch eine größere Version, die dann einen Inhalt von 54 Litern aufweist.

Vorderradtasche »Aesthetic« von vauDe

Hier handelt es sich um zwei miteinander verbundene Vorderradtaschen, die nicht trennbar sind und auch als kleinere Hinterradtaschen verwandt werden können.
Die Taschen bestehen aus einem Hauptfach mit zwei aufgesetzten kleineren Taschen. Der Verschluß erfolgt mittels Zwei-Weg-Reißverschlüssen.
Zur Befestigung wird die Querverbindung beider Taschen in den Gepäckträger geklemmt; um dessen Halterungen wird unten ein längsverlaufendes Gummiband gezogen.
Die Taschen haben steife Rückenteile. Auch diese Fahrradtaschen sind mit Kontraststreifen ausgestattet.
Die Maße: 30 cm hoch, 23 cm breit und 13 cm tief. Volumen 20 Liter, Preis 99 Mark.

Lenkertasche »Aesthetic« von vauDe

Im gleichen Stil ist eine Lenkertasche erhältlich, die oben eine Kartentasche aufweist. Die Tasche wird mit Klettbänder am Fahrradlenker befestigt. Umlaufender Zwei-Wege-Reißverschluß.
Die Tasche ist 30 cm breit und 20 cm hoch. Sie weist ein Volumen von 8 Litern auf und kostet 49 Mark.

Satteltasche von Karrimor (Salewa)

Von obiger Firma ist eine Satteltasche erhältlich, die hinten am Fahrradsattel befestigt wird. Sie hat einen Schnürverschluß, darüber kommt wieder die Deckelklappe, die mit zwei Schnallen verschlossen wird. Links und rechts sind kleine Außentaschen für Kleinkram aufgenäht.
Die Satteltasche weist eine Höhe von 25, eine Breite von 40 und eine Tiefe von 25 cm auf. Das Volumen beträgt 18 Liter. Erhältlich ist sie für 99 Mark.

7. Schlafsäcke

Unser Leben vollzieht sich im Wechsel zwischen Wachen und Schlafen. Ein erwachsener Mensch benötigt 7 bis 8 Stunden Schlaf täglich, d. h. wir verschlafen ein Drittel unseres Lebens, das wir dazu benötigen, um uns für die zwei Drittel bewußten Lebens fit zu machen. Diese 7 bis 8 Stunden Schlaf entscheiden wesentlich darüber, wie sich der Mensch am nächsten Morgen fühlt.
Unterwegs auf Tour kommt hinzu, daß andere Faktoren als zu Hause am Einschlafen hindern oder den ruhigen Schlaf stören: Ein zu eng geschnittener Schlafsack, der zuwenig Bewegungsfreiheit bietet und Platzangst hervorrufen kann, oder ein Schlafsack, in dem ein zu geringer Luftaustausch herrscht und so einen Hitzestau entstehen läßt – oder auch umgekehrt.
Da die Schweißdrüsen nachts verstärkt arbeiten, kann ein Schlafsack, der die Feuchtigkeit schlecht nach außen transportiert, ebenso unangenehm werden.
Beim Kauf eines Schlafsacks sollte man also daran denken, daß dieser einen wesentlichen Anteil daran hat, wie man am nächsten Morgen seine Umgebung sieht.

A. FUNKTION DES SCHLAFSACKS

Die Hauptfunktion eines Schlafsacks besteht darin, die Körperwärme zu halten. Die Luft in der Füllung wird durch die Körperwärme erwärmt; je mehr Füllung und Luft, desto wärmer der Schlafsack. Das Wärmeverhalten hängt aber auch noch von anderen Faktoren ab: Die Größe des Schlafsacks ist ebenso maßgebend wie seine Konstruktion und seine Füllqualität.
Es hängt allerdings nicht nur von den Eigenschaften des Schlafsacks ab, ob man darin gut schläft und sich wohlfühlt. Es ist bekannt, daß der menschliche Körper während des Schlafs unterschiedlich reagiert: Einige geben viel Wärme ab, andere wiederum frieren leicht. Manche sind körperlich in Hochform und an das Schlafen im Schlafsack gewöhnt, andere nicht. Hinzu kommt, wie müde man ist, was man gegessen hat, usw. Alle diese Faktoren spielen in bezug auf das Kälteempfinden eine wesentliche Rolle.
Neben der Außentemperatur ist vor allem die relative Luftfeuchtigkeit entscheidend bei der Frage, inwieweit ein Schlafsack warmhalten kann. Die wichtigste Eigenschaft eines Schlafsacks ist sein Wärmeisoliervermögen. Wenn man verschiedene Schlafsäcke miteinander vergleicht, liegt es also am nächsten, mit dem Wärmeisoliervermögen zu beginnen. So wird man schnell merken, daß je nach Preis und Hersteller oft auch bei **gleichem** Isoliervermögen das Gewicht verschieden ist, der zusammengerollte Schalfsack unterschiedlich viel Platz beansprucht und er Feuchtigkeit mehr oder weniger gut verträgt.

B. DAS AUSSENMATERIAL

Das Außengewebe eines Schlafsacks soll einiges bieten: Es soll wasserabweisend, leicht und robust sein.
Ein völlig wasserdichtes Material scheidet aus, da sich das durch den menschlichen Körper entstehende Kondenswasser an der Innenseite des Schlafsacks niederschlägt. Dadurch wird das Füllmaterial feucht und verliert viel vom Isolationsvermögen (z. B. Daune). Ein typisches Beispiel hierzu ist der Bundeswehr-Schlafsack. Während beim neuen Modell die Außenhaut abknöpfbar ist, waren beim alten Typ Innen- und Außenschlafsack fest verbunden. Die Folge war die Bildung von Kondenswasser – man fror im Schlaf und wachte schließlich zitternd auf.
Aber auch beim neueren Modell hat sich bei Verwendung des Überzugs nichts geändert. Hinzu kommt, daß das verwandte Füllmaterial sehr dünn und das ganze durchgesteppt ist (s. Konstruktion).
Wer im Freien schläft und vor Regen geschützt sein will, muß sich einen Schlafsack-Überzug zulegen, der die Nässe zuverlässig abhält. Das heute am meisten verwandte Außenmaterial für Schlafsäcke ist Nylon oder Ripstop-Nylon. Es ist leicht, wasserabweisend und strapazierfähig.
Wird als Füllmaterial Daune verwandt, tritt noch ein weiteres Problem auf. Daß Außenmaterial muß daunendicht sein, um die Daune nicht durchschlüpfen zu lassen. Ist es zu dicht, taucht wieder das Kondenswasserproblem auf, ist es zu dünn oder zu weit gewebt, besteht das Risiko, daß die Daune hindurchschlüpft. Der Hersteller sollte also genau das Gleichgewicht zwischen Daunendichtheit und Luftdurchlässigkeit finden – den goldenen Mittelweg.

C. DAS INNENMATERIAL

Hier gibt es zwei Möglichkeiten: Baumwolle oder synthetisches Gewebe. Baumwolle fühlt sich für viele Menschen angenehmer als z. B. Nylon an. Sie ist hautfreundlich und gewährleistet aufgrund ihrer guten Luftdurchlässigkeit eine gute Luftzirkulation; daher besteht geringere Möglichkeit zur Bildung eines Hitzestaus.
Allerdings ist Baumwolle wesentlich feuchtigkeitsempfindlicher als z. B. Nylon. Baumwolle nimmt Schmutz und Schweiß schneller auf als das synthetische Gewebe, hält die Feuchtigkeit länger und quillt auf.
Und schließlich wird ein Schlafsack bei Verwendung von Baumwollgewebe schwerer, meist um etliche 100 Gramm.
Für Nylon spricht also geringes Gewicht und Feuchtigkeitsunempfindlichkeit. Allerdings fühlt sich Nylon nicht so »natürlich« an und ist beim Hineinschlüpfen kalt, erwärmt sich aber auch sehr schnell. Um das Innenmaterial baumwollähnlicher zu gestalten, verwenden verschiedene Hersteller z. B. die Materialien Rayon oder Polynosic. Beide Gewebe sind synthetische Fasern, aber sehr baumwollähnlich gearbeitet.
Baumwollgewebe als Innenbezug kommt dann zur Geltung, wenn man sich im Schlaf mit dem Schlafsack dreht, da Baumwolle rauher als synthetisches

Material ist. Dreht man sich dagegen im Schlafsack um, wählt man besser eine Nyloninnenseite.
Egal, wofür man sich entscheidet, eines sollte man nicht tun: Auf einen gut konstruierten Schlafsack verzichten, nur weil einem der Innenbezug nicht behagt. Denn schlielich gibt es noch sogenannte Schlafsack-Inletts, wahlweise aus synthetischem oder Baumwollmaterial, und schon hat man den gewünschten Innenbezug. (s. Schlafsack-Zubehör).

D. KONSTRUKTION

Unter Konstruktion versteht man die Form des Schlafsacks und seine Nähweise. Sie entscheidet wesentlich über seinen Einsatzbereich. Je nach Anforderungen und Qualtität gibt es die verschiedensten Nähweisen. Alle diese Näharten erfüllen zwei Dinge: Zum ersten soll durch die Nähweise das Füllmaterial (also Daune oder Kunstfaser) an seinem Platz gehalten werden, also ein Verrutschen oder »Wandern« der Füllung vermieden werden. Zum zweiten bestimmt die Nähweise die Isolationsfähigkeit des Schlafsacks, die je nach Art von mittelmäßig bis sehr gut reicht.

Konstruktionsmöglichkeiten

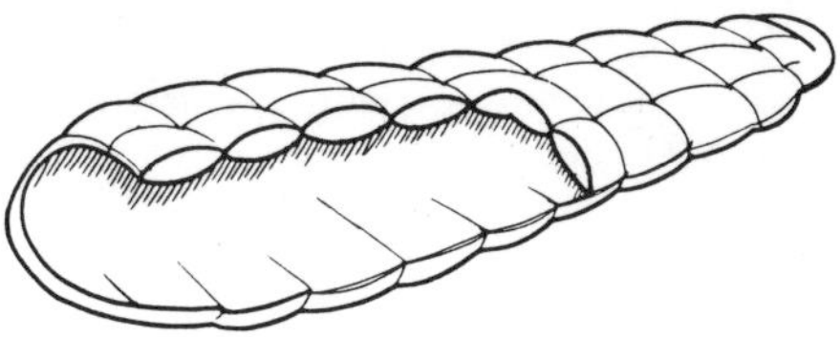

Durchgesteppt oder Durchgenäht

Die einfachste und billigste Konstruktion ist ein durchgesteppter Schlafsack. Um ein Verrutschen des Füllmaterials zu verhindern, wurden Außen- und Innenbezug direkt miteinander vernäht. Durch diese Nähweise erhält man sogenannte »kalte Nähte«, da bei der Naht kein Füllmaterial vorhanden ist, das isolierend wirken könnte. Diese Art der Steppung findet man häufig bei Schlafsäcken, die für warme Regionen und Sommereinsatz konstruiert wurden.

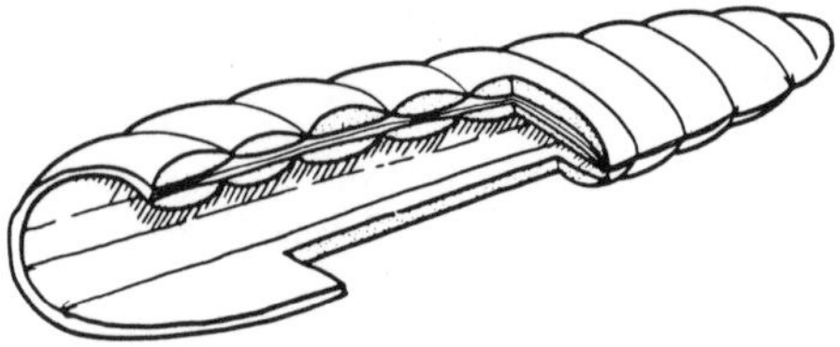

Zweilagig durchgesteppt, aber gegeneinander versetzt

Unter dieser Art versteht man eine zweilagige Konstruktion. Beide Lagen sind durchgesteppt, würden also kalte Nähte aufweisen. Um dem entgegenzuwirken, wurden beiden Schichten gegeneinander versetzt, d.h. unter einer Steppnaht der ersten Schicht befindet sich eine Kammer der zweiten Schicht. Diese zwei Lagen können miteinander vernäht werden, was aber nicht unbedingt der Fall sein muß.

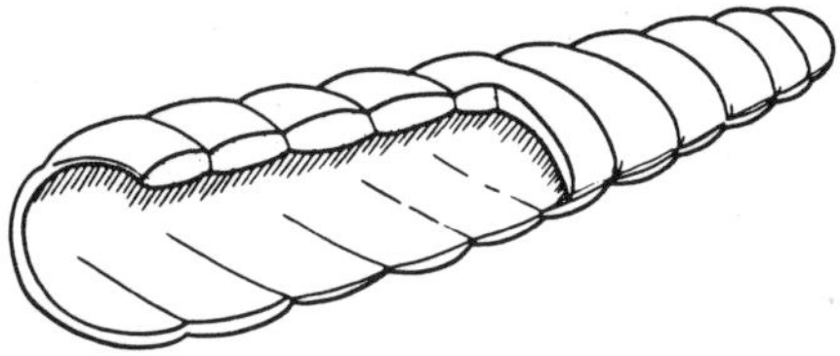

Kanalgenäht

Die Kanäle verlaufen entweder quer oder längs in Schlafrichtung. Das Verlaufen der Kanäle spielt bei richtiger Befestigung des Füllmaterials keine Rolle. Diese Nähweise findet man auch häufig unter der Bezeichnung »kammergenäht«. Gemeint sind immer Kanäle, die Trennwände aufweisen, um einen großen Abstand zwischen Innen- und Außenbezug zu halten.

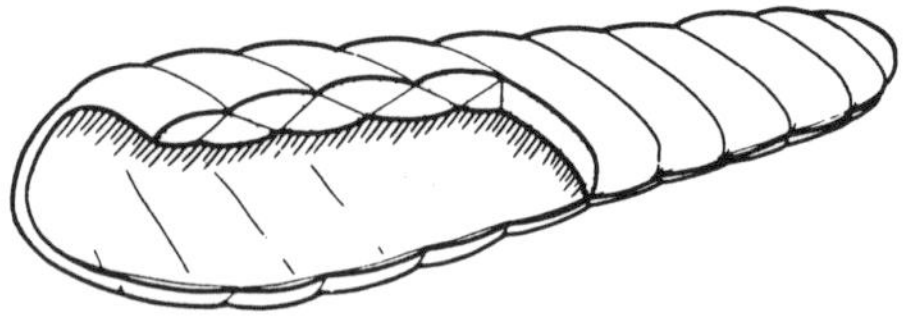

V-Kammergenäht

Hier gilt das gleiche wie bei der Kanalkonstruktion, nur verläuft bei dieser Art jede Kammer schräg (v-förmig) zur nächsten. Dies ist eine der aufwendigsten Konstruktionen und gilt auch als eine der besten.

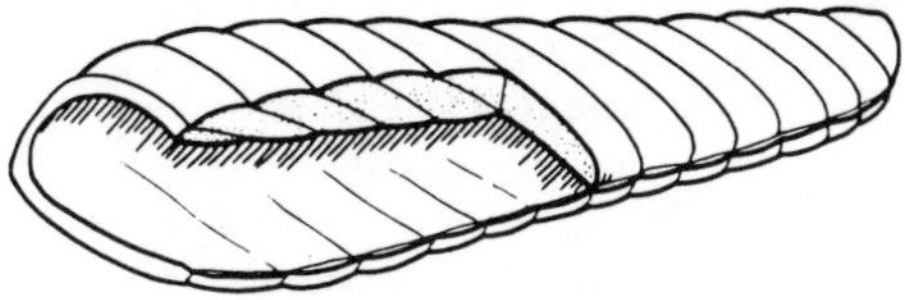

Kanalgenäht mit schrägen, übereinanderliegenden Zwischenwänden
Bei dieser Art sind die Stege schräg versetzt.

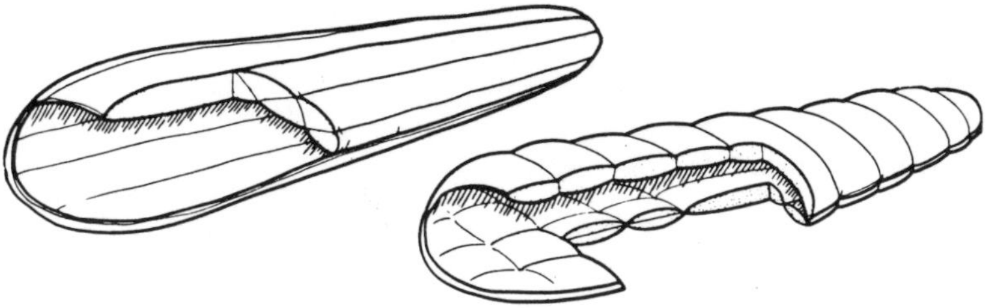

Kombinierte Konstruktionen

Einige Hersteller bieten kombinierte Konstruktionen an, d.h. Ober- und Unterseite eines Schlafsacks sind verschieden konstruiert. Ein Grund dafür ist der, daß die Unterseite des Schlafsacks durch das Gewicht des Körpers auf jeden Fall zusammengedrückt wird. Eine aufwendige Konstruktion ist also im Bodenbereich nicht so ganz wichtig wie im Oberteil. Zum anderen kommen solche Modelle in der Herstellung billiger und sind also nicht so teuer wie jene mit durchgehender, gleicher Konstruktion.
Ein Beispiel: Die Oberseite kann z.B. kanalgenäht sein oder V-Kammern aufweisen, die Unterseite ist längs durchgesteppt. Genauso kann die Oberseite in zwei Schichten durchgesteppt sein, wobei die Nähte gegeneinander versetzt sind; die Unterseite ist wiederum durchgesteppt.

Differential-Schnitt

Beim Differential-Schnitt (differential cut) ist der Innenbezug kleiner als der Außenbezug geschnitten und durch die Trennwände der Kammern miteinander verbunden. Durch diesen Schnitt wird ein gleichbleibender Abstand von Innen- und Außenbezug gewährleistet, was die Isolierfähigkeit wesentlich verbessert.

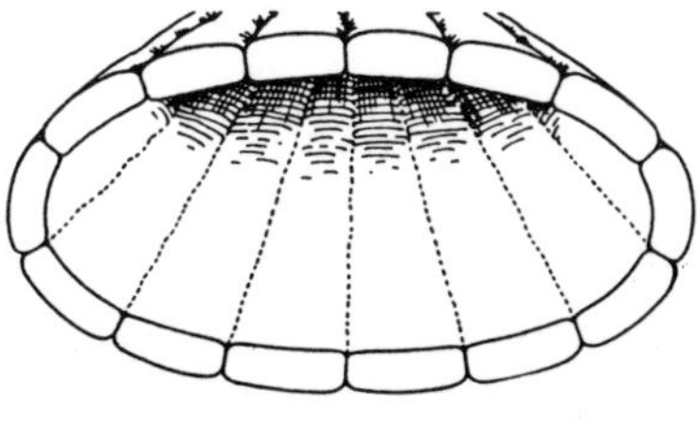

Rundum offene Kanäle

Diese erhält man durch den Differentialschnitt. Gegenüber anderen Konstruktionen, die an der Seite gegenüber dem Reißverschluß angesteppt sind, sind diese Kanäle rundum offen, die Füllung ist also an der Seite genauso stark wie an der Oberseite und erhöht dadurch das Isolationsvermögen.

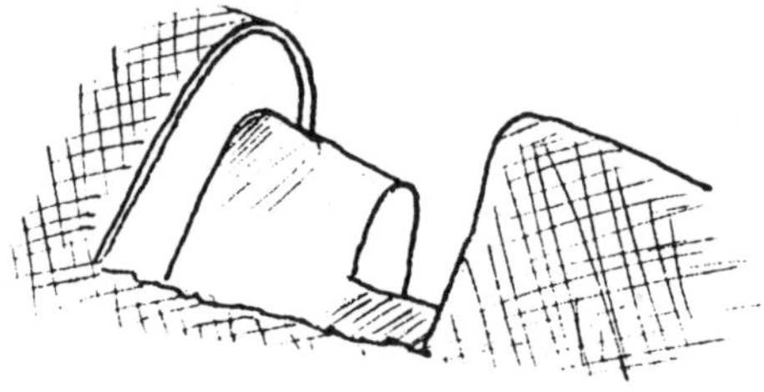

Rundum offener Kanal

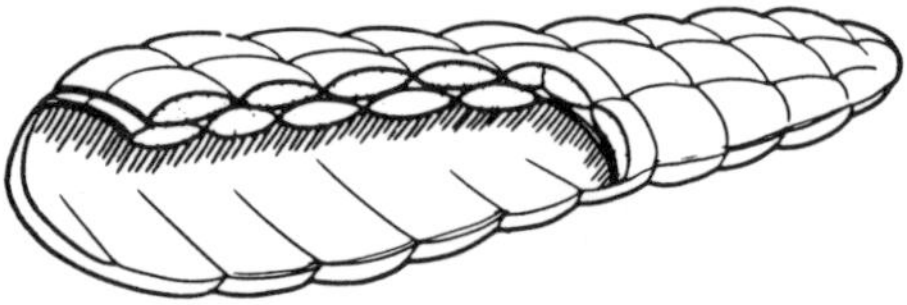

Doppelschlafsack

Doppelschlafsäcke

Eine besondere Beachtung verdienen sogenannte Doppelschlafsäcke. Doppelschlafsäcke bestehen aus zwei Schlafsäcken, die ineinandergeschoben werden und mit Klett- und Druckverschluß fixiert werden. Der »Carry Combi« von Caravan z.B. besteht aus zwei durchgesteppten Modellen, wobei der Innenschlafsack eine Nummer kleiner ist. Um die kalten Nähte zu entschärfen, wurden die Nähte von Innen- und Außenschlafsack gegenseitig versetzt. Zwischen beiden Säcken wird ein zusätzliches Luftpolster geschaffen. Bei diesem Modell besteht der Außenschlafsack aus Kunstfaser, während der Innenschlafsack mit Daune gefüllt ist. Dadurch bleibt der Daunenschlafsack zuverlässig vor Regen oder Tau geschützt.

Eine andere Konstruktionsart eines Doppelschlafsacks ist der Typ GRØNLAND von Ajungilak. Hier ist der Außenschlafsack kanalgenäht (mit geraden Zwischenwänden), der Innenschlafsack durchgesteppt. Beide Schlafsäkke sind mit Daune gefüllt.

Auch dieser Doppelschlafsack bietet – wie andere – verschiedene Vorteile: In warmen Ländern läßt man einen der beiden Schlafsäcke zu Hause, man spart also unnötiges Gewicht, während beim Doppeleinsatz beide ineinandergeschoben werden und auch bei tiefer Kälte ausreichend Schutz gewähren. Da die Reißverschlüsse einmal rechts und einmal links angebracht sind, entsteht durch die RV's kein Wärmeverlust. Durch die versetzten RV's lassen sich beide Säcke zu einem Zwei-Personen-Schlafsack zusammenkoppeln. Besteht nun einer der beiden Schlafsäcke aus Kunstfaser, nimmt man diesen in warme, feuchte Gebiete mit. Der Einsatzbereich wird wesentlich erweitert.

Mehrlagen-Steppung

Ajungilak brachte 1982 zwei verbesserte Schlafsackmodelle auf den Markt. Beide Modelle bestehen aus zwei bzw. drei separaten, durchgesteppten Lagen, die übereinander liegen. Zwischen diesen Lagen befindet sich eine perforierte, alubeschichtete Textilfolie. Diese Folie ist luftdurchlässig (um Kondenswassserbildung zu vermeiden) und reflektiert die Körperwärme. Sie verrutscht nicht und knistert nicht.
Das perforierte Material verhindert zusätzlich das Eindringen kalter Außenluft.
Im Außengewebe des Schlafsacks selbst befindet sich keine Naht. Lediglich am Fuß- und Kopfteil sowie entlang des Reißverschlusses und der gegenüberliegenden Seite wurde das Außengewebe befestigt, so daß das Material wie ein Schlafsacküberzug wirkt. Dadurch entsteht ein zusätzliches Luftpolster.

Verschiedengroße Stopfung

Schließlich gibt es noch die verschieden große Stopfung. Diese bezieht sich auf die Füllmenge im oberen und unteren Teil des Schlafsacks. Bei »normaler« Füllung weist das Unterteil die gleiche Menge Füllmaterial wie das Oberteil des Schlafsacks auf. Bei dieser Art dagegen enthält das Schlafsackoberteil mehr Füllung.
Fjällräven z.B. hat einen Schlafsack im Programm (»Himalaya«), der unterschiedlich gefüllt ist.
So befinden sich im Unterteil 40 % und im Oberteil 60 % der Gesamtfüllmenge (normalerweise 50/50%).
Da durch das Körpergewicht die Schlafsackunterseite sowieso zusammengepreßt wird, wurden 10 % der Daunenfüllung der Oberseite zugegeben, was laut Hersteller den Schlafsack um 20 % wärmer macht, als es die herkömmliche Fülltechnik gestatten würde. Das ganze Modell ist kanalgenäht.

E. DIE FACHHÖHE

Als Fachhöhe bezeichnet man die Dicke des Füllmaterials einer Schlafsacklage (z.B. Oberseite) bei einem aufgeschütteltem Schlafsack ohne Belastung. Mit der angegebenen Fachhöhe lassen sich ungefähre Werte für den Temperatur- und Einsatzbereich schaffen.
Die schwedische Firma Fjällräven beruft sich in ihrem Katalog auf einen von der US-Army verfaßte Tabelle. In ihr wird das Verhältnis von Isolierdicke und Temperatur dargestellt:

Temperatur	+ 5	– 10	– 20	– 30	– 40	– 50
Fachhöhe	5 cm	6 cm	7 cm	8 cm	9 cm	11 cm

Diese Werte gelten bei Gebrauch einer Isoliermatte von mindestens 10 mm Dicke und Windstille. Kälteempfindliche Personen benötigen 1 bis 2 cm mehr, wer nicht so schnell friert, entsprechend weniger. Ich würde aber auf jeden Fall etwas hinzurechnen, da man meiner Meinung nach ruhig über etwas Reserve verfügen sollte. Hinzu kommt, daß in den wenigsten Fällen absolute Windstille herrscht, also etwas » draufgeschlagen« werden muß. Und schließlich will man die Nacht nicht nur einigermaßen gesund überstehen, man will ja auch angenehm schlafen.

F. FÜLLMATERIAL DAUNE

Die Daune ist der hochwertigste Wärmekonservierer, den uns die Natur zu bieten hat. Bis jetzt gibt es noch kein Material, daß alle Vorzüge der Daune in sich vereinigt. So erreicht z.B. die Daune in den hygroskopischen Eigenschaften (Feuchtigkeitsaufnahme und –abgabe) Werte, die über denen synthetischer Fasern liegen. Durch diese Eigenschaften erhält man im Schlafsack eine angenehme, trockene Wärme. Temperaturschwankungen und unterschiedliche Klimabereiche werden weitgehend neutralisiert. Daune ist das leichsteste Füllmaterial überhaupt. Feine Verästelungen, die strahlenförmig vom Daunenkern ausgehen, speichern die warme Luft. Aus diesem Grund ist Daune der Favorit im kleinen Packmaß, da beim Verpacken nur Luft herausgepreßt wird. Nach dem Entfalten dauert es eine kurze Zeit, bis die Daune wieder ihre voll Bauschkraft erlangt. Diese Bauschkraft nennt man (auch bei Kunstfasern) »Loft«. Allgemein kann man sagen: Je stärker der Loft, desto besser die Daunenqualität. Allerdings gehört Daune nicht zu den billigen Produkten. Gerade in den letzten Jahren wurden mit Daunen gefüllte Artikel immer teuerer, und ein Ende ist noch nicht abzusehen. Zudem ist Daune nicht gleich Daune; in der Qualität können große Unterschiede vorhanden sein.

G. DAUNENQUALITÄTEN

Ganz allgemein läßt sich sagen, daß eine gute (!) Daunenqualität doppelt so warm wie eine entsprechende Menge Kunstfasern ist. Aber Schlafsäcke sind nun einmal nicht durchsichtig, und somit ist man als Käufer auf Herstellerangaben angewiesen.
Gewisse Import-Konzerne bringen es fertig, die Bezeichnung »Daune« oder »Daunen und Federn« anzuwenden, ohne dabei Angaben über den entsprechenden Vogel zu machen, geschweige denn über die Herkunft oder die Daunenzusammensetzung. Der Grund dafür liegt auf der Hand:
Jede Daune benötigt als Zusatz einen gewissen Prozentsatz feiner Federn. Diese erfüllen eine Stützfunktion und sorgen für einen guten Loft. Während renommierte Hersteller immer Angaben über Herkunft der Daune und Zusatz der Federn machen, gibt es Firmen, die hiervon eine ganz andere Auffassung haben. So kann es nämlich vorkommen, daß von der Daune nicht mehr viel übrig bleibt, u.U. nicht einmal mehr die Hälfte oder ein Drittel. Die an-

deren 50 % oder mehr der Füllmenge machen dann grobe Federn aus. Der Schlafsack kostet dann vielleicht 198 Mark, sieht herrlich bauschig aus, aber mit dem Isoliervermögen hapert es. Und wenn man Pech hat, hat man nach einer Woche Ärger mit dem Reißverschluß ...

Abgesehen von der Daunenherkunft spielt also die Zusammensetzung eine wichtige Rolle. Die Zusammensetzung wird in Prozenten angegeben, also z.B. 85/15 %, was einem Daunengehalt von 85 % und einem Stützfederngehalt von 15 % entspricht. Gute Zusammensetzungen sind ebenfalls 80/20 oder 70/30iger Mischungen. Die letzte Mischung wird häufig bei Daunenbekleidung verwandt.

Bei den Stützfedern ist es wichtig, daß diese von guter Qualtität sind, also weiche Federchen ohne langen, harten Kiel.

Die besten Daunen liefern Wasservögel, also Ente und Gans. Europäische Daunen (z.B. polnische) liegen qualitätsmäßig an der Spitze, asiatische Daune (Thailand, China, etc.) ist qualitätsmäßig schlechter.

Ob Ente oder Gans die bessere Qualität liefern, darüber scheiden sich die Geister. Gänsedaune soll aufgrund ihres größeren Daunenzentrums etwas besser füllen, die Elastizität und Lebensdauer größer als die der Ente sein, sagen die einen. Andere wiederum setzen sich für die Ente ein und behaupten genau das Gegenteil. Alles in allem gesehen dürfte der Unterschied nicht mehr als 10 % betragen.

Aber auch gute Daune hat ihre Nachteile: Sobald die Daune feucht oder naß wird, verliert sie einen großen Teil ihrer Isolierfähigkeit. Sie fällt in sich zusammen und verklumpt. Hinzu kommt die Tatsache, daß einmal naßgewordene Daune nur sehr schwer und langwierig wieder zu trocknen ist. Das gilt besonders auf Reisen, wo man kaum einige Tage Zeit aufbringen kann, um das gute Stück zu trocknen.

Wenn man also damit rechnen muß, daß der Schlafsack unterwegs naß wird – sei es, weil man ohne Zelt reist, oder bei Kanufahrten –, sollte man sich für einen Kunstfaserschlafsack entscheiden. Ein weiterer Nachteil liegt im hohen Anschaffungspreis. Bei gleicher Wärmeisolierung und Verarbeitung kostet ein guter Daunenschlafsack gegenüber einem Kunstfaserschlafsack wesentlich mehr. Preisunterschiede von 50 bis 80 % sind keine Seltenheit.

In kalten, trockenen Gebieten (oder im Zelt) bleibt ein Daunenschlafsack in Bezug auf das niedrige Gewicht und das kleine Packmaß konkurrenzlos. Der Gewichtsunterschied zu einem gleich warmen Kunstfasermodell beträgt etliche hundert Gramm.

Auf langen Wanderungen, bei denen man Proviant und Ausrüstung für Wochen mitnehmen muß, wird man zwangsläufig Wert auf kleine Packmaße legen und möglichst viel Gewicht sparen wollen – aber, wie schon gesagt, man denke an die Nässe . . .

H. FÜLLMATERIAL KUNSTFASER

Aufgrund des hohen Preisanstiegs der Daune wurde die Entwicklung von Kunstfaserarten in den letzten Jahren vorangetrieben.

Früher waren die Kunstfaserschlafsäcke schwer und wiesen ein großes Packvolumen auf. Man suchte also nach leichter, platzsparend verpackbarer Kunstfaser. Das hatte verschiedene Gründe: Zum einen ist ein gut konstruierter Kunstfaserschlafsack wesentlich billiger als ein gleich gutes Modell mit Daunenfüllung. Zum anderen ist Kunstfaser nässeunempfindlich, wesentlich rascher zu trocknen und bewahrt bei Nässe eine viel höhere Isolierfähigkeit als Daune. Die Isolierfähigkeit liegt nämlich im feuchten Zustand bei Kunstfaser über 80 % (!) höher als die der Daune.
Nun bestehen aber bei Kunstfasern ähnliche Unterschiede in Bezug auf Qualität wie bei den Daunen.
Kunstfasern bestehen aus Polyester, das im Gegensatz zur Daune nicht deren feine Verästelungen enthält, die die Luft speichern.
Da aber der isolierende Wert eines Schlafsackes in erster Linie vom Bausch und vom Volumen der Füllung (und somit der eingeschlossenen Luft) abhängt, war man früher gezwungen, möglichst viel Kunstfaser in den Schlafsack zu füllen. Um dies abzuschaffen, wurden immer neuere Fasern entwikkelt, die teilweise der Daune recht nahe kommen.
Ganz gleich, um welche Art Kunstfaser es sich bei den heute verwandten handelt, fast alle besitzen die gleichen Eigenschaften:
Kunstfaser verrutscht nicht in den Kammern (bei richtiger Verarbeitung). Sie ist atmungsaktiv und körperfreundlich, geruchlos und antiallergisch. Sie wird nicht von Insekten befallen, schimmelt und modert nicht.

I. VERSCHIEDENE KUNSTFASERN

Polarguard

ist eine bereits vor mehreren Jahren entwickelte Endlosfaser aus Polyester. Mit Entwicklung dieser Faser wurde damals die erste Alternative zur Daune geschaffen. Polarguard ist heute – verglichen mit anderen Kunstfasern – überholt, vor allem im Verhältnis Füllmenge/Isolationsvermögen gesehen.

Hollofil II

Da Polarguard der Daune besonders durch zu großes Volumen und Gewicht unterlegen war und seine Quellfähigkeit zu wünschen übrig ließ, wurde nach Ersatz gesucht. Schließlich entwickelte die französische Firma Du Pont Hollofil II. Dieses Material ist sehr quellig, sorgt also für einen guten Loft. Die Faser ist eine Hohlfaser und weist daher bei gleicher Füllmenge gegenüber »Vollfasern« ca. 15 % mehr Bausch auf.

Dacron 808

Ebenfalls von Du Pont stammt Dacron 808. Die Eigenschaften sind die gleichen wie bei Hollofil II: Geringes Packvolumen und hervorragender Bausch. Bei der Entwicklung von Hohlfasern wurden übrigens die Felle von Eisbär und Karibu berücksichtigt. Die Haare dieser beiden Tiere sind hohl. Sie sind also an ihre extrem kalte Umgebung sehr gut angepaßt.

Dacron Hollofil

Von der gleichen Firma stammt Dacron Hollofil, dessen Eigenschaften Dacron 808 gleichzusetzen sind. Unterschiedlich dagegen ist die Oberflächenbehandlung beider Fasern. Die kurzen, lockeren Fasern von Dacron Hollofil wurden speziell oberflächenbehandelt. Dadurch wird die Reibung zwischen den einzelnen Fasern geringer. Die Faser fühlt sich elastischer an, der Bausch nimmt zu. Beide Fasertypen, Dacron 808 und Dacron Hollofil, werden z. B. vom norwegischen Schlafsackhersteller Ajungilak verarbeitet.

Terylene Superloft

Ebenfalls in Frankreich entwickelt wurde Terylene Superloft. Diese von der Firma Ici stammende endlose Hohlfaser ist im Vergleich zu früheren Fasern elastischer und bauschkräftiger. Weil die Faser – ebenso wie Dacron 808 und Dacron Hollofil – hohl ist, bietet sie bei gleichem Füllgewicht noch mehr Lufteinschluß und Isolation. Da in Hohlräumen der Fasern ja nur erwärmte Luft gebunden wird, nimmt ein mit Hohlfasern gefüllter Schlafsack weniger Platz in Anspruch als ein z.B. mit herkömmlicher Kunstfaser oder Polarguard gefülltes Modell. Terylene Superloft wird von der schwedischen Firma Caravan verarbeitet. Eine eigens dafür entwickelte Füllmaschine füllt jeden Kanal einzeln.

Quallofil

Wieder von Du Pont stammt die neue Hohlfaser Quallofil. Diese Hohlfaser weist nicht eine, sondern vier getrennte Luftkammern auf. Eine aufwendige Konstruktion, wenn man bedenkt, daß alle Hohlfasern dünner als ein menschliches Haar sind. Mir ist bis jetzt nur ein Schlafsack bekannt, bei dem diese Faser Verwendung findet: Der Schlafsack Polaris von Ajungilak.
Füllmaterialien **Fiberfill, Hollowfiber, Lunofill, Polarlight** und **Polyfill** siehe »Materialkunde«.

J. DAUNE UND KUNSTFASER KOMBINIERT

Verschiedene Schlafsäcke werden mit Daune **und** Kunstfaser gefüllt. Im Schlafsackunterteil, das ja wesentlich feuchtigkeitsanfälliger ist, finden Kunstfasern Verwendung, das Oberteil wird mit Daunen gefüllt.
Das Gewicht wird im Gegensatz zu einem reinen Kunstfaserschlafsack verringert, gleichzeitig ist der Schlafsack – bezogen auf das Füllgewicht – wärmer. Bei einigen Modellen kommt noch die verschiedene Konstruktion hinzu, z.B. Unterseite durchgesteppt mit längsverlaufenden Kanälen, Oberseite mit querliegenden Kammern versehen. Ist allerdings die Gefahr gegeben, daß der Schlafsack auch von oben naß werden kann, so sollte man besser ein reines Kunstfasermodell erwerben. Umgekehrt wird man sich verhalten, wenn der Schlafsack nur im Zelt eingesetzt wird und die Aussicht auf Nässe wegfällt.
Wieder eine andere Fülltechnik weist der »Konka«-Schlafsack von Salewa

auf. Er besteht aus zwei zusammengenähten Teilen, wobei der äußere mit Kunstfaser, der innere Teil mit Daune gefüllt ist.
Durch die äußere Kunstfaserfüllung wird ein guter Schutz gegen Nässe erreicht und die Daune geschützt.
Die Fa. Kugler hat einen Schlafsack »Norstar 2«, dessen Kammern mit Daunen **und** Kunstfasern gefüllt sind, also beide Füllmaterialien miteinander gemischt. Ob das etwas bringt, weiß ich aber nicht zu sagen, da ich noch keine Erfahrung und auch keine Erfahrung anderer dazu gehört habe. Ich habe viel eher Bedenken, daß die Daune zusammen mit der Kunstfaser klumpt, und der Schlafsack ist gegen Nässe ebenso anfällig wie ein reiner Daunenschlafsack.

K. SCHLAFSACKFORMEN

Kombidecken

Kombidecken können durch einen umlaufenden Reißverschluß als Schlafsack oder auch als größere Decke benutzt werden. Während sie für verschiedene Zwecke gut geeignet sind, scheiden sie für Wanderungen oder Zweiradtouren durch mehrere Gründe aus. So sind sie verpackt wesentlich sperriger als z.B. ein Mumienmodell. Zum Transportieren in Packtaschen, in oder am Rucksack sind sie wegen ihrer Größe also ungeeignet. Sie verfügen über keine Kapuze oder Schnürzug. Aus diesem Grund kann die Kälte an den Schultern fast ungehindert in den Schlafsack dringen. Für kältere Gegenden also oder auch auf Hochgebirgshütten sind sie nicht zu gebrauchen. In gemäßigten Zonen allerdings, im Camp-Mobil, in Hütten oder Wohnwagen erfüllen Sie ihren Zweck.

Mumienform

Die beste Form ist sicherlich die Mumienform. Sie verfügt über eine Kapuze mit Schnürzug und seitlichem oder obenliegendem Reißverschluß. Schlafsäkke für extreme Kälte weisen teilweise gar keinen Reißverschluß auf.
Ein seitlicher Reißverschluß ist einem obenliegendem Reißverschluß vorzuziehen. Bei den meisten Modellen steht Links- oder Rechtsreißverschluß zur Auswahl, womit man einen anderen Schlafsack gleichen Typs ankoppeln kann.
Bei Zwei-Wege-Reißverschlüssen besteht auch noch die Möglichkeit, den Schlafsack wahlweise von unten oder oben zu öffnen. Und schließlich kann man ihn auch als Decke verwenden (wobei natürlich das Fußteil eine kleine Erhöhung bildet).
Die Mumienform ist dem Körper angepaßt, also breit in Schulterhöhe, schmaler zum Fußende hinlaufend. Durch diese körpergerechte Form muß also weniger Luft erwärmt werden – es wird schneller warm.
Mumienschlafsäcke ohne Reißverschluß (z.B. Tyin Elite v. Ajungilak) wurden für extreme Minustemperaturen entwickelt. Aus diesem Grund wurde

auch auf einen Wärmeverlust herbeiführenden Reißverschluß verzichtet, man kriecht also von oben in den Schlafsack.
Für wirklich kalte Zonen weit unter dem Gefrierpunkt sind sie hervorragend geeignet, für warme und gemäßigte Zonen nicht brauchbar.

Spezialformen

Dazu gehören Mumienschlafsäcke, die z. B. eingearbeitete Ärmel haben, damit man auch mit Kamera, Gewehr und dergleichen arbeiten kann und es gleichzeitig warm hat. Öffnet man den Reißverschluß am Fußteil, kann man mit ihm herumlaufen; werden die Ärmel nicht benötigt, zieht man sie ein und erhält so ein Kopfkissen.

»Armee«-Schlafsäcke

Wenn ich mir manche »Armee-Schlafsäcke« betrachte, überkommt mich das kalte Grausen. Da werden »Piloten-Schlafsäcke« angeboten, die nie ein Flugzeug, geschweige denn eine Armee gesehen haben. Die Füllung und Verarbeitung ist meistens mies – da können sie noch so oliv oder tarnfarbig aussehen, um einen rauhen Einsatzzweck vorzutäuschen.
Hat man es wirklich einmal mit Original-Schlafsäcken zu tun, dann sind sie meist auch mit Vorsicht zu genießen. Der Bundeswehr-Schlafsack (siehe Außenmaterial) »besticht« durch seine mangelnde Isolation und seine Kondenswasserfreudigkeit. Allenfalls für Leute zu gebrauchen, die sich das Innenteil als Ansitzsack herausnehmen, oder den Schlafsack als Wetterschutz benutzen möchten.
Von gebrauchten US-Modellen mit Daunenfüllung würde ich auch die Finger lassen, da man nicht weiß, in welchem Zustand sich die Daune befindet. Schließlich wurden die Schlafsäcke ausgesondert – und das hat meistens seine Gründe.
Der Fernost-Nachbau mit Polyester-Füllung liegt preislich recht günstig und bietet auch eine (für seine Verhältnisse) akzeptable Isolation. Freilich – man sollte die Körpergröße von 185 cm nicht überschreiten, und einen Vergleich mit einem Qualitätsschlafsack bestehen diese Modelle auf keinen Fall.
Der Bundeswehr-Schlafsack wird beispielsweise neu für 298 Mark angeboten. Für dieses Geld bekomme ich einen skandinavischen Schlafsack mit einer Isolierfähigkeit bis –15°C!

L. WORAUF MAN SONST NOCH ACHTEN SOLLTE

Reißverschlüsse

Zwei Typen stehen zur Auswahl: Der Zahnreißverschluß und der Spiralreißverschluß. Während der Zahnreißverschluß aus einzelnen, ineinandergreifenden Zähnen besteht, weist der Spiralreißverschluß eine zusammenhängende Spirale auf. Dem Spiral-RV ist gegenüber dem Zahn-RV der Vorzug zu geben, da hier keine einzelnen Zähne ausbrechen können. Sollte sich Stoff im

Reißverschluß verklemmen, so ist dieser leichter aus dem Spiral-RV als aus dem Zahn-RV zu lösen.
Da bei der Spirale eine durchgehende Verbindung der einzelnen Glieder besteht, ist diese strapazierfähiger als ein Zahn-RV.
Gute Spiralreißverschlüsse werden aus kräftigem Nylon-Material hergestellt, das durch Kälteeinwirkung nicht angegriffen wird. Sollte es einmal passieren, daß eine Reißverschlußschlinge klemmt, so kann man den Schaden meist durch mehrmaliges Hin- und Herziehen des Reißverschlusses beheben. Spiral-Reißverschlüsse sollen zudem nur minimale Wärmeverluste verursachen.
Zu empfehlen ist ein Zwei-Wege-Reißverschluß, da dieser eine beliebige Regulierbarkeit am Fuß- und Kopfende bietet.
Ein bis zum Fußende durchgehender Reißverschluß ist anzuraten.
Besonders bei tieferen Teperaturen zeichnet sich eine Reißverschlußabdeckpatte aus. Sie wirkt einem Wärmeverlust durch den Reißverschluß entgegen. Das obere Ende der Abdeckpatte ist meist mit einem Klettverschluß versehen, der verhindert, daß man den RV-Klöppel ins Gesicht bekommt.

Gurte und Schlaufen

Je nach Hersteller sind Schlafsäcke mit verschiedenen Gurten und Schlaufen ausgestattet. Zwei lange Gurte am Kopfende oder an der Fußseite dienen zum Befestigen des zusammengerollen Schlafsacks. Einige Arten haben zwei kleine Schlaufen an der Oberseite der Öffnung. Zusammen mit den am Kopfende angebrachten Bändern lassen sich zwei Sitzgurte herstellen, die über die Schultern laufen.
So kann man sich bei kalter Witterung an die Essenszubereitung machen, ohne den Schlafsack verlassen zu müssen und bleibt warm. Kleine Schlaufen am Kopfende dienen zur Befestigung eines Lakens oder Innenschlafsacks.

Die Kapuze

Ein Schnürzug an der Kapuze ist wichtig, damit die Kapuze gut am Kopf anliegt. Bei sehr tiefen Temperaturen wird die Kapuze bis auf ein Atemloch zugezogen. Ein Zugverschluß oder ein Tanka bietet eine sichere Fixierung und schnelle Regulierung der Öffnung.

Wärmekragen

Für kalte Gebiete ist ein Wärmekragen sehr zu empfehlen. Der Wärmekragen sitzt am Innenteil oberhalb der Schultern. Ein Schnürzug verhindert, daß kalte Außenluft eindringt oder bereits warme Luft entweicht. Auch wenn es nicht so kalt ist, leistet der Kragen gute Dienste. So kann auch bei offener Kapuze keine Wärme entweichen.

Fußteil

Man sollte darauf achten, daß die Füße genügend Bewegungsfreiheit haben. Bei einigen billigen Modellen hat man – bedingt durch die Nähweise – zwar in Seitenlage gerade noch ausreichend Platz, in Rückenlage aber fehlt der für die aufgerichteten Füße benötigte Platz.

M. TEMPERATURBEREICH

Viele Hersteller haben in ihren Katalogen und Prospekten Einsatz- und Temperaturbereiche aufgelistet. Bei der Wahl des Schlafsacks stellen solche Übersichtstabellen eine große Hilfe dar, sofern sie der Wahrheit entsprechen. Bei Warenhäusern oder Import-Firmen ist bei Temperaturangaben stets Vorsicht am Platz. Wenn beispielsweise schon keine Angaben über Füllung und Konstruktion vorliegen, im Text aber von 15 Grad Minus gesprochen wird und das Ding verblüffend billig ist, würde ich die Finger davon lassen.

Schließlich ist es ein Unterschied, ob man die Nacht angenehm durchschläft oder sie gerade noch ohne Erfrierungen überlebt.

Viele Hersteller sprechen von Erfahrungswerten. Diese Erfahrungswerte basieren auf Testversuchen unterschiedlicher Personen verschiedenen Alters und Konstitution. Das ist wichtig, um ein breites Spektrum zu erzielen. Es wäre nämlich ein Unding, sich auf die Aussage eines Trappers zu verlassen, der schon jahrelang im kanadischen Busch lebt und ein ganz anderes Kälteempfinden als wir Zivilisations-Menschen aufweist.

Was für ihn vielleicht durchaus angenehm ist, kann anderen Menschen eine Lungenentzündung bescheren.

Hinzu kommt, daß man immer (gerade in Minusbereichen) einige Grad Reserve haben sollte (siehe Fachhöhe): Wenn man beispielsweise mit 10 Grad Minus rechnet, ist es nicht verkehrt, einen Schlafsack zu verwenden, der einen Erfahrungswert bis 20 Grad Minus aufweist.

Eine schöne Sache ist die Angabe zweier Temperaturbereiche, und zwar einmal die **erfahrungsgemäß niedrigste Schlaftemperatur** und einmal die **komfortable Schlaftemperatur.**

Am Beispiel des Schlafsacks NAVARAC von Caravan sieht so etwas folgendermaßen aus: Erfahrungsgemäß niedrigste Temperatur −15°C, komfortable Temperatur +18 bis −7°C. Dieser Hersteller ist also so ehrlich, ausdrücklich auf das verschiedene Kälteempfinden hinzuweisen, was verhindert, einen zu »kalten« Schlafsack zu erstehen.

N. TIPS ZUM SCHLAFEN

Neben der Qualität des Schlafsacks selbst spielen noch andere Faktoren eine Rolle, nämlich wie man sich selbst verhält:

- Daunenschlafsäcke rechtzeitig auspacken und aufschütteln, damit sie ihren Loft entfalten können.
- Nach Möglichkeit sollte man sich warm und trocken in den Schlafsack legen.
- Betreibt man vor dem Schlafengehen leichte Gymnastik, wird der Schlafsack schneller warm.
- Frisch gewaschen, schläft man doppelt gut.
- Nicht zu viel anziehen, oft genügt eine Unterhose. Bei tiefen Temperaturen sind mehrere dünne Kleidungsstücke besser als ein dickes.

- Vermeiden Sie, in der Kleidung zu schlafen, die Sie tagsüber getragen haben (aufgrund der Feuchtigkeit, die die Kleidung am Tag aufnimmt, friert man leichter).
- Legen Sie diese Kleidung zum Trocknen am besten in den Schlafsack. Am nächsten Morgen ist diese dann gleich körperwarm.
- Wenn jemand leicht an den Füßen friert, sind ein Paar saubere, trockene Wollsocken empfehlenswert (z.B. Schladminger Schafwollsocken).
- Wenn bei tiefen Temperaturen ein Frieren der Schuhe zu befürchten ist, kann man diese (in einer Tüte oder einem Nylonbeutel) mit in den Schlafsack nehmen.
- Der beste Schlafsack läßt die Bodenkälte durchdringen. Nie auf eine Isolier- oder Biwakmatte (siehe Schlafsackzubehör) verzichten.
- Bei Verwendung von Schlafsack-Inletts oder Außenhüllen erhält man eine bessere Isolierfähigkeit.
- Den Schlafsack nach und vor Gebrauch gut lüften, damit die vom Körper abgegebene Feuchtigkeit verdunsten kann.

Diese Tips stammen aus eigener Erfahrung und aus dem Ajungilak-Katalog '82.

Tip:

Man nähe sich aus dünnem Baumwoll- (oder auch Kunstfaser) Gewebe einen kleinen Kopfkissenbezug, der leer und zusammengefaltet nur minimal Gewicht und Platz in Anspruch nimmt. Abends zum Schlafen wird der Bezug mit einer Daunenjacke, einem Pullover (Hemd, sonstige Bekleidung) »gefüllt«.
- **Eine andere Möglichkeit bietet die Schlafsackhülle, in die man ebenfalls Bekleidung gibt. Ein Herausrutschen der Kleidung wird durch den Zugverschluß (Tanka) vermieden.**
- **Auch ein Wassersack eignet sich als Kopfkissen-Notbehelf. In kalten Gegenden sollte er natürlich kein Wasser enthalten, man bläst ihn einfach etwas auf.**

O. AUFBEWAHRUNG UND PFLEGE

Ein Schlafsack sollte (egal ob mit Daune und/oder Kunstfaser gefüllt) zu Hause stets durchgelüftet und aufgeschüttelt aufbewahrt werden, sei es an einem Kleiderbügel hängend oder in einem großen Karton. Auf keinen Fall sollte man ihn über längere Zeit – ausgenommen auf Tour – im engen Packsack aufbewahren – dies schadet der Bauschkraft des Füllmaterials.
Einem guten Produkt sind meist genaue Wasch- und Pflegeanleitungen beigefügt. Speziell für Daunenprodukte gibt es ein besonderes Waschmittel, so z. B. »Nu-Down« von Ajungilak oder »Soppy« von Salewa. Daunenprodukte dürfen nur mit einem speziell für Daune konzipierten Waschmittel gereinigt werden, da dieses die natürlichen Substanzen der Daune nicht angreift. Auf keinen Fall sollte man den Schlafsack chemisch reinigen lassen. Ein einziges Mal falsch behandelt, ist das gute Stück ruiniert, und bei den nicht gerade billigen Anschaffungspreisen sollte man so etwas nicht riskieren.

P. PRODUKTBEISPIELE

»US-Mumien-Schlafsack«

Konstruktion: Durchgesteppt.
Füllmaterial: Kunstfaser, Polyesterfüllung.
Bei diesem Schlafsack handelt es sich um den Nachbau des Original-US-Schlafsacks, der allerdings mit Daune gefüllt ist. Für Personen unter 185 cm Körpergröße erfüllt er als Erst- oder Zweitschlafsack seinen Zweck (vor allem, wenn man knapp bei Kasse ist). Der Innenbezug besteht aus Baumwolle, das Außenmaterial aus Baumwolle oder Nylon. Gefertigt wird der Schlafsack in Fernost. Das Modell weist einen obenliegenden Reißverschluß und eine angenähte Kapuze auf. Erfahrungsgemäß liegt sein tiefster Temperaturbereich bei + 5 Grad C. Der Schlafsack ist 215 cm lang und 65 cm breit.
Das Packmaß beträgt ca. 45 × 28 cm.
Erhältlich ist er für ca. 100 Mark.

»Sport« von Caravan

Konstruktion: Die Oberseite ist zweilagig durchgesteppt, aber gegeneinander versetzt; querliegende Kanäle, thermogenäht. Die Unterseite ist durchgesteppt (mit längslaufenden Kanälen).
Füllmaterial: Die Oberseite ist mit Hollofiber, die Unterseite mit Fiberfill gefüllt.
Reißverschluß mit Abdeckleiste links oder rechts erhältlich (koppelbar). Das Innenmaterial besteht aus Polynosic (Nylon), das baumwollähnlich ist. Als Außenmaterial wurde Ripstop-Nylon verwandt. Die maximale Personenlänge beträgt 190 cm. Die Schulterbreite ist 85 cm. Gesamtgewicht 2000 Gramm, Packmaß 50 × 25 cm.
Temperatur: die komfortable Schlaftemperatur liegt bei + 18 bis − 2 Grad, die erfahrungsgemäß niedrigste Schlaftemperatur bei − 10 Grad.
Der »Sport« kostet 276 Mark.

»Konka« von Salewa

Konstruktion: Kanalgenäht mit querliegenden Kammern. Zusammengenähte Doppelkonstruktion.

»Konka« von Salewa

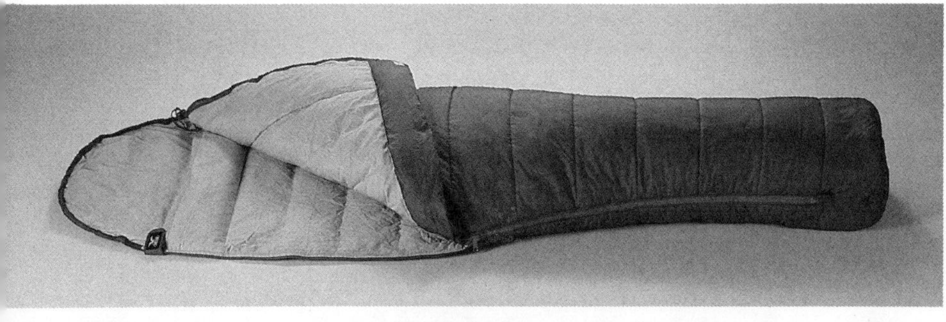

Füllmaterial: In den äußeren Kammern (unten und oben) Polarlight. In den inneren Kanälen Daune.
Auch dieser Schlafsack ist mit Links- oder Rechtsreißverschluß erhältlich und koppelbar. Der Reißverschluß ist mit einer Abdeckleiste ausgestattet. Das Innenmaterial besteht aus Baumwollmischgewebe, der Außenbezug aus Nylon. Der Schlafsack ist mit einem daunengefüllten Wärmekragen ausgestattet sowie einem kleinen Innentäschchen für Uhr usw. Die maximale Personenlänge beträgt 185 cm, die Schulterbreite beträgt 82 cm. Die Füllgewichte sind 800 Gramm Kunstfaser und 400 Gramm »Superdaune«*. Gesamtgewicht des »Konka« 1950 Gramm, Packmaß 19 × 39 cm.
Temperatur: Der Temperaturbereich reicht von + 20 bis – 10 Grad.
Erhältlich ist der Schlafsack für 299 Mark.

*** Anmerkung:**

Die von der Firma Salewa verwandte »Superdaune« besteht aus 80 % Daune (Ente) und 20 % Stützfedern.

»Navarac« von Caravan

Konstruktion: Querliegende Kanäle mit übereinanderliegenden (schrägen) Zwischenwänden. Rundherum offene Kanäle, also Differentialschnitt (differential cut).
Füllmaterial: ICI Superloft Terylene Endlos-Hohlfaser. Reißverschluß zum Koppeln in rechts und links lieferbar; mit Abdeckleiste ausgestattet. Als Innenmaterial wurde baumwoll-ähnliches Polynosic (Nylon) verwandt, als Außengewebe dient Ripstop-Nylon. Die maximale Personenlänge beträgt 185 cm, auf Wunsch erhält man den »Navarac« mit einem zusätzlichen Querfach, wobei dann der Schlafsack Personen bis 2 Meter Körpergröße Platz bietet. Die Schulterbreite ist 85 cm, das Gesamtgewicht beträgt 2000 Gramm.
Füllgewicht: 1000 Gramm. Verpackt ist er 45 × 25 cm groß.
Temperatur: + 18 bis – 7 Grad ist die angenehme, – 15 Grad die erfahrungsgemäß niedrigste Schlaftemperatur.
Kostenpunkt: 317 Mark.

»Navarac« von Caravan

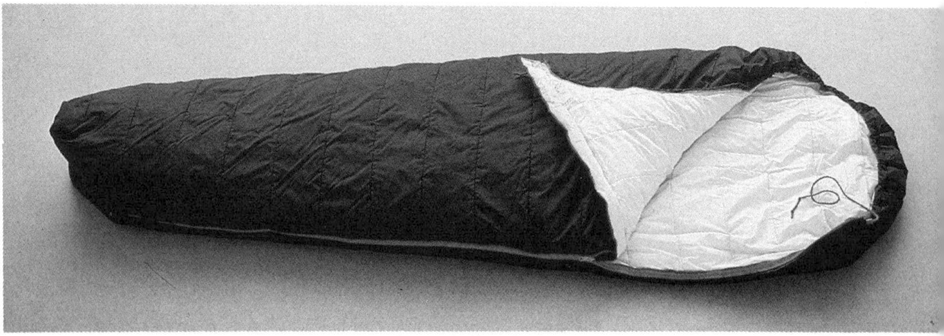

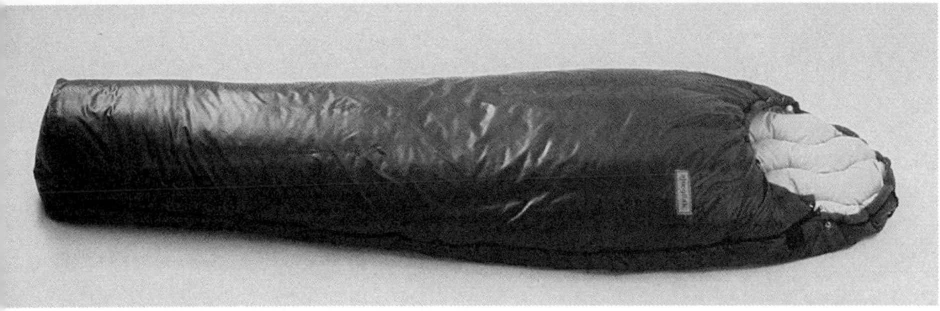

»Tyin« von Ajungilak

»Tyin« von Ajungilak

Konstruktion: Zwei-Lagen-Steppung. Zwischen den beiden Lagen befindet sich eine luftdurchlässige Textilfolie, die die Körperwärme reflektiert. Die einzelnen Lagen sind durchgesteppt, aber zueinander versetzt. Das Außengewebe weist keine Nähte auf.

Füllmaterial: Zwei Lagen Dacron Hollofil im Ober- und Unterteil, differential cut.

Dieser Schlafsack ist nur mit Links-Reißverschluß erhältlich. Der Reißverschluß ist mit einer Abdeckleiste versehen. Das Innenmaterial besteht aus baumwollähnlichem Nylon/Viskose, das Außengewebe ist Nylon. Die maximale Personenlänge beträgt 195 cm, die Schulterbreite 80 cm. Gesamtgewicht 2200 Gramm, Packmaß 45 × 25 cm.

Temperatur: + 25 bis − 25 Grad.

Der »Tyin« kostet 369 Mark.

»Pakker Entrant« von VauDe

»Pakker Entrant« von VauDe

Konstruktion: Kanalgenäht mit querliegenden Kanälen.
Füllmaterial: Hollofil II.
Wahlweise mit Links- oder Rechts-Reißverschluß erhältlich. Abdeckleiste am Reißverschluß. Als Innen- und Außenmaterial wurde Nylon verwandt, ausgenommen die Oberseite des Schlafsacks, die aus »Entrant« besteht. Dadurch ist der Schlafsack atmungsaktiv und zugleich wasserdicht. Der Schlafsack ist mit Wärmekragen ausgestattet. Die maximale Personenlänge beträgt 195 cm, die Schulterbreite 85 cm. Füllgewicht 750 Gramm. Gesamtgewicht des Schlafsacks 1350 Gramm, Packmaß 17 × 40 cm.
Temperaturbereich: + 20 Grad bis − 8 Grad. Erhältlich für 398 Mark.

»Skvader« von Caravan

Konstruktion: Oberseite mit querliegenden Kanälen. Unterseite durchgesteppt mit längslaufenden Kanälen.
Füllmaterial: Oberseite mit Daune gefüllt. Die Unterseite ist vom Kopfteil 80 cm abwärts mit Daune, die restlichen Kanäle mit Fiberfill gefüllt.
Der Schlafsack ist wahlweise mit Rechts- oder Links-Reißverschluß erhältlich und koppelbar. Der Reißverschluß hat eine Abdeckleiste. Der Innenbezug besteht aus Nylon, der Außenstoff ist Rippstop-Nylon.
Die maximale Personenlänge beträgt 190 cm, die Schulterbreite 85 cm. Das Füllgewicht beträgt 460 Gramm Daune und 510 Gramm Fiberfill. Das Gesamtgewicht: 1500 Gramm. Verpackt ist der »Skvader« 45 × 25 cm groß.
Temperaturbereich: komfortabel ists von + 18 bis − 5 Grad, die Tiefsttemperatur beträgt − 15 Grad. Und kosten tut er 419 Mark.

»Polaris« von Ajungilak

Konstruktion: Zwei-Lagen-Steppung, zwischen der sich wie beim »Tyin« eine aluminisierte, luftdurchlässige Textilfolie befindet, die die Körperwärme reflektiert. Die einzelnen, durchgesteppten Lagen sind wieder zueinander versetzt.

»Skvader« von Caravan

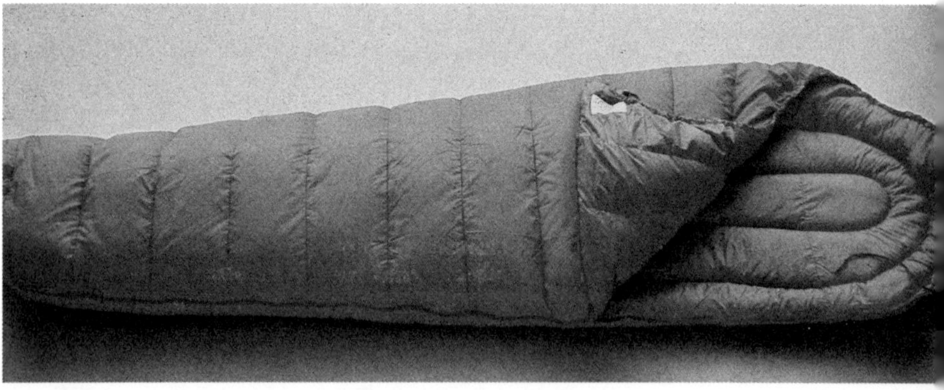

»Polaris«
von Ajungilak

Füllmaterial: Quallofil, zwei Lagen im oberen, zwei Lagen im unteren Teil. Dieses Modell ist nur mit Links-Reißverschluß erhältlich. Der Schlafsack verfügt über zwei Reißverschlüsse, zwischen denen sich die Abdeckleiste befindet, dadurch wird ein Wärmeverlust ausgeschlossen.
Eine Besonderheit bei diesem Schlafsack ist die eng geschnittene Kapuze mit Schnürzug, um Wärmeverluste zu vermeiden. Das Innenmaterial besteht aus baumwollähnlichen Nylon/Viskose, das Außengewebe aus Nylon. Die Schulterbreite beträgt 85 cm, die maximale Personengröße 200 cm. Gesamtgewicht des »Polaris« 2300 Gramm, Packmaß 50 × 30 cm.
Das Temperaturspektrum reicht von + 20 bis – 30 Grad. Und sein Preis: 449 Mark.

»Carry Combi» von Caravan

Konstruktion: Zwei Schlafsäcke, trennbar und einzeln zu benutzen. Außenschlafsack und Innenschlafsack durchgenäht. Nähte aber zueinander versetzt.
Füllmaterial: Füllung des Außenschlafsacks Hollow-fiber, der Innenschlafsack ist mit Daune gefüllt.
Der Reißverschluß des Außenschlafsacks befindet sich auf der linken Seite, der des Innenschlafsacks auf der rechten Seite. Beide Schlafsäcke sind mit Klettband, die Kapuzen mit Druckknöpfen zusammengesetzt. Sie können entweder getrennt oder als Doppelschlafsack für 2 Personen benutzt werden.

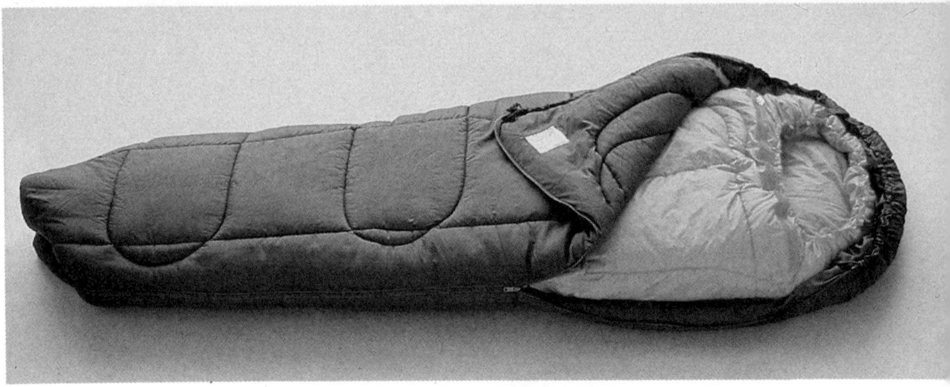

»Carry Combi« von Caravan

Beim Außensack wurde als Material innen und außen grünes Ripstop-Nylon verwandt, beim Innenschlafsack Nylon.
Die maximale Personenlänge beträgt 195 cm, die Schulterbreite 85 cm. Der Außenschlafsack ist mit 700 Gramm Kunstfaser, der Innenschlafsack mit 750 Gramm Daune gefüllt, das Gesamtgewicht des Doppelschlafsacks beträgt 2300 Gramm. Verpackt nimmt er 50 × 25 cm Platz in Anspruch.
Temperaturbereich: Kombiniert reicht der Schlafsack von + 18 bis – 13 Grad, die Tiefsttemperatur ist – 30 Grad. Preis: 579 Mark.

»Kantsch« von Salewa

Konstruktion: Kammergenäht mit schräg verlaufenden Zwischenwänden, die sich in der Mitte des Schlafsacks v-förmig treffen.
Füllmaterial: Daune.
Der Schlafsack ist wieder wahlweise mit Links- oder Rechts-Reißverschluß erhältlich, um zwei gleiche Typen koppeln zu können. Durchgehende Abdeckleiste über dem RV.

»Kantsch« von Salewa

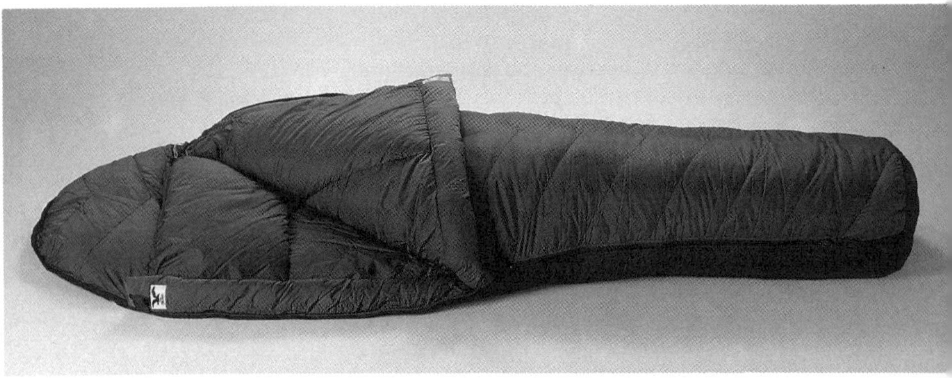

»Himalaya« von Fjällräven

In Schulterhöhe befindet sich eine kleine Tasche mit Reißverschluß, um Kleinigkeiten darin verstauen zu können. Der »Kantsch« hat einen Wärmekragen. Als Innenmaterial wurde ebenso wie außen Nylon verarbeitet. Die maximale Personenlänge beträgt 195 cm, die Schulterbreite 90 cm. Das Füllgewicht beträgt 1540 Gramm Daune, das Gesamtgewicht beträgt 2400 Gramm. Verpackt ist er 42 × 22 cm groß.
Temperaturbereich: Sein Einsatzgebiet reicht von + 8 bis − 30 Grad, der Preis beträgt 598 Mark.

»Himalaya« von Fjällräven

Konstruktion: Kanalgenäht mit querliegenden Kammern.
Füllmaterial: Daune. Der Schlafsack weist Fjällrävens »Idealstopfung« auf, d.h. im oberen Teil des Schlafsacks befinden sich 60 %, im unteren Teil 40 % der Gesamtfüllung.
Diesen Schlafsack gibt es in Rechts- und Links-Ausführung, der gesamte Reißverschluß ist mit einer Abdeckleiste versehen. Den »Himalaya« gibt es in drei Ausführungen:
Einmal mit Innenfutter aus Nylon, einmal mit der Innenseite aus Baumwolle und einmal mit einer stärkeren Daunenfüllung, bei der die Innenseite aus Baumwolle besteht (»Himalaya Polar«). Das Außengewebe besteht aus Nylon. In den Abmessungen sind alle drei Typen identisch.
Die maximale Personenlänge beträgt 200 cm, die Schulterbreite 85 cm. Das Gesamtgewicht beträgt beim »Himalaya« mit der Nylon-Innenseite 1950, mit der Baumwollinnenseite 2100 Gramm. Das Füllgewicht beträgt 1050 Gramm Daune. Verpackt ist er ca. 15 × 25 cm groß.
Die Tiefsttemperatur beträgt − 25 Grad (mit der 1400-Gramm-Daunenfüllung −35 Grad).
Preis für den Himalaya Nylon 599 Mark, für die Baumwollausführung 639 Mark und für den »Himalaya Polar« 678 Mark.

»Grønland« von Ajungilak

Konstruktion: Der Außensack dieses Doppelsacks weist querliegende Kanäle auf.

Füllmaterial: Beide Schlafsäcke sind mit Daunen gefüllt.

Der Innenschlafsack hat durchgesteppte Nähte. Der Reißverschluß des Außensacks liegt auf der linken Außenseite, der des Innenschlafsacks auf der Rechten. Beide Schlafsäcke sind mittels Zwei-Wege-Reißverschluß koppelbar. Sie können entweder getrennt oder als Doppelschlafsack benutzt werden. Beide haben als Außen- und Innenmaterial Nylon.

Da der innere Sack etwas kleiner gearbeitet wurde, ist der komplette »Grønland« für eine maximale Personenlänge bis 190 cm, der Außenschlafsack alleine bis 195 cm geeignet. Die Schulterbreite beträgt 77 cm. Beide Säcke weisen ein Gesamtfüllgewicht von 1260 Gramm auf, das Gesamtgewicht beträgt 2250 Gramm. Verpackt ist er ca. 50 × 25 cm groß.

Temperaturbereich: + 25 bis − 25 Grad. Preis: 870 Mark.

8. Schlafsackzubehör

A. SCHLAFSACKÜBERZÜGE (Schlafsackschutzhüllen)

Ein Schlafsacküberzug erfüllt mehrer Zwecke. Konstruiert wurde er für die Verwendung im Freien, quasi als kleiner Zeltersatz. Da jeder Schlafsack nur wasserabweisend ist, soll der Schlafsacküberzug in erster Linie gegen Nässe und Feuchtigkeit schützen. Ich sage deswegen »soll«, weil dies nur bedingt der Fall ist. Gerade bei billigen Hüllen wird die Nässe nur eine Zeitlang abgehalten. Bei unserem Test wurde eine »wasserdichte« 40-Mark-Hülle dem Regen ausgesetzt – nach 18 Minuten war der Regenschutz dahin.
Aber auch teuerere Produkte schneiden nicht immer positiv ab. Bevorzugter Nässedurchlaß: Nähte, Reißverschluß und Oberteil. Ist eine Hülle wirklich absolut wasserdicht, tritt wieder einmal das Kondenswasserproblem auf. Die Nässe von außen wird zwar durch das wasserdichte Material abgehalten, auf der Überzuginnenseite allerdings bildet sich Kondensat, was den Schlafsack – zumindest auf der Oberfläche – feucht oder naß werden läßt. In der Regel ist das Kondenswasser (gerade bei starkem Regen) natürlich das kleinere Übel, aber schön ist es nicht, vor allem bei Verwendung eines Daunenschlafsacks. Eine Möglichkeit, die Kondenswasserbildung zu umgehen, bietet ein aus Gore-Tex gefertigter Schlafsacküberzug (s. Zelte und Materialkunde). Dieser hält die Nässe von außen zuverlässig ab, läßt aber gleichzeitig die von innen aufsteigende Feuchtigkeit nach außen entweichen. Der Nachteil solcher hochwertigen Überzüge liegt im relativ hohen Preis. Zwischen 200 und 300 Mark muß man einkalkulieren, um einen Gore-Tex-Überzug zu erstehen. Diese Ausgabe lohnt sich bei einem Qualitätsschlafsack und der Gewißheit, oft ohne Zelt unterwegs zu sein. Ein Wochenend-Camper mit einem 100-Mark-Schlafsack wird bestimmt nicht gewillt sein, einen Gore-Tex-Überzug zu kaufen – er wird sich mit einem billigeren Produkt zufriedengeben.
Für einen guten Schlafsacküberzug sollte man schon um die hundert Mark investieren. Die Oberseite guter Produkte kann z.B. aus Baumwoll-, Polyester- oder Mischgewebe bestehen, das wasserabweisend imprägniert ist. Für die Unterseite findet Nylon oder Ripstop-Nylon Anwendung. Mit Ausnahme von Gore-Tex-Überzügen sind Schlafsacküberzüge (zumindest an der Oberseite) wasserabweisend, nicht wasserdicht!
Beim Studium von Katalogen unterschiedlicher Hersteller kann man die Ehrlichkeit verschiedener Firmen prüfen. Wird ein Schlafsacküberzug wirklich als wasser**dicht** bezeichnet, würde ich – falls dies nicht der Fall ist – das Ding zurückgeben.
Was mir schon immer bei Herstellerangaben gefallen hat, sind ehrliche Daten, z.B. die Hinweise, wie »Im Laufe der Zeit kann die Imprägnierung nachlassen« oder »Wir machen darauf aufmerksam, daß bei starkem Regen ... « usw.

Nur von Leuten, die sich noch nicht mit der Materie vertraut gemacht haben, werden solche Hinweise mit der abfälligen Bemerkung »Was, so ein hoher Preis, und dann nicht 'mal wasserdicht??!!« abgetan.

Zusätzliche Isolation

Ein Schlafsacküberzug schützt nicht nur gegen Schmutz und Feuchtigkeit, er schont auch den Schlafsackaußenbezug und verbessert die Wärmeleistung des Schlafsacks.
In der Regel »bringt« ein Schlafsacküberzug nochmal 4 bis 6 Grad zusätzliche Isolation. Die wird durch das warme Luftpolster, das sich zwischen Schlafsackaußenbezug und Überzuginnenseite bildet, hervorgerufen. Man kann also den Anwendungsbereich noch etwas tiefer setzen, bzw. verfügt über etwas Reserve.
Von Schlafsacküberzügen, die innen mit Aluminium bedampft sind und die Körperwärme reflektieren sollen, halte ich nicht viel. Da sich nämlich zwischen Körper und Aluschicht der Schlafsack befindet, müßte die Aluminium-Schicht die Außentemperatur des Schlafsacks reflektieren. Und ob dabei etwas herausspringt, ist fraglich.

B. PRODUKTBEISPIELE

»Greveling«von Ajungilak

Die Oberseite dieses Überzuges (Schutzhülle) besteht aus einem Baumwoll-/Polyester-Mischgewebe, das wasserabweisend imprägniert ist. Die Unterseite besteht aus beschichtetem wasserdichtem Nylon. An der linken Seite befindet sich ein 200 cm langer Reißverschluß (Zwei-Weg!). Um die Kapuze herum läuft ein Schnürzug. Die Schutzhülle wurde für Schlafsäcke der gleichen Firma entwickelt, ist jedoch auch für andere Modelle zu gebrauchen. Die Maße betragen 230 cm in der Länge und 85 cm Breite in Schulterhöhe. Inklusive Packsack wiegt der Überzug 450 Gramm. Sein Preis: 109 Mark.

Gore-Tex-Überzug

Von Caravan stammt der Schlafsack-Überzug, dessen Unterseite aus Ripstop-Nylon besteht. Die Oberseite wurde aus Gore-Tex gefertigt, um wasserdicht zu sein und die Atmungsaktivität nicht zu verhindern. Um Kopffreiheit zu gewährleisten, kann das Kopfteil mittels Zeltleinen und biegsamen Ästen aufgstellt werden. Das Kopfteil weist zusätzlich ein Moskitonetz auf. In Bezug auf Verwendung mit Schlafsäcken anderer Hersteller gilt das gleiche wie bei jeder Schutzhülle: Abmessen!
Das Gewicht des Gore-Tex-Überzugs beträgt 470 Gramm, der Preis ist Gore-Tex-entsprechend: 264 Mark muß man schon berappen!

C. TRANSPORTHÜLLEN

Gute Schlafsäcke werden immer mit dazugehörigem Packbeutel geliefert. Wenn der Schlafsack im Rucksack transportiert wird, reicht dieser völlig aus.

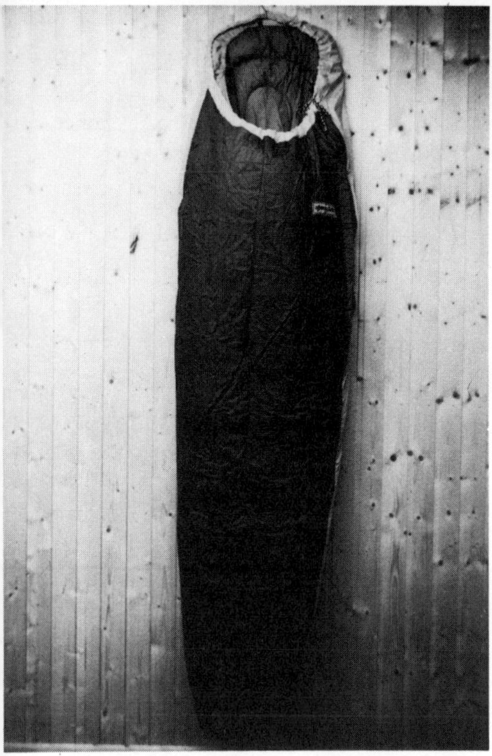

Schutzhülle (Schlafsacküberzug) »Greveling« von Ajungilak

Wird der Schlafsack jedoch außen am Rucksack, auf dem Rad oder Motorrad befestigt, sollte man sich eine wasserdichte Transporthülle oder einen Packbeutel zulegen. Sie schützt den (oft nicht gerade billigen) Schlafsack vor Feuchtigkeit, Staub und Schmutz. Auch für ein billigeres Schlafsack-Modell empfiehlt sich eine Transporthülle, will man nicht abends in einen feuchten Schlafsack kriechen.
Transporthüllen gibt es in verschiedenen Ausführungen, angefangen von einfachen PVC-Hüllen bis hin zu Kompressionspacksäcken, bei denen man durch Zusammenziehen der Hülle das Packmaß des Schlafsacks erheblich verkleinern kann.
Will man den Schlafsack auch vor Dornen und spitzen Ästen geschützt wissen, kann man sich einen größeren Packsack zulegen. In diesen kommt erst die Biwakmatte, die sich nach außen entrollt, danach wird der Schlafsack hineingestopft. An der Längsseite ist nun der Schlafsack zuverlässig geschützt, da er von der Biwakmatte umgeben wird.

D. PRODUKTBEISPIELE

Nylonpackbeutel, die mehr oder weniger gut imprägniert sind, erhält man von 10 Mark aufwärts. Das gleiche gilt für PVC-Packbeutel, die zwar absolut wasserdicht sind, allerdings nur eine begrenzte Lebensdauer aufweisen. Als

V.l.n.r.: Wasserdichter Hypalon-Packsack, Nylonpackbeutel, ein für jeden Schlafsack mit dazugelieferter Packbeutel von »Caravan«, große Transporthülle von Ajungilak. Auf dem Bild wurde in dieser Transporthülle zuerst die Biwakmatte untergebracht, danach wird der Schlafsack hineingestopft.

absolut wasserdicht haben sich nach meiner Erfahrung zwei Packsäcke bewährt:

Hypalon-Packsack

Die Hypalon-beschichteten Nylonpacksäcke von vauDe. Das Beschichtungsmaterial Hypalon ist ein Synthese-Kautschuk, der auf ein Material aufgetragen wird (s. Regenbekleidung). Hypalon-beschichtete Packsäcke sind in zwei Größen erhältlich, einmal 50 x 23 cm und einmal 53 x 26 cm. Die Preise liegen bei ca. 15 Mark. Die Packbeutel haben einen Schnürzug mit Tanka-Verschluß, die Nähte sind abgeklebt.

Transporthülle von Ajungilak

Diese Transporthüllen sind wasserdicht beschichtet und bestehen aus Nylon. Es gibt sie in zwei Größen, und zwar mittleres und großes Volumen. Das mittlere Volumen hat die Maße 43 x 29 cm, die große Transporthülle ist so groß, daß man die Unterlegmatte (s. Isoliermatten) mit unterbringt. Die Nähte der Hüllen kann man mit Nahtdichter nachimprägnieren. Der Hersteller ist so ehrlich, darauf hinzuweisen, daß die Beschichtung mit der Zeit abgetragen wird – also gegebenenfalls nachimprägnieren. Die Preise für die Hüllen sind gleich. Jeweils 27,50 Mark kosten die Transporthüllen.

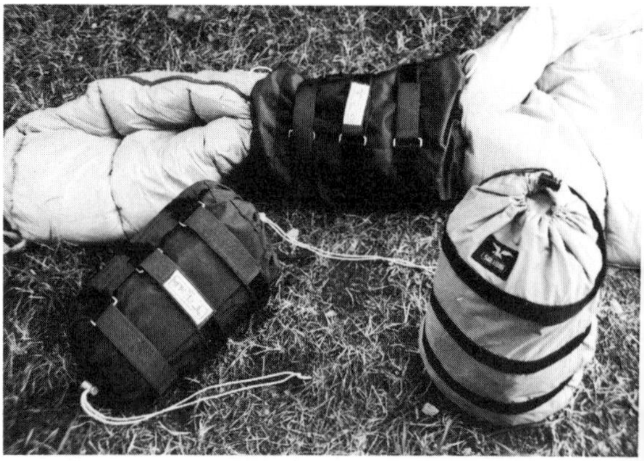

Im Hintergrund der Kompressionspacksack von vauDe mit hindurchgezogenem Schlafsack. Links das Ganze verpackt. Rechts der Kompressionspacksack von Salewa.

Compressor Bag/Kompressionspacksack

Die Bergausrüster vauDe und Salewa haben einen Kompressionspacksack im Programm. Der Kompressionspacksack von vauDe ist an beiden Seiten zu öffnen. An den Längsseiten befinden sich drei Zurrgurte. An beiden Enden sitzen zwei Deckelpatten, die mittels Tankas zugezogen werden. Zum Verpacken zieht man den Schlafsack so durch den Packsack, daß er auf beiden Seiten heraushängt, dann wird er auf jeder Seite in den Packsack hineingestopft, die Deckelplatte darübergelegt und die Tankas zugezogen. Jetzt zieht man die drei Nylongurte stark an und befestigt sie mittels Klettband. Der Schlafsack ist nun wesentlich kleiner verpackt, als dies in einem »normalen« Packsack möglich wäre.

Der Kompressor Bag von Salewa ist nur an einer Seite zu öffnen, die andere Seite ist geschlossen, aber mit einem umlaufenden Tankaverschluß ausgestattet, der die gleiche Funktion hat, wie beim vauDe-Kompressionspacksack. Am anderen Ende sitzt ebenfalls ein Schnürzug. Handhabung und Ausstattung entspricht dem vauDe-Sack, das Nylonmaterial allerdings ist leichter.

Die Kompressor Bags gibt es in verschiedenen Farben. Die Maße des Typs von vauDe betragen ca. 32 x 22 cm ∅, die von Salewa ca. 35 × 20 cm. Zu bekommen sind sie für ca. 30 bis 35 Mark.

Tips und Tricks:

Im Zweifelfall sollte man seinen Schlafsack mit ins Geschäft nehmen, um die geeignete Größe eines Packsacks auszuwählen. Bei Bestellungen auf Umtauschmöglichkeiten achten.

9. Schlafsackunterlagen

A. ISOLIERMATTE

Isoliermatten, auch Biwak- oder Unterlegmatten (engl. rollermats oder foam beds genannt) eignen sich hervorragend als Unterlage für den Schlafsack.
Der beste Schlafsack nützt nicht viel gegen die Bodenkälte, wenn man sich nicht dagegen isoliert. Durch das Körpergewicht wird das Füllmaterial in der Unterseite des Schlafsacks zusammengedrückt und die Kälte kriecht durch. Waldläufer schützten sich früher vor der Bodenkälte durch aufeinandergeschichtetes Stroh, trockenes Moos oder Tannenzweige.
Wesentlich einfacher geht das heute mit den modernen Liegematten. Isoliermatten bestehen aus Zellkunststoff. Die luftgefüllten Poren sind geschlossen und nehmen im Gegensatz zu Schaumstoff kein Wasser auf. Isoliermatten gibt es in -zig Ausführungen:
Mit normalen oder abgerundeten Ecken, profiliert, glatt, einfarbig oder mehrfarbig, ein- oder mehrlagig.
Gängige Stärken sind 8, 9, 10, 12 oder 15 mm. Die Länge reicht von 180 bis 200 cm, wobei man die kürzeren Ausführungen vergessen kann, denn bei Längen von 140 cm muß man entweder sehr klein sein, oder eisenhart, da man erstens zumindest an den Beinen die Bodenkälte voll abbekommt und zweitens der Schlafsack entweder naß oder verdreckt wird.
Die Breite liegt bei 50, 55 oder 60 cm, was auch voll ausreicht. Bis auf die 8 oder 9 mm Matten (zu dünn!) sind alle anderen je nach Vorhaben und Geldbeutel recht brauchbar bis sehr gut. 8 mm Matten sind zwar zusammengerollt etwas kleiner, isolieren aber nach meinen Erfahrungen wesentlich schlechter als z. B. 10er oder 12er Matten.
Beim Kauf einer solchen Matte ist nicht darauf zu achten, ob die Farbe mit der des Schlafsacks herrlich harmoniert, sondern auf die Oberflächenbeschaffenheit. Die Oberfläche einer Matte ist entweder eben oder weist ein Waffelmuster auf und darf nicht glatt sein, sondern rutschfest. Bei Matten mit glatter Oberfläche nämlich kann es passieren, daß man nachts aufwacht und feststellt, daß man mit seinen Beinen oder Schultern sonstwo liegt, nur nicht auf der Biwakmatte. Die Preise für Isoliermatten gehen von 15 Mark aufwärts, je nach Anforderungen und Modell.

Tips und Tricks:

1. Keine Isoliermatte wird den Komfort bieten wie eine Luftmatratze (die aufgrund ihres Gewichts und ihrer Anfälligkeit meist ausscheidet). Bereits zu Hause kann man sich einige Nächte auf einen Beton- oder Teerboden legen – gut schlafen ist eine reine Gewohnheitssache.
2. Steine und Äste unter dem Isoliermatten- oder Zeltboden sollte man entfernen.
3. Geht der Weg durch Gestrüpp und Dornen, kann man die Isoliermatte einigermaßen durch einen Überzug schützen.

4. Je nach Härte des Materials ist die Matte mehr oder weniger anfällig. Einige kleine Risse oder Schrammen sehen zwar nicht schön aus, beeinträchtigen ihre Funktion aber nicht.

B. LUFTMATRATZEN

Luftmatratzen sind zwar weicher als Isoliermatten, haben aber einen »gewichtigen« Nachteil: entweder ist es ein Produkt, bei dem Wert auf geringstes Eigengewicht gelegt wurde, dann ist die Luftmatratze in der Regel zu anfällig. Oder aber die Matratze ist wirklich strapazierfähig, dann ist sie meistens zu schwer. Für einigermaßen strapazierfähige Leichtluftmatratzen muß man ein Durchschnittsgewicht von mindestens 1600 Gramm einkalkulieren. Wenn jemand also großen Wert auf Bequemlichkeit legt, geht das stark auf Kosten des Gewichts. Zum anderen sind Biwakmatten blitzschnell aufgerollt und somit einsatzfähig, während man eine Luftmatratze erst mit dem Blasebalg bearbeiten muß (den ein Rucksackreisender eh' nicht mitnimmt) oder sich halb ohnmächtig bläßt, bis man erschöpft auf das gute Stück niederfällt.
Hinzu kommt kommt die Anfälligkeit gegenüber allem, was spitz ist. Man sollte also ausreichend Klebezeug mitführen, falls man sich zur Mitnahme einer Luftmatratze entschließt.
Ist man mit dem Auto oder Motorrad unterwegs, verfügt man über ausreichende Transportkapazität und Zeit, kann man sich ruhig für die Mitnahme einer herkömmlichen Luftmatratze entscheiden. All denjenigen aber, die ihr Gepäck auf dem Rücken tragen oder per Rad transportieren, würde ich von einem derartigen Schwergewicht abraten.
Bliebe noch der Einwand: Mit einer Isoliermatte kann ich mich aber am Gardasee nicht aufs Wasser legen – da haben Sie recht!
Leichtluftmatratzen aus gummiertem Nylongewebe wiegen zwischen 1600 und 2000 Gramm. Die Preise liegen zwischen 60 und 80 Mark.

Produktbeispiele:

»Eiger-Leichtluftmatratze«

Diese Luftmatratze besteht aus gummiertem Nylon. Sie hat nur eine Luftkammer, die Liege- und Kopfteil mit einschließt. Die Luftmatratze hat keine Längsrippen, sondern weist ein Waffelmuster auf. Aufgeblasen hat sie das Format von ca. 175 x 62 cm. Das Gewicht beträgt 1650 Gramm, erhältlich ist sie zwischen 70 und 80 Mark.

»Backpack«-Luftmatratze

Das ist die leichteste mir bekannte Luftmatratze. Die Luftmatratze hat sechs einzeln aufzublasende Plastikschläuche, die mit einem dünnen Nylonmantel umgeben sind. Die Schläuche im Inneren können separat (z. B. zur Reparatur) herausgenommen werden. Die Matratze wird mit Reparaturmaterial geliefert. Die Maße der verpackten Luftmatratze betragen 22 x 7 cm, die Grundfläche ist 180 x 55 cm. Zwei Nachteile aber hat sie: Zum ersten der Preis. Er liegt etwa zwi-

Auf der »Therm-a-Rest«-Matte stehend verschiedene Isoliermatten von 10 bis 12 mm. Davor die Eiger-Leichtluftmatratze. Im Vordergrund die Luftmatratze zusammengefaltet, eine Aluminium-Isoliermatte und ein aufblasbares Sitzkissen.

schen 100 und 135 Mark! Zum zweiten ist sie aufgrund ihrer leichten Bauweise (Gesamtgewicht 430 Gramm) sehr anfällig für Risse und Löcher.

C. ALUMINIUMISOLIERMATTEN

Dünne Alu-Isoliermatten sind unter verschiedenen Bezeichnungen im Handel, so z. B. als »Superleicht-Isoliermatte« oder als »ISO-MAT-Isoliermatte«. Bei diesen Unterlagen handelt es sich um sehr leichte und äußerst klein verpackbare Schlafsackunterlagen, die entweder ein- oder zweiseitig alu-beschichtet sind, wodurch die Körperwärme reflektiert werden soll. Der Kern solcher Matten besteht aus dünnem Polyester-Schaum. Diese Alu-Isoliermatten erhält man meist inclusive Schnallriemen.
Gehts in kalte Gebiete, würde ich auf jeden Fall eine 12 oder 15 mm starke Schaumstoff-Matte vorziehen. Hinzu kommt, daß man bei diesen dünnen Matten wirklich jedes Steinchen spürt. Für Leute, die stark auf Gewicht und Packmaß achten müssen, und deren Tour in warme Gegenden führt, ist diese Matte aber nicht schlecht. Die Maße betragen in verpacktem Zustand ca. 30 x 12 cm Ø, im Gebrauch weist die Matte ein Format von 195 x 60 cm auf.
Das Gewicht beträgt je nach Hersteller zwischen 160 und 200 Gramm.

D. THERM-A-REST MATTE

Ein Mittelding zwischen Luftmatratze und Isoliermatte ist die amerikanische Therm-a-Rest Matte. Im Gegensatz zu Isoliermatten, die über geschlossene Poren verfügen, besitzt diese Matte einen offenzelligen Schaumkern, der von einer luftdichten Nylonhaut umgeben ist. Die Matte besitzt ein Ventil, daß beim Öffnen Luft in die Matte einströmen läßt. Dadurch dehnt sich der Schaumkern aus. Sobald sich die Matte mit Luft gefüllt hat, schließt man das Ventil. Ist's einem doch noch zu hart, bläst man noch etwas Luft mit dem Mund nach.

Zum Verpacken wird die Matte eingerollt, dadruch entweicht die Luft. Laut Hersteller hat sich diese Matte auf Berg-Expeditionen hervorragend bewährt, hat eine hohe Isolationsfähigkeit und eine lange Lebensdauer.
Dafür aber ist sie auch nicht gerade billig. Fast 200 Mark muß man schon auf den Tisch legen. Dieser Preis bezieht sich auf das Modell »Comfort« mit den Maßen 183 x 51 x 4 cm (verpackt 51 x 12 cm). Und die leichteste ist sie auch nicht gerade, das Gewicht beträgt 1000 Gramm. Das Modell »Expedition« ist 50 Mark billiger, dafür aber nur 120 cm lang. (Was sich der Hersteller dabei gedacht hat, ist mir schleierhaft).

E. SELBSTAUFBLASBARE ISOLIERMATTE

Ein Nachbau obiger Therm-a-Rest Matte stellt dieses Modell dar. Diese Isoliermatte ist in Kopfhöhe mit einem etwas erhöhten Kissen ausgestattet. Die Funktion ist die gleiche wie bei oben beschriebener Therm-a-Rest Matte.
Die Maße betragen 180 x 65 x 5,5 cm, das Packmaß beträgt 65 x 17 cm ∅. Wie es die meisten Nachbauten so an sich haben, ist auch diese Ausführung billiger als das Original. Um die hundert Mark muß man ausgeben – allerdings: Dafür wiegt die Matte auch über das Doppelte, nämlich 2400 Gramm.

Fazit: Selbstaufblasende Matten sind – bei all ihrer Bequemlichkeit – teuer und schwer und ob sich die Mitnahme lohnt, ist die andere Frage.

10. Moskitonetze

Moskitonetze finden nicht nur in entlegenen Gebieten außerhalb Europas Anwendung, sondern auch in heimatlichen Gefilden, die von stechfreudigen Insekten »bewohnt« werden. Gerade an Tümpeln oder in der Nähe von morastigen oder sumpfigen Gebieten wird man von Mücken oder Schnaken nicht verschont bleiben.

Und auch in Deutschland oder im nahen Ausland gibt es Gebiete, die von diesen Insekten verseucht sind. Im Gegensatz zu Afrika, Asien oder Südamerika haben diese Plagegeister den Vorteil, daß sie keine gefährlichen Krankheiten übertragen, aber lästig ist's und jucken tut's . . .

Der Einsatz von Moskitonetzen lohnt sich natürlich nur bei gutem Wetter, ansonsten wird man sein Zelt benutzen, um vor Nässe geschützt zu sein.

Mir sind zwei Typen von Moskitonetzen bekannt. Zum einen das kastenförmige Moskitonetz, das es in zwei Größen gibt. Zum anderen ein Moskitonetz mit ebenfalls rechteckigem Grundriß, dessen Oberseite allerdings in Kopfrichtung schräg nach oben verläuft.

Der erste Typ benötigt normalerweise vier Aufspannmöglichkeiten. Um das ganze Netz veräuft ein ca. 30 cm breiter Erdstreifen aus Nylon, der entweder mit Steinen beschwert oder nach innen umgeklappt werden sollte. Ansonsten nämlich finden die Insekten auch die kleinste Lücke und man wird trotzdem entweder eine unangenehme Nacht verbringen oder aber erstaunt in seinen Metallspiegel gucken. Dieses kastenförmige Moskitonetz gibt es in zwei verschiedenen Höhen: mit 150 cm Höhe und mit 84 cm Höhe. Obwohl auf Abbildungen der hohe Typ gerne mit einem daruntergestellten Feldbett gezeigt wird, würde ich auch bei Verwendung einer Isoliermatte den höheren Typ vorziehen. Setzt man das Netz nämlich entsprechend tiefer, hat man soviel Moskitonetz übrig, um den Moskito-Füll unter der Matte oder der Luftmatratze einzuschlagen, was eine weitgehende Dichte gewährleistet.

Die zweite Form benötigt nur einen (!) Aufhängepunkt, der sich über dem Kopf in der Mitte befindet. Notfalls kann man sich eine Stange zurechtschneiden, diese in den Boden rammen und schon hat man sein Moskitonetz aufgestellt.

An allen vier Enden sitzen Befestigungsschlaufen, um das Netz auch mit Häringen befestigen zu können; somit wird das Netz zuverlässig vom Körper weggehalten.

Der abschließbare Erdstreifen ist mit einem umlaufenden Gummizug versehen, der z. B. bei Verwendung einer Luftmatratze recht gut abschließt (womit man wieder eine alte Frage aufwirft: Iso-Matte oder Luftmatratze?). Die Maschen dieses Netzes sind wesentlich kleiner als die der ersten Ausführung (Kastenform) und daher für Länder geeignet, in denen die Stecher teilweise recht klein ausfallen.

Links kastenförmiges Moskitonetz, rechts die nach oben schräg verlaufende Version.

Tips und Tricks:

1. Bei Verwendung eines Moskitonetzes sollte man immer darauf achten, daß das Netz keinen Kontakt mit dem Körper hat, zumindest nicht mit unbedeckten Körperstellen. Eine Mücke ist nämlich nicht unbedingt daran interessiert, die Masche zu durchdringen. Ihr reicht es völlig, wenn sie es sich außen bequem machen kann, Hauptsache der Saugrüssel kommt durch ...
2. Mit Hilfe zweier kleinen Holzstangen, die man unten und oben am kastenförmigen Moskitonetz befestigt (Aufhängeösen sind vorhanden), reduziert man die Aufhängepunkte von vier auf zwei.
3. In Gegenden, wo sich giftige Bodentiere aufhalten (Skorpione, Schlangen, Spinnen etc.) sollte man ein Zelt oder eine Hängematte vorziehen und nicht unter dem Moskitonetz am Boden schlafen.

11. Hängematten

Hängematten sind vor allem in Gegenden angebracht, in denen es viele giftige und bissige Bodentiere gibt. Sicher könnte man auch ein Zelt aufstellen, oft aber wird (z. B. im Regenwald) der Boden derart verwachsen und verwildert sein, daß es sich – aus Zeitgründen und Arbeitsaufwand – nicht lohnt, den Boden von Pflanzen und Ästen zu säubern und vielleicht erst ein drei Quadratmeter großes Stück zu »roden«, bevor man sein Zelt aufschlagen kann.
Hinter dem Atlas-Gebirge in Marokko ist es mir vor Jahren passiert, daß ich beim morgendlichen Zeltabbau einen herrlichen, gelben Skorpion entdeckte, der unter dem Zeltboden scheinbar einen Teil der Nacht verbrachte. Das Zelt hatte nur einen sehr dünnen Nylonboden, und wenn man nachts vielleicht mit der Hand draufschlägt, kann das sehr unangenehm werden. Aber erstens kann man in der Sahara schlecht Hängematten aufspannen, und zweitens halte ich es doch für recht unwahrscheinlich, daß einem im Zelt etwas passiert.
Hängematten finden vor allem im Dschungel Anwendung. Bei vielen Indianerstämmen sind sie deshalb verbreitet, denn im Urwald ist die Gefahr am Boden am größten. Zwei passende Bäume oder Äste sind meist schnell gefunden und das Aufhängen der Matte ist schnell erledigt. Auch bei Verwendung von Hängematten wird man meist erst die größeren Bodenpflanzen weghakken, um sich ein wenig Raum zu verschaffen. Hängematten gibt es in netzartiger und in Stoffausführung. Die netzartige Ausführung ist sehr leicht und klein und einige Firmen bringen so eine Hängematte auf ein derart kleines Packmaß, daß diese in der Hand Platz findet (Taschenhängematte). Solche Hängematten wiegen nur einige hundert Gramm und eignen sich vor allem für Bergsteiger, die in der Wand biwakieren. Auch für trockene, heiße Gebiete sind diese Netzhängematten geeignet.
Für den Regenwald dagegen würde ich Stoffhängematten den Vorzug geben, allein schon wegen der Moskitos, Fliegen und Käfer, die die weitmaschigen Hängematten gerade zu einem Besuch einladen.

Oben: Netzhängematte Unten: Stoffhängematte

Da nützt das engmaschigste Moskitonetz nichts, wenn die Insekten von unten kommen.
Überhaupt sollte man sich vor ungebetenen Gästen durch ein darübergeworfenes Moskitonetz – oder falls Regen zu erwarten ist – durch einen Poncho schützen. Es ist immer darauf zu achten, daß zwischen Hängematte und Moskitonetz keine Einschlupflöcher entstehen.
Hängematten sind von ca. 30 Mark aufwärts erhältlich.

12. Zelte

Ein Zelt bietet sich zum Übernachten an, und in dieser Behausung sollte man vor widrigen Umwelteinflüssen geschützt sein – sollte man meinen. Aber die Wirklichkeit sieht (leider) oft anders aus.
Steht man im Fachgeschäft vor der Vielzahl von Zelten, fällt es schwer, die richtige Auswahl zu treffen. Da sieht ein Zelt fast ebenso aus wie das nebendran, aber der Preisunterschied beträgt stolze 400 Mark. Spätestens jetzt macht man sich seine – durchaus berechtigten – Gedanken.
Zelt ist nicht gleich Zelt, nur – wo liegen die Unterschiede?
Einmal vorweg: Wie überall gibt es auch hier jede Menge Kopisten, die ein wirklich gutes Konkurrenz-Zelt zerpflücken, das Ganze in Fernost fertigen lassen und dann für oft weniger als die Hälfte anbieten.
Während hierdurch zwar Erwerbsmöglichkeiten für Leute mit schmaler Kasse geboten werden, ärgert sich ein anderer über die Vollfiberglasstäbe, die Kondenswasserbildung, das Ausreißen von Ösen und Laschen und – welch Ärgernis – für Schlechtwetter ist das Ding überhaupt nicht geeignet!
Es gibt durchaus preisgünstige Zelte, die mit entsprechend eingeschränktem Einsatzgebiet ihrem Sinn gerecht werden, es gibt aber halt auch Touren, auf denen die Behausung strapaziert wird und man schon einige Anforderungen an das erstandene Modell stellen muß.
Klar – man kann für 80 Mark kein sturmsicheres Biwak erwarten, man muß aber auch nicht gleich ein 1000 Mark teueres Expeditionszelt erstehen, wenn man einen Trip für drei Wochen in die Sierra Nevada plant.
Tauchen die Fragen auf: Welchen Anforderungen muß das Zelt genügen und wieviel Geld will ich dafür hinblättern? Ist man mit sich selbst im reinen, kann's losgehen.

A. WELCHE FORMEN GIBT ES?

Als da wären: Firstzelt, Pyramiden-, Kuppel-(Dom), Tunnel- oder Tonnenform. Je nach Typ bieten sie verschieden große Nutzflächen, sind unterschiedlich windstabil, schnell oder schwierig aufzubauen, wobei das Letztere nach 8stündigem Marsch oder Pistenfahrt bestimmt keinen großen Spaß macht.
Das **FIRSTZELT** hat zwei Mittelstäbe, wovon der vordere (was bei kleinen Modellen oft hinderlich ist) den Eingang in zwei Hälften teilt. Firstzelte haben entweder einen querliegenden First (d.h. geschlafen wird quer zum First), oder einen Längsfirst. Der Querfirst hat den Vorteil, daß einem bei gleicher Firsthöhe mehr Innenraum zur Verfügung steht.
Längsfirstzelte sind oft am Kopfende höher als am Fußende, um so eine bessere Raumausnutzung zu erhalten. Statt Mittelstäben gibt es auch zwei schräg verlaufende Zeltstäbe, die ein umgekehrtes V bilden. Vorteil: kein störender Mittelstab, gute Stabilität.

»Urwald-Küche«
Die letzten Reste werden morgens verschlungen

Große Waschaktion

Mitgenommen von der Hitze

Übernachtungs- und Lagerplatz

Totes Kamel in der Wüste
Wohin? Auf einer Hochebene in der Sahara.

Zwischen Djanet und Tamanrasset

Mit dem Rucksack in der Sahara. Zusammen mit drei Berlinern, die uns in ihrem umgebauten Lkw 600 km mitnahmen.

Die **PYRAMIDENFORM** hat einen Mittelstab, der bei guten Typen höhenverstellbar ist, um etwaige Bodenunebenheiten auszugleichen.
Bei vielen Typen kann die Zeltöffnung des Überdaches als Vordach aufgespannt werden, um so etwas Schutz beim Kochen zu bieten.
KUPPELZELTE sind selbsttragend, man kann sie also auch ohne Abspannleinen und Häringen aufstellen. Mittels Alu- oder Fiberglasstäben, die in entsprechende Kanäle eingeführt werden, wird so die Kuppelform gebildet. Erhältlich ist diese Form in verschiedenen Grundrissen, quadratisch, rechtekkig, oval oder sechseckig.
TUNNEL- oder TONNENZELTE schließlich erhalten ihre Form durch zwei bis vier Bögen. Der Innenraum ist entweder zur Querbenutzung oder in Längsrichtung ausgelegt.

B. EINWANDIGE ODER DOPPELDACHZELTE?

Mit Ausnahme von Gore-Tex-Zelten gehören einwandige Zelte zu den billigsten Produkten. Verwandt wird meist Nylon (s. Zeltstoffe). Diese Zelte sind zwar klein verpackbar und auch entsprechend leicht, verlassen darauf würde ich mich allerdings nur in heimatlichen Gefilden bei geringster Beanspruchung.
Sie kommen fast ausnahmslos aus Fernost und sind dementsprechend verarbeitet. Laschen und Nähte reißen schnell, die Kondenswasserbildung ist kolossal, und wenn es regnet, sollte man schon einmal Töpfe und sonstige Auffanggeräte bereitstellen – mit diesen Vorsichtsmaßnahmen liegt man selten verkehrt.
Doppeldach-Konstruktionen dienen dazu, Kondenswasserbildung möglichst zu vermeiden. Kondenswasser entsteht dadurch, daß durch Abgabe von Schweiß, Atemluft, nasse Bekleidung usw. Wasserdampf gebildet wird, der sich an der Zeltinnenseite in Form von kleinen Wasserperlen niederschlägt. Gute Doppeldachzelte könnten dieses Problem aufheben, zumindest sehr weit entschärfen. Das ventilierende Gewebe des Innenzeltes läßt den Wasserdampf in den Raum zwischen Innen- und Außenzelt entweichen. Deshalb sollte die Luft zwischen beiden Zelthäuten zirkulieren können.
Bei nicht bis zum Boden reichendem Außenzelt streicht der Wind (falls vorhanden) zwischen Innen- und Außenzelt durch und nimmt den Wasserdampf mit. Bei bis zum Boden reichenden Außenzelten (Thermozelte) sind spezielle Entlüftungsklappen angebracht, die natürlich offen sein sollten, um so mit Hilfe der aufsteigenden Warmluft den Wasserdampf nach draußen zu transportieren. Wenn man einige Gramm Gewicht übrig hat (was man dafür haben sollte), sollte man sich ein Thermozelt kaufen. Durch das bis zum Boden reichende Überzelt wird zwischen Innen- und Außenzelt eine isolierende Luftschicht gebildet. Natürlich muß das Innenzelt atmungsaktiv sein, sonst ist der angestrebte Thermo-Effekt dahin. Auch sonst bieten Thermozelte noch einige Vorteile: So sind sie wesentlich windbeständiger, weil der Wind nicht zwischen Innen- und Außenzelt gelangen kann. Gerade bei kaltem und windigem Wetter ist es in einem Thermozelt angenehmer und wärmer.

Wer Bedenken hat, durch das Überzelt die Ventilation einzuschränken, kann das Überzelt schräg nach außen abspannen. Bei einigen Thermozelten sind an der Unterseite des Überzeltes Längsklappen angebracht, die bei Bedarf hochgespannt werden und so für gute Lüftung sorgen (»Nomad« von Caravan).

C. WAS IST DRAN AN GORE-TEX?

Eine Sonderstellung nehmen Gore-Tex-Zelte ein.
Gore-Tex ist ein beschichtetes Gewebe, daß voll atmungsaktiv und gleichzeitig wasserdicht ist. Es besteht aus mehreren, fest miteinander verbundenen Schichten. In der Mitte befindet sich die sogenannte Gore-Tex-Membrane. Sie enthält ca. eineinhalb Milliarden Poren pro cm^2. Wassertropfen – die rund 20.000 Mal größer sind, können so nicht ins Gewebe eindringen. Trotzdem sind die Poren groß genug, um den Wasserdampf (dessen Moleküle 700 Mal kleiner sind als der Porendurchmesser) nach außen entweichen zu lassen. Die einwandigen Gore-Tex Zelte sind relativ teuer und man sollte mit diesen Zelten vorsichtig umgehen, um die guten Eigenschaften möglichst lange zu erhalten. Allerdings – auch hier kann es zu Kondenswasserbildung im Inneren kommen. Vorteil: Gore-Tex-Zelte sind äußerst klein verpackbar und leicht.
Das erste Gore-Tex-Zelt wurde von der japanischen Firma NIPPIN entwikkelt (rechteckige Kuppelform, getragen von außenliegenden Bögen). Viele dürften diese Form von Messner's Expeditionsfilmen her kennen. Vertrieben werden Gore-Tex-Zelte u.a. von den Firmen vauDe und Salewa. Gore-Tex findet auch für Bekleidung, Regenbekleidung und Gamaschen Verwendung.
Noch etwas zum Kondenswasser bei diesem Material: In Gefrierpunktnähe oder darunter kann sich auch in Gore-Tex-Zelten Kondenswasser bilden.
Ich habe vor kurzem erfahren, daß das Zelt eines Kunden – obwohl aus Gore-Tex – nicht hundertprozentig wasserdicht ist. Das gleiche teilte mir ein Freund bei einer Gore-Tex-Jacke mit. Ein anderer wieder meinte, er hätte seine Gore-Tex-Jacke seit nunmehr anderthalb Jahren – es gäbe überhaupt keine Probleme.
Ob es sich hierbei um Materialfehler handelt, konnte ich bislang noch nicht in Erfahrung bringen. Ich wollte dies nur der Korrektheit halber mitteilen.

D. DER PREIS HÄNGT VOM ZELTSTOFF AB

So die Überschrift eines Herstellers in seinem Katalog. So unrecht hat er damit gar nicht, denn wenn gutes Material verwandt wird, wird die Firma auch nicht an der Verarbeitung und an praktischen Details geizen – und gute Qualität ist nun mal nicht billig. Wasserdicht beschichtetes Polyestergewebe ist das wohl derzeit am besten geeignetste Material für Außenzelte und Zeltböden. Während sich Nylon dehnt und mit UV-Strahlen nicht gerade auf gutem Fuß steht, ist Polyester reißfester, dehnt sich bei Nässe nicht aus und besitzt hervorragende Widerstandskraft gegen die Sonneneinwirkung.
Innenzelte dagegen müssen atmungsaktiv sein, um dem Kondenswasserproblem wirksam begegnen zu können.

Reine Baumwolle besitzt diese Eigenschaften, wäre allerdings zu schwer, um für heutige Leichtzelte Verwendung zu finden. Die besten Erfahrungen habe ich bisher mit Baumwoll-/Polyester-Mischgewebe gemacht. Es ist leicht und verfügt über sehr gute Ventilationseigenschaften. Außerdem zeichnet es sich durch gute Luftdurchlässigkeit und guten Feuchtigkeitsransport aus. Bedingt durch den Baumwollanteil nimmt es jedoch etwas Feuchtigkeit in sich auf und wird dadurch schwerer. Also: Gut lüften! Eine andere Möglichkeit ist die Verwendung von Polyamid, bei der Fa. Fjällräven unter der Bezeichnung Rutarmé N im Programm. Das synthetische Gewebe ist sehr leicht, nimmt so gut wie keine Feuchtigkeit auf (1,5 %) und besitzt ansonsten die gleichen Eigenschaften wie Baumwoll-/Polyester-Mischgewebe.

E. WAS BRINGT EINE ALU-BESCHICHTUNG?

Eine Aluminium-Beschichtung soll dazu dienen, das Innenzelt auch bei starker Sonneneinstrahlung ewas kühler zu halten. Sie hat allerdings nur dann einen Sinn, wenn die Beschichtung auf einem sich nicht ausdehnenden Material angebracht ist, was zum Beispiel bei Polyestergeweben der Fall ist. Richtig beschichtet, sitzt die Alu-Beschichtung absolut fest. Bei Geweben, die sich öfters verändern, so z.B. Nylon, kann die Beschichtung u.U. nach einiger Zeit abbröckeln.
Mit einem Alu-beschichteten Außenzelt kann man einen Doppeleffekt erzielen: Zum ersten wird die Sonneneinstrahlung reflektiert und man kann so den »Treibhauseffekt« vermindern, zum zweiten reflektiert die Beschichtung die Körperwärme, was im Winter eine angenehme Sache ist. Es spielt dabei keine Rolle, ob die Alu-Beschichtung nach innen oder außen zeigt. Fazit: Wenn bei einem Zelt die (außen beschichtete) Außenhaut nicht wendbar ist, ist dies gar nicht so schlimm, wie oft behauptet wird. Ob ein aluminiumbeschichtetes Zelt in die Natur paßt oder nicht, ist eine andere Sache – das muß schon ein jeder selbst wissen.
Ein schwedischer Zelthersteller veröffentlichte in seinem letzten Katalog eine Tabelle, in der die Vorteile der Alu-Beschichtung bei starker Sonneneinstrahlung deutlich werden.

Temperatur	**Mit Alu**	**Ohne Alu**
Mitten im Zelt	+ 25° C	+ 32° C
Am First	+ 26° C	+ 38° C

Das sind am First immerhin 12° C. Unterschied, den man in heißen Gefilden sicherlich würdigen wird. Zu einigen Zelttypen, die in der Standardversion ohne Alu-Überdach angeboten werden, gibt es – gegen Aufpreis – auch die aluminiumbeschichtete Version.

F. DER ZELTBODEN

sollte an den Seiten wannenartig hochgezogen sein, und zwar so hoch, daß er auch bei starkem Regen oder aufgeweichtem Boden zuverlässig Schutz gegen

Wasser, Matsch und Schnee bietet. Auch für den Boden ist wasserdicht beschichtetes Polyester oder Nylon gut geeignet.

G.... UND WASSERDICHT SOLL ES SEIN

Von einem Zelt erwartet man, daß es wasserdicht ist. Aber einige Importeure scheinen des öfteren die Bezeichnungen WASSERABWEISEND und WASSERDICHT durcheinander zu bringen. Gerade bei Nachbauten renommierter Zelthersteller ist deshalb Vorsicht nie fehl am Platze! Leider muß gesagt werden, daß auf längere Sicht nur hochwertige, gut verarbeitete, nicht gerade billige Zelte einen zuverlässigen Regenschutz gewährleisten.
Bei der Fertigung gibt es verschiedene Arten der Imprägnierung. So kann man z.B. Nylon mit Polyurethan beschichten, andere Gewebe werden imprägniert, indem man sie zuerst mit Silikon behandelt und danach mit Akryl beschichtet. Zum Nachimprägnieren von Zelten (und Kleidung) gibt es verschiedene Sprays (siehe Imprägniermittel).

H. WO HÄNGT WAS?

Eine wichtige Sache ist die Aufhängung und Befestigung des Innenzeltes. Die einfachsten und billigsten Lösungen sind separates Aufstellen. Zuerst wird das Innenzelt aufgestellt und danach die Außenhaut übergeworfen und verspannt. Häufig findet man dies bei First-, Pyramiden- und Kuppelzelten. Der große Feind bei dieser Aufstellungsart ist Schlechtwetter. Denn wenn's in Strömen gießt, ist das Innenzelt naß, bis man das Außenzelt drüber gespannt hat. Bei starkem Wind wird die Überzeltmontur zusätzlich zum Spektakel.
Bei anderen Modellen werden zuerst biegsame Alu-Stangen über Kreuz gespannt, an diesen das Innenzelt eingehängt und das Überdach darüber gespannt.
Eine gute Lösung bilden Zelte, bei denen man zuerst das Außenzelt aufstellt und **dann** das Innenzelt einhängt. Bei diesen Typen kann man Innen- und Außenzelt zusammengesetzt lassen und hat somit nur einen Arbeitsgang, währenddem das Innenzelt zuverlässig vor Regen oder Schnee geschützt ist. Lediglich zum Trocknen empfiehlt sich ein Trennen beider Teile. Da das Innenzelt bei dieser Art von Zelten meist etwas durchhängt, ist meiner Meinung nach die beste Lösung ein mittels Reißverschlüssen zusammengesetztes Innen- und Außenzelt. Die Abstände der Zeltwände zueinander sind überall gleich, nichts hängt durch und die Raumausnutzung ist optimal. Eine andere gute Befestigung ist die Innenzeltaufhängung mittels Gummizug und Haken oder zusammengenähte Modelle, wobei hier Innen- und Außenzelt natürlich nicht trennbar sind.

I. DAS GESTÄNGE

Zwei Materialien stehen zur Auswahl: Fiberglas und Aluminium. Bei billigen Zelten findet man die mehrfach teilbaren Alu-Gestänge zum Zusammenstekken. Sie erfüllen zwar ihren Zweck, bei Dunkelheit oder Schneegestöber je-

doch kann man einzelne Teile leicht verlieren oder zumindest bis Tagesanbruch eine unbequeme Nacht verbringen. Nach Gebrauch wandern die Dinger lose in den Packsack. Besser sind dann schon ineinandersteckbare Einzelglieder. Man hat dann nur ein Teil, in dem alle anderen ineinander geschoben Platz finden. Um ein Herausfallen zu verhindern, sind an den Enden des »Hauptrohres« Gummistopfen aufgesetzt. Am besten gefallen mir die mittels Gummizug zusammengehaltenen Gestänge. Man kann kein Teil verlieren und das Zusammenstecken geht schneller.
Kleiner Nachteil: Sie nehmen im Packsack etwas mehr Platz in Anspruch. Fiberglas (auch Alu) findet man bei Kuppel-, Tunnel- und Tonnenzelten. Am meisten verbreitet sind Vollfiberglasstäbe mit aufgesetzten Alu-Hülsen. Die Fiberglasstäbe werden aufeinandergesteckt und dann durch die entsprechenden Kanäle am Zelt geschoben.
Schlecht bei diesem System ist, daß sich die Stäbe oft während des Einführens voneinander lösen. Bei längerem Gebrauch splittern die Vollfiberglasstäbe oft auf. Wesentlich besser sind Hohlfiberglasstäbe, bei denen wieder der Gummizug Anwendung findet.

Übrigens: In verschiedenen Preisklassen sind Zelte mit unterbrochenen oder geschlossenen Einführkanälen erhältlich. Wer schon einmal mit steifen Fingern bei etlichen Minusgraden **lose** Stäbe in **unterbrochene** Kanäle einführen mußte, weiß **zusammengehaltene** Stäbe und **geschlossene** Kanäle zu schätzen.

Geschlossener Kanal
Darunter verstehe ich die Einführkanäle für das Zeltgestänge bei Tunnel- und Kuppelzelten, die keine Unterbrechung aufweisen. **Eine** Öffnung pro Kanal am Giebel des Zeltes ist bei Kuppelzelten konstruktionsbedingt, bei Tunnelzelten entfällt auch diese.

Offener Kanal
Sind die Einführkanäle für das Zeltgestänge mehrmals unterbrochen, spreche ich von offenen Kanälen.

J. EINGÄNGE

Der oder die Eingänge sollten groß genug sein, um ohne Akrobatik ins Zelt zu kommen (und auch heraus). Die Reißverschlüsse sollten auch von innen leicht zugänglich sein, der Eingang bis zum Boden reichen. Einige Eingänge können auch als Vordach aufgespannt werden, und so (laut Hersteller) » . . . einen Regenschutz zum Kochen bieten.« Solange er senkrecht fällt, der Regen . . .
Für speziellen Wintereinsatz gibt's sogenannte Schlaucheingänge, die mit Kordelzug veschließbar sind. So berechtigt sie teilweise sein mögen – ein erheblicher Nachteil ist, daß sich die Dinger oft 30 cm oder höher über dem Boden befinden, was ein bequemes Kochen vom Innenzelt aus schon etwas kompliziert.
Vorteile bieten zwei sich gegenüberliegende Eingänge, vor allem dann, wenn

sie diagonal angeordnet sind. So hat jeder Zeltinsasse (zumindest bei 2-Personen-Zelten) seinen separaten Eingang, es gibt kein Gedränge und in heißen Ländern schafft man – mit etwas Wind und Glück – eine Durchzugsmöglichkeit.
Ein Kunststoffreißverschluß ist einem Metall-RV vorzuziehen, da dieser bei Minusgraden nicht vereist.

K. DIE APSIS IST WICHTIG

Egal, für welche Zeltform man sich entscheidet – auf eine Apsis zwischen Innen- und Außenzelt würde ich nie verzichten. Erstens ermöglicht einem die Apsis, auch bei schlechtem Wetter, im Zelt, notfalls ohne den Schlafsack verlassen zu müssen, zu kochen. Zum zweiten hat man genug Stauraum, um Gepäck unterzubringen. Die beste Kombination: Zwei Apsiden mit zwei Eingängen.

L. ACHTUNG MÜCKEN!

Moskitonetze sind immer angebracht! Man sollte darauf achten, daß diese auch wirklich dicht sind und engmaschig genug ausfallen, um ihren Zweck zu erfüllen.
Gerade in heißen Ländern verzichtet man erfahrungsgemäß oft darauf, die Eingänge zu schließen – und da sollte man vor lästigen Insekten schon seine Ruhe haben.
Sind am Zelt Lüfter, Entlüftungsklappen oder Ähnliches angebracht, aufpassen, ob diese mit Moskito-Gaze versehen sind. Ggf. selbst nachrüsten.

M. NÄHTE

Einige Hersteller sind so ehrlich: Völlig dichte Nähte gibt es selten. Eine gute Lösung stellen mit Baumwolle überzogene Nähfäden dar. Während sich der Synthetikfaden nicht verändert, schwillt der Baumwollfaden bei Nässe an und dichtet so das Nahtloch ab.
Hat man nun ein Zelt, das an den Nähten leckt, so kauft man sich sogenannten SEAM SEALER (Nahtdichter). Diesen trägt man auf die Naht auf, reibt ihn ein (darauf achten, daß die Nahtlöcher verschlossen werden), und nach mehrstündiger Trockenzeit ist die Naht zuverlässig dicht.
Als beste Nähart gilt die Kappnaht. Kettsäume sind mit Vorsicht zu genießen, da sie sich leichter auftrennen. Gute Zelte sind an den belasteten Stellen verstärkt, bzw. unterlegt. Dies verhindert ein schnelles Ausreißen von Bändern und Laschen.

N. AUFSTELL- UND ABSPANNMÖGLICHKEITEN

Hier gilt: Besser zuviel als zu wenig.
Lange Befestigungsschlaufen haben den Vorteil, daß der Häring dort einge-

schlagen werden kann, wo er den besten Halt findet. Mit einem Knoten läßt sich die entsprechende Schlaufe auf die jeweilige Länge bringen. Bei starkem Wind oder Sturm setzt man nach Möglichkeit den Häring ganz außen an und beschwert das Band mit Steinen. Bei Schlaufen ist es auch möglich, das Zelt auf felsigem Untergrund nur mit Steinen zu verankern.
Etliche Zelttypen sind mit Schneepatten ausgerüstet. Die Patte läuft um das Außenzelt, ist ca. 30 cm breit und wird mit Schnee, Sand oder Steinen abgedeckt, um so dem Zelt auch ohne Häringe Halt zu geben.

O. PROBLEM HÄRINGE

Ich habe noch kein Zelt gesehen – und da machen auch teuere keine Ausnahme – das mit wirklich guten Häringen geliefert wurde. Entweder erhält man Erdnägel, die sich laufend verbiegen, oder es handelt sich um V-Häringe aus Duraluminium, die sich bei Auftreffen auf einen Stein einrollen.
Gute Erfahrungen habe ich mit Bundeswehr-Häringen gemacht. Sie zählen allerdings nicht gerade zu den leichtesten (60 Gramm), verdienen aber dafür wirklich den Ausdruck stabil.
Spezielle Sand-, Schnee- oder V-Häringe kauft man am besten in Sportgeschäften oder Globetrotter-Shops.

P. ABBAU, WARTUNG UND AUFBEWAHRUNG

Jedes Zelt sollte möglichst in trockenem Zustand zusammengelegt werden. Sämtliche Reißverschlüsse sind zu schließen, bevor das Zelt in den Packsack wandert. Wenn man aus Zeit- oder Witterungsgründen gezwungen ist, das Zelt in nassem Zustand zu verpacken, sollte man es so bald wie möglich wieder aufstellen, damit es vollständig trocknen kann. Wird dies über längere Zeit nicht beachtet, ist es möglich, daß das Gewebe von Schimmel befallen wird. Gerade Baumwoll-/Polyester-Mischgewebe kann dadurch verrotten. Schon bei den ersten Anzeichen von Schimmelbefall sollte man das betreffende Stück lüften und trocknen. Anschließend so gut wie möglich ausbürsten und, falls nötig, nachimprägnieren. Bei sehr starkem Pilzbefall kann es u.U. notwendig werden, das entsprechende Stück auszuwechseln. Deshalb: Öfter kontrollieren!
Normaler Schmutz wird entweder ausgebürstet oder mit einer milden Seifenlösung abgewaschen. Auf keinen Fall irgendwelche Fleckenmittel verwenden; starkes Scheuern sollte man vermeiden! Zur Aufbewahrung zu Hause sucht man sich am besten einen trockenen, hellen Platz und legt das Zelt aus. Ist dies nicht möglich, so sollte man es mehrmals im Jahr an einem sonnigen und trockenen Tag zum Durchlüften auslegen.

Tip:
Man achte darauf, wie man unterwegs das Gestänge und die Häringe in den Packbeutel steckt, um Beschädigungen am Zeltgewebe zu vermeiden.

Q. MASSE UND GEWICHTE

Je nach Qualität und Hersteller schwanken auch die Packmaße und Gewichte. Viele Firmen richten ihr Zeltangebot speziell für Leute aus, die alles auf dem Rücken tragen oder Motorrad- und Packtaschen benutzen.
Auch als Motorrad-Besitzer sollte man die Möglichkeit ins Auge fassen, daß man unter Umständen sein Zelt über längere Zeit auf dem Rücken transportieren muß (sei es zum Wandern, zu Besichtigungsausflügen im Gebirge usw.). Ist man nicht gerade allein unterwegs, hat man die Möglichkeit, das Zelt auf mehrere Personen aufzuteilen. Man kann Überzelt, Innenzelt sowie Häringe und Stangen aufteilen.
So variieren die Packmaße eines heutigen Leichtgewichtszeltes zwischen ca. 15 bis 30 cm Durchmesser und 40 bis 65 cm Länge. Die Gewichtspalette reicht von 1500 bis 4500 Gramm.
Nicht unbedingt muß ein Vier-Personen-Zelt wesentlich mehr wiegen als ein Zwei-Personen-Zelt.
So bieten zwei schwedische Ausrüster völlig unterschiedlich konstruierte Zelte an: während das eine Zelt 2600 Gramm wiegt und vier Personen Platz bietet, kommt das andere auf 4500 Gramm Gewicht und ist dabei für zwei Bewohner bestimmt.
Das ist immerhin ein Unterschied von fast zwei Kilo, was nicht unbedingt heißen soll, je leichter – desto besser.
Sicherlich sollte man auf das Gewicht achten, aber man sollte nicht auf Kosten von Sicherheit und Funktionalität zum »Grammfanatiker« werden. Pro Person lassen sich sicherlich 1,5 bis 2,5 Kilo Gewicht für ein Zelt verkraften.

R. UND FÜR DEN ZELTKAUF GILT:

Nach Möglichkeit sollte man ein Fachgeschäft (Sportgeschäft, Globetrotter-Shop) aufsuchen, um sich an Ort und Stelle ein Bild vom Angebot zu machen. Mit Warenhäusern habe ich bislang schlechte Erfahrungen gemacht, was wohl auch daran liegt, daß die Verkäufer in erster Linie verkaufen sollen (Beratung steht meist an letzter Stelle) und selbst sehr wenig oder gar keine Erfahrung in der Praxis haben.
Wenn einem der Verkäufer stolz eröffnet, daß dieses oder jenes Modell »in einer Minute aufgestellt ist« – bitte, die Zeit wird man haben.
Denn es gibt halt – leider – auch »Sportgeschäfte«, in denen manche Verkäufer davon ausgehen, daß bei herrlichem Sonnenschein und absoluter Windstille mindestens vier Leute zur Verfügung stehen . . .

S. PRODUKTBEISPIELE

Mini-Pack-Zelt

Aus Fernost stammt das Mini-Pack-Zelt. Es ist ein Zelt für diejenigen, die ein Dach über den Kopf haben möchten, mehr Anforderungen erfüllt die »Kon-

denshütte« (so mein Freund Christian) nicht. Bevorzugter Regeneinlaß sind die Giebelseiten und die Nähte und Ecken des Daches.
Das Zelt ist eine Alternative für Leute mit schmaler Kasse und all diejenigen, die das erste Mal unterwegs sind und keine Ansprüche an das aufstellbare Heim stellen. Es empfiehlt sich die Mitnahme einer Plastikplane (Grundflächengleich mit dem Dach, um stärkere Regengüsse zu überstehen). Freunde von mir haben im Winter zu Testzwecken bei 13 Grad Minus darin geschlafen. Es geht – allerdings hatten sie entsprechend gute Schlafsäcke dabei.
Das Mini-Pack ist ein Längsfirstzelt, die Aufstellstangen sind aus Hohlaluminium und lose. Als Gewebe wurde Nylon verwandt. Das Bodengewebe besteht aus Polyäthylen. Das Zelt hat einen Eingang, der mit Moskitonetz versehen ist. Die Maße des Zeltes sind ca. 213 x 140 x 90 cm. Die Personenanzahl beträgt zwei, das Packmaß ist 40 x 15 cm, Gesamtgewicht 2200 Gramm. Das Mini-Pack-Zelt erhält man je nach Hersteller von ca. 60 bis 80 Mark.

»Sierra Nevada«

Von Salewa stammt das »Sierra-Nevada«-Zelt. Das Doppeldachzelt hat ein selbsttragendes Aluminium-Gestänge, der Grundriß ist rechteckig. Das Gewebe des Innenzeltes besteht ebenso wie das des Außenzelts und des Bodens aus Nylon.
Als Gestänge dient Hohlaluminium, dessen einzelne Glieder mit einem Gummiband verbunden sind. Beim Aufbau wird das Innenzelt mittels Klettbändern in das Gestänge eingehängt, darüber kommt das Außenzelt. Das Zelt hat zwei Eingänge, die sich diagonal gegenüberliegen. Das Überdach wird mit einem kurzen Horizontalgestänge stabilisiert. Es ist ein 3/4-Überdach, bedeckt also die Schmalseiten und steht an den Längsseiten etwas über. Einer der beiden Eingänge ist mit Moskitonetz versehen. Die Maße des »Sierra Nevada« betragen 210 x 150 x 115 cm. Das Zelt ist für zwei Personen aus-

»Sierra Nevada«

gelegt, kann aber notfalls auch drei Personen Platz bieten. Für harten Einsatz im Winter oder bei schlechtem Wetter ist ein Thermoüberzelt mit Schlaucheingang erhältlich, das es wahlweise auch alubeschichtet gibt.

Das »Sierra Nevada« kostet 298 Mark, das Thermo-Überzelt 178, in der Alu-Version 269 Mark.

»Thermo Expedition Spezial Alu«

Von Fjällräven kommt dieses Pyramidenzelt. Die Aufstellung erfolgt mit einer Mittelstange, wobei erst das Innen- und dann das Außenzelt darüber gespannt wird. Das Innenzelt besteht aus Baumwoll-/Polyester Mischgewebe, als Material für das Außenzelt wurde Aluflexgewebe (Polyester) verwandt. Der Boden besteht aus Nylon. Das Gestänge ist ein zum Transport ineinanderschiebbares, loses Hohlalugestänge. Das Zelt hat einen vorderen Eingang, wobei ein Teil der Apsis als Vordach aufgestellt werden kann. Die Maße des Außenzeltes betragen 265 x 265 x 170 cm, das Innenzelt ist 205 x 205 x 130 cm groß. Das Zelt bietet 4 Personen ausreichend Platz. Verpackt ist das Zelt 32 x 13 cm groß und wiegt 2200 Gramm. Zu bekommen ist es für einen Tausender, genau für 998 Mark. Das Thermozelt besitzt ein umlaufendes Sturmband und einen tütenförmigen Lüfter über dem Eingang, der mit Moskitonetz versehen ist.

Alle Belastungspunkte sind mit Rucksackgewebe verstärkt. Die Mittelstange ist höhenverstellbar, um etwaige Bodenunebenheiten ausgleichen zu können.

»Thermo Expedition«

»Bever« Ein-Mann-Zelt

Der Einsatzbereich des »Thermo Expedition« ist ganzjährig. Das Zelt verträgt hohe Windgeschwindigkeiten und ist für warmes Wetter ebenso wie für Schneebiwak geeignet.

»Bever« Ein-Mann-Zelt

Dieses Gore-Tex Ein-Mann-Biwak stammt von Ajungilak. Es bietet Platz für eine Person und etwas Gepäck. Ein Rucksack paßt nicht mit rein.
Das Zelt wird mit vier Abspannschlaufen am Boden befestigt. Mit drei kleinen, zusammensteckbaren Glasfiberstangen wird das Kopfteil aufgestellt. An der Seite befindet sich ein Zwei-Wege-Reißverschluß. Das Oberteil des Zeltes ist aus Gore-Tex-Gewebe, um die Kondenswasserbildung zu verhindern. Das Unterteil beseht aus beschichtetem, wasserabweisendem Nylon.
Am Kopfteil befindet sich ein großes, eingearbeitetes Moskitonetz, das ebenso wie das Oberteil mittels Reißverschlüssen weggemacht werden kann.
Die Länge des Biwakzeltes beträgt 230 cm, in Schulterhöhe ist es 95 cm breit, über dem Kopf 42 cm hoch.
Das Gesamtgewicht beträgt 600 Gramm, und kosten tut's 278 Mark.

»Space«

Von vauDe stammt das Kuppelzelt »Space«, das eine rechteckige Grundform aufweist. Das Zelt ist ein selbsttragendes Doppeldachzelt. Das Innenzelt wird in das zuerst aufgestellte Außenzelt eingehängt (zweckmäßigerweise läßt man beide Zelte miteinander verbunden, um nur einen Arbeitsgang zu haben). Als Gewebematerial für das Innenzelt wird Baumwoll-/Polyester-Mischgewebe verwandt, das Außenzelt besteht aus polyurethan-beschichte-

»Space«

tem Nylon. Auch der Boden ist Nylon, auf der Innenseite aluminiumbeschichtet. Als Gestänge dient Hohlfiberglasgestänge, dessen einzelne Glieder mit einem Gummizug zusammengehalten werden. Das Zelt hat einen großen, halbrunden Eingang, die Apsis kann als Vordach aufgespannt werden. Die Maße des Außenzeltes sind 225 x 175 x 115 cm, zuzüglich der Apsistiefe von 110 cm, das Innenzelt ist 215 x 165 x 105 cm groß. Das »Space« ist für drei Personen ausgelegt, wiegt 3000 Gramm und ist verpackt ca. 50 x13 cm groß. Preis: 378 Mark. Das Thermozelt ist für Ganzjahres-Einsatz geeignet.

»Trip 2«

Von Caravan stammt das Querfirst-Zelt »Trip«. Dies ist ein zusammengesetztes Doppeldachzelt, mit Karabinerhaken auseinandernehmbar. Das Gewebe des Innenzeltes besteht aus silikonimprägniertem Polyamid, das des Außenzeltes aus polyurethanbeschichtetem Polyamid. Das Bodenmaterial ist mit dem des Außenzeltes identisch. Als Gestänge dient Hohlaluminium, dessen einzelnen Segmente mit einem Gummiband zusammengehalten werden. Das Zelt hat zwei Eingänge, die sich diagonal gegenüberliegen, und zwei Apsiden.

Das Außenzelt hat die Maße 310 x 310 x 115 cm. Das Innenzelt ist 200 x 130 x 110 cm groß. Das »Trip 2« bietet zwei Personen Platz und hat ein Gesamtgewicht von 2800 Gramm. Das Packmaß beträgt 45 x 15 cm.

»Trip 2« ist ein Thermozelt. Alle belasteten Punkte sind unterlegt, bzw. verstärkt. Lange Abspannleinen. An beiden Eingängen sind kleine, dreieckige Moskitonetze angebracht. Anwendungsbereich zur jeder Jahreszeit, jedoch nicht unter extrem schwierigen Wetterverhältnissen und bei sehr strenger Kälte. »Trip« ist auch für drei Personen mit einer Innenzeltbreite von 160 cm erhältlich.

Das »Trip 2« bekommt man für 557, das »Trip 3« für 599 Mark.

»Trip 2«

»Nomad«

Von Caravan gibt es das »Nomad«. Dieses Modell ist ein Tunnelzelt. Bei diesem Doppeldachzelt sind Innen- und Außenzelt mit Reißverschlüssen zusammengesetzt. Das Innenzelt besteht aus Baumwoll-Polyester-Mischgewebe, das Außenzelt aus silikonimprägniertem Polyestergewebe, das einseitig mit Silikongummi beschichtet ist. Das gleiche gilt für den Zeltboden. Das Gestänge besteht aus drei Hohlfiberglasstangen, deren einzelne Segmente mit einem Gummiband zusammengehalten werden. Das »Nomad« hat zwei diagonal gegenüberliegende Eingänge, die jeweils zwei geräumige Apsiden aufweisen. Die Maße des Außenzeltes betragen (inklusive Apsiden) 430 x 150 x

»Nomad«

120 cm, das Innenzelt ist 210 x 130 x 110 cm groß. Das Zelt ist für zwei Personen konstruiert. Das Gesamtgewicht beträgt 4500 Gramm, verpackt ist es 50 x 20 cm groß. Erhältlich ist es für 1229 Mark.
An beiden Eingängen des Innenzeltes befinden sich große, dreieckige Ventile mit Moskitonetz. An den Längsseiten befinden sich Ventile, die je nach Bedarf hochgespannt werden können. Alle belasteten Punkte sind unterlegt und verstärkt. Viele Abspannmöglichkeiten. Geeignet für Touren und Expeditionen zu jeder Jahreszeit.

»Spar«

Von vauDe stammt das Biwakzelt Spar.
Es handelt sich um ein Längsfirstzelt. Bei diesem Doppeldachzelt erfolgt die Aufstellung von Innen- und Außenzelt getrennt. Das Gewebe des Innenzeltes besteht aus Baumwoll-/Polyester-Mischgewebe, das Material des Außenzeltes ist PolyurethanbeschichtetesNylon. Das Bodengewebe besteht aus aluminisiertem Nylon. Das Gestänge besteht aus Hohlaluminium und ist zum Transport ineinandersteckbar, also lose.
Das Zelt hat einen Eingang, davor befindet sich eine kleine Apsis (am Kopfende). Das Außenzelt weist die Maße von 310 x 160 x 105 cm Höhe vorn und 65 cm Höhe im Fußteil auf. Das Innenzelt ist 210 x 130 x 95 cm groß, am Fußteil 90 cm breit, die Höhe am Fußteil ist 55 cm. Das Zelt faßt zwei Personen und wiegt 1870 Gramm. Sein Packmaß: 45 x 12 cm. Eine Moskitonetzentlüftung befindet sich am Fußende. Drei Reißverschlüsse am Eingang, die Bodenwanne kann nach vorn abgeklappt werden. Geeignet fürTrekkingtouren, Rad- und Kajakfahren. Einsatzbereich Frühjahr, Sommer, Herbst. Derzeit kostet es 298 Mark.

»Spar«

»Alaska«

»Alaska«

Dieses Zelt ist von dem durch seine Rucksäcke bekanntgewordenen Hersteller Lowe. Das rechteckige Kuppelzelt ist selbsttragend. Das Innenzelt wird in das zuerst aufgestellte Außenzelt eingehängt. Für das Innenzelt kam Nylon zur Anwendung, das Außenzelt und das Bodengewebe besteht aus Polyester. Das Gestänge ist ein Hohlaluminium-Gestänge, dessen einzelne Teile mit einem Gummiband verbunden sind.
Das Zelt hat geschlossene Kanäle, einen Eingang sowie eine spitzzulaufende Apsis. Die Außenmaße betragen 230 x 170 x 122 cm, hinzu kommt die Apsistiefe von 120 cm. Das Innenzelt ist 210 x 150 x 110 cm groß und für drei Pesonen geeignet.
Das Zelt ist verpackt 45 x 25 x 12 cm groß. Das Gestänge weist die Maße von 70 x 5 cm auf. Das Gesamtgewicht beträgt 3700 Gramm. Es ist für 748 Mark erhältlich.

»Original Reinhold-Messner-Zelt«

»Original Reinhold-Messner-Zelt«

Dieses Gore-Tex-Zelt stammt vom japanischen Hersteller »Nippin« und wird über Salewa vertrieben.

Das rechteckige Kuppelzelt hat eine selbsttragende Alu-Konstruktion. Das Gewebe (Außenzelt entfällt) besteht aus Gore-Tex, das Bodenmaterial aus Polyester. Das Gestänge besteht aus Hohlaluminium, das mit einem Gummizug zusammengehalten wird. Das Zelt hat einen Eingang, dessen Reißverschlüsse mit Klettband abgedeckt werden können. Alle Nähte dieses Zeltes sind versiegelt, also keine Nachbehandlung mit Nahtdichter mehr nötig. Links vom Eingang befindet sich ein tütenförmiger Lüfter. Die Maße des Gore-Tex-Zeltes betragen 200 x 150 x 105 cm, das Gesamtgewicht beträgt 2800 Gramm, verpackt ist es 60 × 15 cm groß. Erhältlich ist es für 898 Mark. Rund um das Zelt läuft eine mit Ösen versehene Schneeplatte.

13. Bekleidung

Je nach Tour und Klimazonen (Kälte, Hitze) wird man verschiedene Anforderungen an seine Bekleidung stellen. Bei Hitze wird man mit weniger Kleidungsstücken auskommen, bei Kälte benötigt man warme Kleidungsstücke, bei der Unterbekleidung mehrere Garnituren, um erstens nicht zu schwitzen und zweitens zum Wechseln.
Hinzu kommt die Frage, wie lange man wo unterwegs ist. Kurze Wanderungen und Ausflüge in der Heimat benötigen keine spezielle Bekleidung, höchstens eine Wander- oder Kniebundhose und ein Paar Wanderschuhe.
Ebenso verhält es sich mit Trampern. Normale Kleidung, Jeans, ein paar fest Schuhe, Ersatzwäsche und je nach Klima eine warme Jacke oder einen Parka.
Bei mehrtägigen, ausgedehnten Wanderungen, z.B. im Gebirge, benötigt man dann schon wind- und wetterfeste Bekleidung, Kälteschutzbekleidung wie gefütterte Jacken oder Anoraks, Ersatzstrümpfe oder Socken, einen Poncho oder ähnliches.
Reist man ins Ausland und passiert größere Siedlungen oder Städte, kann man notfalls seine Bekleidung dort ergänzen. Anders verhält es sich mit spezieller Bekleidung, die entweder unterwegs gar nicht oder nur schwer zu bekommen ist. Hat man gar vor, der Zivilisation für längere Zeit den Rücken zu kehren, wo man keine Möglichkeit hat, Bekleidung unterwegs zu ergänzen, sollte man sich schon genau überlegen, was mit muß.
Viele Bekleidungsstücke hat man bereits zu Hause. Für bestimmte Unternehmungen wird man aber nicht umhin kommen, einige spezielle Stücke zu erwerben.

A. SOCKEN UND STRÜMPFE

Beim Kauf sollte man unbedingt darauf achten, daß die Strümpfe gut sitzen, insbesondere, wenn man mehrere Paar übereinanderzieht. Die äußeren Strümpfe müssen also etwas größer sein als das erste Paar, da sonst der Fuß zu sehr eingeengt wird. Aber auch schlappen und verrutschen dürfen sie nicht, denn das begünstigt die Blasenbildung.
Reine Baumwoll-Socken oder -strümpfe sind sehr angenehm zu tragen, haben aber den Nachteil, daß ihre Lebensdauer begrenzt ist. Besser ist ein Kunstfaser-/Baumwollgemisch, denn die beigefügte Kunstfaser verlängert die Lebensdauer des Strumpfes erheblich, während im Tragekomfort keine Unterschiede auftreten.
Auch Socken und Strümpfe aus Seide haben sich besonders bei Kälte bewährt. Bei längerem Laufen sollte man stets zwei Paar Strümpfe anziehen, wobei man je nach zu erwartender Temperatur verschiedene Stärken wählt.
Von Strümpfen aus reinem Synthetik (ausgenommen Lifa- und Faserpelzstrümpfe) würde ich auf jeden Fall abraten, da man in diesen Dingern

schwitzt und feuchte Füße bekommt. Gerade bei tiefen Temperaturen kann dies äußerst unangenehm und oft gefährlich werden (Erfrierungen)!

Produktbeispiele

Grauer Bundeswehr-Strumpf
Diese BW-Strümpfe bestehen aus einem Wolle/Kunstfasergemisch und sind recht strapazierfähig. Reservisten und »Dabeigewesene« werden sie zu Hause haben, neu kann man sie in Armee-Shops und Ausrüstungs-Geschäften erstehen. Zusammensetzung: 35 % Wolle, 35 % Polyester und 30 % andere Fasern. Preis zwischen 10 und 12 Mark.

Schladminger Schafwollstrumpf/Schladminger Walksocken
Dieser Strumpf beteht aus 100 % gewalkter Schafwolle und ist hervorragend gegen Kälte geeignet. Der Vorteil dieser Strümpfe/Socken besteht darin, daß sie auch noch in nassem Zustand wärmen, also nicht ganz ihr Isoliervermögen verlieren. Bekannt wurden die Strümpfe vor allem in Bergsteigerkreisen. Allerdings sind sie nicht ganz billig. So muß man für ein Paar Schladminger Socken ca. 27 Mark rechnen, ein Paar Strümpfe liegen bei 44 Mark.

Salewa-Extrem-Plüschstrumpf
Ebenfalls prima ist dieser Strumpf mit Plüschfutter. Er erreicht eine hervorragende Wärmeisolierung und ist sehr strapazierfähig. Zusammensetzung: 85 % Wolle, 15 % Synthetik. Der Strumpf hat ein Innenfutter, das aus reiner Wolle besteht. Erhältlich für ca. 34 Mark.

Seidensocken
Extrem leicht und im Packmaß winzig sind Seidensocken. Ideal sind sie bei tiefen Temperaturen als erstes Paar im Schuh, darüber kommen dann noch ein oder zwei Paar andere Strümpfe. 30 bis 37 Mark muß man für ein Paar schon hinlegen.

Makalu-Strümpfe
Die Strümpfe bestehen aus Mischgewebe und sind warm und strapazierfähig. Sie bestehen aus 60 % Schafwolle, 10 % Angorawolle und 30 % Synthetik. Verglichen mit anderen Produkten sind sie noch einigermaßen preisgünstig. Sie werden mit ca. 23 Mark gehandelt.

B. UNTERBEKLEIDUNG

Für Unterwäsche werden heute verschiedene Materialien verwandt:
Wolle
Baumwolle
Angorakaninwolle
Seide
Kunstfasern

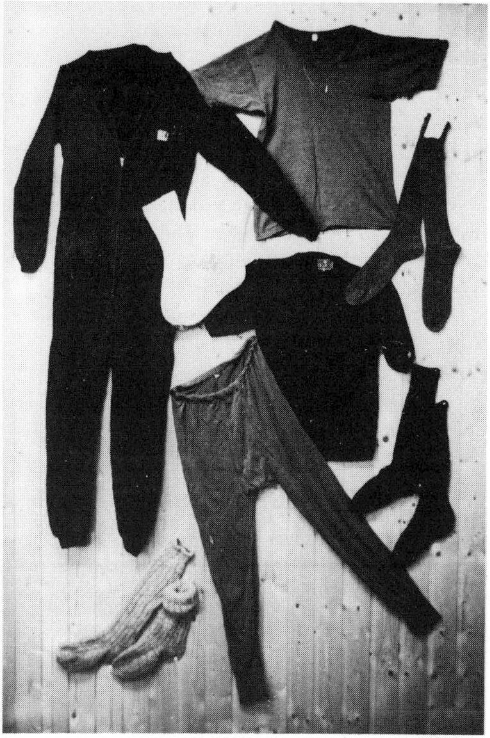

Faserpelz-Underall, Bw-Unterhend, Schladminger Schafwollsocken, Unterzieh-Pulli, BW-Strümpfe, 2 Paar Mischgewebe-Strümpfe, BW-Unterhose, lang.

Baumwollunterwäsche

Je nach Klima- und Wandergebiet sind entweder Unterhemden mit 1/4 Arm (T-Shirts) oder mit langem Arm zu empfehlen. Wer hier billig wegkommen möchte, dem seien Unterhemden und -hosen aus Armee-Beständen empfohlen.
Ein Unterhemd mit langem Arm ist aber auch für warme Länder nicht schlecht. Tagsüber werden die Arme hochgekrempelt, abends bieten die langen Arme vor Stechern Schutz.
Baumwollunterwäsche ist hautfreundlich und angenehm zu tragen. Hinzu kommt der günstige Anschaffungspreis für Baumwollartikel. Baumwollwäsche ist unterwegs leicht zu waschen, trocknet allerdings langsam und ist nicht gerade leicht. Also abwägen, wo gespart werden soll, am Preis oder am Gewicht.
Jeder, der beim »Bund« war, kennt die oliven »Liebestöter«, die langen Unterhosen der Bundeswehr. Bei nicht zu extremer Kälte und in Anbetracht dessen, daß man die Dinger sowieso mit nach Hause bekommen hat (falls man dabei war), sind sie für kalte Tage wirklich empfehlenswert. Das gleiche gilt für die grünen Unterhemden mit 1/4 Arm. Neu oder gebraucht (was nicht jedermanns Sache ist) erhält man die Unterwäsche auch in Army-Shops.

Aber auch andere Unterhemden und Unterhosen aus Baumwolle, die man zu Hause hat, eignen sich gut für unterwegs.

Angora-Unterwäsche (Angora s. Materialkunde)

Angora-Unterwäsche besteht aus der weichen Wolle des Angora-Kaninchens. Da ein Tier nur ca. 350 Gramm Wolle pro Jahr liefert und die Verarbeitung – bedingt durch ihre Leichtigkeit – nicht gerade einfach ist, sind Angora-Artikel auch nicht billig. Angorakaninwolle ist die weichste Wolle überhaupt, sie ist äußerst hautfreundlich. Da die Haare Hohlräume (ähnlich der Kunsthohlfasern) aufweisen, die die Wärme speichern, benötigt man zur Herstellung eines Bekleidungsstückes nur die Hälfte des Materials einer anderen Wolle, z.B. Schafwolle.
In der ersten Zeit des Tragens muß man mit Haaren der Angora-Wolle rechnen. Nachteile der Angora-Wäsche sind der hohe Preis; das Material ist unterwegs schlecht zu waschen und trocknet langsam.
Nimmt man allerdings das Eigengewicht der Angora-Wolle in Bezug auf die Wärmeeigenschaften, so kann man Angora als fast konkurrenzlos betrachten. Im medizinischen Bereich, als Wärmeschutz bei Rheuma, Ischias, Nierenleiden und dgl. hat sich Angora sehr bewährt.
Unterhemden und Unterhosen gibt es in den verschiedensten Varianten: Lang, halblang, dreiviertellang, mit und ohne Arm – ganz wie es beliebt.

Seidenunterwäsche

Die mir bekannte Seidenunterwäsche besteht aus einem langärmeligen Unterhemd und einer langen Unterhose. Verwandt wurde 100% reine Seide. Diese Garnitur zeichnet sich vor allem durch ihr niedriges Gewicht aus: 84 Gramm für die Unterhose, 110 Gramm für das Unterhemd, also für »Grammfanatiker« ein Leckerbissen. Das Unterhemd ist für ca. 80 Mark zu haben, die Unterhose bekommt man für 85 Mark.

Kunstfaserunterwäsche

Früher verpönt, eroberte sich die Kunstfaser-Unterwäsche in den letzten Jahren einen immer größer werdenden Anhängerkreis. Früher gab man Baumwolle oder Wolle den Vorzug, da diese Materialien den menschlichen Schweiß aufsaugen, er somit nicht auf der Haut bleibt. Das hört sich prima an, man darf jedoch eines nicht vergessen: Bei größeren Anstrengungen, und dabei muß man nicht unbedingt in der Sahara oder im Dschungel unterwegs sein, schwitzt man stark, das baumwollene Unterhemd ist irgendwann einmal klatschnaß, es wärmt also nicht mehr. Jeder wird es kennen: Nach einem Dauerlauf eine kurze Pause, vielleicht auf einem Hügel, wo noch Wind weht. Sofort fängt man an zu frieren, zumindest bei durchschnittlichen Temperaturen. Und im Gebirge oder im Winter holt man sich leicht eine Erkältung, wenn man die durchschwitzte Unterbekleidung nicht öfters wechselt.
Die heutige Kunstfaser-Unterbekleidung wurde so konstruiert, daß das Kunstfasergewebe keine Nässe, also Schweiß, aufnimmt, sondern sie nach außen abgibt. Sie ist also nicht auf der Körperseite feucht, sondern auf der

Außenseite. Trägt man nun über dieser Unterwäsche eine aufsaugende Bekleidung (z. B. ein Baumwollhemd), bleibt die Unterwäsche trocken und hält entsprechend warm.

Helly Hansen LIFA-Unterwäsche

Diese Kunstfaserunterwäsche besteht aus Polypropylen. Die Unterhemden sind in verschiedenen Ausführungen und Armlängen erhältlich, ebenso die Unterhosen, die es in slipform, knie- oder ganz lang gibt. Auch komplette Einteiler, also Underalls, sind von diesem Hersteller erhältlich.
Kurze Preisübersicht:
Kurzer Slip: ca. 33 Mark, lange Unterhose: ca. 40 Mark, langes Unterhemd: ca. 40 Mark, Underall: ca. 100 Mark.
Aus diesem Material gibt es übrigens auch Socken, die bei ca. 14 Mark liegen.

Salewa Meraklon-Bekleidung

Ebenfalls eine Polypropylenfaser ist Meraklon. Sehr strapazierfähiges Material. Meraklon-Bekleidung gibt es in drei Versionen: Als Sporthemd mit kurzem oder langem Arm und als lange Unterhose.
Das Sporthemd ist für ca. 30 mit kurzen, für ca. 50 Mark mit langem Arm und hochschließbarem Kragen zu haben. Für runde 39 Mark erhält man die lange Unterhose.

Salewa Thermo Wear

Von gleicher Firma stammt die Kunstfaser-Unterbekleidung aus Rhovylon. Wie bei allen anderen Kunstfaser-Unterbekleidungen gilt auch hier die Abgabe von Schweiß nach außen.
Auch hier sind verschiedene Ausführungen erhältlich. Die Preise liegen –je nach Bekleidungsstück – zwischen 30 und 80 Mark.

Faserpelz-Unterbekleidung

Faserpelzunterwäsche ist sehr warm, leicht zu waschen und strapazierfähig. Faserpelz besteht aus Polyamid (Nylon). Als Unterwäsche in kalten Klimazonen eignet sich nach meiner Erfahrung ein Faserpelz-Underall sehr gut. Unter einem Underall versteht man einen Einteiler, der den gesamten Körper von den Füßen bis zum Hals und die Arme umschließt, und entweder auf der Haut oder als zweite Schicht über Unterwäsche getragen wird. Im Gegensatz zu manchen Mode-Overalls engt dieser Faserpelz-Underall nicht ein, man kann sich voll mit ihm bewegen. Trägt man ihn direkt auf der Haut, sollte man auf jeden Fall einen Slip drunterziehen.
Mein Underall stammt von Helly Hansen und hat nach meiner Meinung zwei wesentliche Eigenschaften:
Zum ersten die Knüpftechnik. Im Gegensatz zur herkömmlichen Knüpftechnik, bei der sich die Pelzfaser herauszupfen läßt, ist der Faserpelz von Helly Hansen fest mit dem Grundmaterial verknüpft. Diese Technik garantiert eine große Langlebigkeit.
Zum zweiten: Die große, halbrunde Gesäßklappe. Sie verfügt über einen

Reißverschluß. Muß man einmal schnell auf den Topf, so wird die Klappe geöffnet und die Sache geht ruckzuck. Man bleibt also bei seinem Geschäft, was bei tiefen Temperaturen ein echter Vorteil ist, am Oberkörper warm, muß nicht erst Hemd oder Pullover ablegen und sich aus seiner Unterwäsche herauswinden.
Viele Hersteller haben gerade bei Ski- und Wärmunderalls scheinbar völlig vergessen, daß es auch noch andere Wesen gibt, die zwecks Blasenentleerung eine andere Stellung als die Männer einnehmen. Wenn ich eine Frau wäre, ich würde mich bedanken.
Aus Faserpelz gibt es auch noch Pullover, Jacken und Westen.

C. OBERKLEIDUNG

Hemd

Baumwollhemden bieten sich aufgrund ihres Materials an (s. Materialkunde). Für eine Tour, gleich welcher Art, sollte das Hemd weit geschnitten sein. Man muß sich darin bewegen können und modische Aspekte sollten – wie auch bei anderen Artikeln – außer acht gelassen werden. Ein in der Hüfte enganliegendes, tailliertes Hemd mag zwar dem einen oder anderen gefallen, für Wanderungen und Touren aber ist es völlig ungeeignet. Eine (besser zwei) Brusttaschen sollte das Hemd aufweisen, um darin kleine Sachen wie Kompaß, Schreibzeug, Tabak oder Ähnliches unterzubringen. Die Brusttaschen sollten mit Knöpfen und Klappen verschließbar sein, damit Kleinkram nicht herausfallen kann. Möglichst geräumigen Brusttaschen ist der Vorzug zu geben, von niedlichen Ziertäschchen ist abzuraten, da man in denen viel zu wenig unterbringt.
Besonderes Augenmerk verdienen die Knöpfe. Bei einem Fünfzehn-Mark-Kaufhaus-Hemd lasse ich mir die Nachnäherei gefallen – schließlich war das Hemd entsprechend billig. Ich habe aber leider schon bei 85-Mark-Hemden feststellen müssen, daß Knöpfe abgehen, wobei ich der Meinung bin, daß das ab einem gewissen Preis nicht mehr passieren darf.
Bei Armeehemden sind die Knöpfe in der Regel hervorragend vernäht und auch die Nähte sind entsprechend stabil (z.B. US-Feldhemd).
Der eine mag Armeehemden wegen ihres Preises vorziehen, ein anderer kann es vielleicht mit seinem Gewissen nicht vereinbaren, wieder ein anderer trägt lieber karierte Wanderhemden. Egal, wie man sich entscheidet, das Hemd sollte nach Möglichkeit lang sein, was besonders bei Kälte und Gebirgstouren von Vorteil ist, aber auch in gemäßigten Zonen, da das Hemd nicht bei jeder zweiten Bewegung oder tiefem Bücken aus der Hose rutscht.
Was gibt's?

Armeehemden

Von tarnfarbenen Hemden ist generell abzuraten, denn das macht einen kriegerischen Eindruck und gerade in asiatischen oder afrikanischen Ländern kann man leicht aus der Ferne mißverstanden werden und vielleicht zwischen

Von oben nach unten: Tropen-(Khaki-)Hemd, Kariertes Wanderhemd, BW-Sommerhemd, BW-Wollpullover, englischer Militär-Pulli.

die Fronten geraten. Gegen khakifarbene oder olive Hemden ist nichts einzuwenden. Die ehemaligen Hoheits-, Dienstgrad- und Einheitsabzeichen würde ich sicherheitshalber entfernen, um im Reiseland kein falsches Bild zu erwecken.
Man wird sich zwar vorher über das zu bereisende Land informieren, aber in den wenigsten Fällen wird man – gerade bei Einzelpersonen – wissen, wie dieser oder jener auf eine ehemalige Kolonialmacht zu sprechen ist.
Armeehemden haben meistens zwei mehr oder weniger große Brusttaschen, Schulterklappen und sind gerade im Schnitt.
Bekommen tut man die Hemden in Army-Shops, ab ca. 10 Mark aufwärts.

Tropen (Khaki-)Hemden

Hier muß man unbedingt Unterschiede zwischen Modehemden und solchen, die für rauhen Gebrauch konzipiert wurden, setzen. Da gibt es nämlich viele Hemden, die mit ihren Ärmeltäschchen und Laschen und Knöpfen einen abenteuerlichen Eindruck machen, bei rauhem Einsatz jedoch reißen die Nähte und die Knöpfe kann man suchen. Vorsicht bei sehr dünnem Baumwollstoff, denn dieser ist meist entsprechend anfälllig.
Ich habe sehr gute Erfahrungen mit einem 29-Mark-Hemd gemacht. Das Hemd hat zwei Brusttaschen mittlerer Größe und ist khakifarben. An den

Schultern befinden sich Schulterklappen. Für den Preis ist es unheimlich robust. Zu beziehen ist es über Tramper- und Trekking-Shops.

Karierte Baumwollhemden

Diese Hemden bekommt man überall. Sehr angenehm sind Baumwollhemden aus Flanell. Die Preise gehen von 12 Mark aufwärts bei einfachen Typen mit einer offenen Brusttasche. Will man geschlossene Brusttaschen oder gar spezielle Hemden (von Markenfirmen), legt man ein paar Mark mehr hin, das kann sich bei gewissen Firmen um die hundert (!) Mark und mehr einspielen. In der Regel aber liegen solche Hemden zwischen 25 und 60 Mark.

Pullover

Will man einen Pullover mitnehmen und trägt sich mit dem Gedanken einer Neuanschaffung, weil der oder die Pullover zu Hause zu schade erscheinen oder nicht robust genug sind, sollte man sich für einen aus Wolle oder Mischgewebe entscheiden. Kunstfaserpullover, z.B. Acrylpullis, sind zwar erheblich billiger, weisen aber nicht die guten Eigenschaften von Wolle auf. Zwei robuste, bekannte Modelle sind:

Englischer Militär-Pullover

Diesen Pulli gibt es in zwei Materialien. Einmal in Acryl, einmal die Ausführung in Wolle. Die Acrylversion wird im außereuropäischen Ausland produziert und ist entsprechend billig. Beide Modelle weisen mit Stoff verstärkte Ellenbogen sowie Schulterpartien auf. Die mir bekannten Modelle sind etwas weitmaschig gearbeitet. Bei der Acryl-Version ist man mit 35 Mark dabei, für den Pullover aus Wolle kann man mit 70 Mark rechnen.

Bundeswehr-Pullover

Gemeint ist das neue, grüne Modell, wie es derzeit in die Truppe eingeführt wird, nicht das alte Modell mit V-Ausschnitt.
Es handelt sich um einen Wollpullover, der ebenfalls wie sein englischer Kollege an Schultern und Ellenbogen mit Stoff verstärkt ist. An der Schulter weist er zusätzliche, mit Klettverschluß ausgestattete Schulterklappen auf (was uns eh' nicht interessiert). Die deutschen Hoheitsabzeichen befinden sich seitlich an den Armen. Wem dies nicht gefällt, der trennt sie ab. Der Pullover ist sehr gut verarbeitet und für draußen prima geeignet. Erhältlich ist er für 90 bis 100 Mark.

Jacken

Bei der Auswahl der Jacke richtet man sich nach dem jeweiligem Klimagebiet, also ob gefüttert oder ungefüttert. Daunenjacken und Kunstfaserjacken sind unter »Kälteschutzbekleidung« beschrieben. Dieser Abschnitt befaßt sich mit Frühjahr-, Sommer-, Herbstjacken, also für gemäßigte Zonen oder Tropen.

Produktbeispiele:

M 65

»M 65« ist die Bezeichnung einer amerikanischen Militärjacke. In der Originalversion besitzt die Jacke ein ausknöpfbares Wärmefutter (das man selten mit erhält). Darunter ist nochmals ein festes Baumwollfutter. In Brusthöhe befinden sie zwei große, aufgesetzte Balgentaschen, in Hüfthöhe zwei Seitentaschen. Alle vier Taschen sind mit Druckknopfverschluß zu verschließen. Im Kragen befindet sich eine durch Reißverschluß untergebrachte, herausnehmbare Kapuze. Die Jacke hat eine Taillenschnürung, die man zweckmäßigerweise mit einem Tanka-Verschluß ausstatten sollte.
Die Jacke hat trotz ihrer Robustheit und Zweckmäßigkeit einen großen Nachteil: Sie ist schlecht aufzutreiben!
Das gilt vor allem für gebrauchte Jacken, die man vor einiger Zeit noch in recht gutem Zustand bekam. Eine Möglichkeit zum Erwerb wären spezielle Armee-Shops, oder – noch besser – private Beziehungen zu »GI's«. Gebraucht erhielt man die »M 65« für ca. 50 bis 70 Mark.

US M 65 Nachbau

Meistens mit »US-Field-Jacket M 65« oder »Schimansky-Jacke« bezeichneter Nachbau der Original-Jacke. Je nach Hersteller oder Importeur fehlen oft die großen Knöpfe an der Jackeninnenseite, die das Einknöpfen des Futters erlauben. Die Kopie ist vom Stoff her nicht so robust wie das Original, aber da sie aus reiner Baumwolle besteht, ist sie nach eigener Erfahrung für Tropenaufenthalte oder Reisen in feucht-warme Gegenden zu empfehlen. Die Jacke ist neu zwischen 140 und 160 Mark erhältlich. Es gibt sie in verschiedenen Farben.

Fjällräven-Jacken

Die schwedische Firma Fjällräven hat eine ganze Reihe von Jacken im Programm. Je nach Verwendungszweck sind sie verschieden konstruiert. Das Material ist Baumwoll-/Polyester-Mischgewebe, wobei der Polyesteranteil bei ca. 65 bis 70 Prozent liegt. Das Gewebe nennt sich »G 1000«, bzw. die leichtere Version »G 500« (siehe Materialkunde).
Alle Jacken sind vom Werk aus imprägniert. Je nach Typ verfügen sie über vier oder mehr Außen- und Wärmetaschen, Zug- und Taillierungsbändern und einem Kragen mit eingearbeiteter Kapuze.
Die Jacken selbst gibt es in den verschiedensten Versionen. Angefangen von ungefütterten Ausführungen bis hin zu Thinsulate-gefütterten Modellen reicht die Palette – allerdings: Billig sind sie nicht, denn zwischen 240 und 430 Mark kann man getrost einplanen. Will man gar eine Daunenjacke, kann man zwischen 360 und 600 Mark voranschlagen.
Einige Modelle seien herausgegriffen:

Von oben nach unten: **US-M 65 Nachbau, daneben Fjällräven-Cartridge-Jacke, BW-Arbeitshose, Mountain-Jacket, Khaki-Hose, Grönland-Jeans.**

Rävenjacke

Diese Jacke ist mit Balgen an Ärmeln und Schultern versehen. Schnürzüge für Taillierung an der Taille und am Jackenende. Kapuze im Kragen, vier aufgesetzte Balgentaschen mit zusätzlichen Wärmetaschen. Material: imprägniertes G-1000-Gewebe, winddicht und wasserabweisend. Die Rävenjacke hat **kein** Innenfutter. Zu bekommen ist sie für 255 Mark.

Hunter-Jacke

Die Hunterjacke entspricht in Form und Aussehen der Rävenjacke, allerdings befinden sich die Druckknopfverschlüsse unter Abdeckpatten. Die Jacke hat – auch in den Ärmeln – ein Baumwollinnenfutter. Erhältlich ist sie in den Farben grün und blau für 279 Mark.

Mountain-Jacket

Der Fjällräven »Räven-Jacke« zum Verwechseln ähnlich ist das »Mountain-Jacket« von Campri. Auch hier wurde Baumwoll-/Polyester-Mischgewebe als Material verwandt. Die Jacke ist ebenfalls imprägniert. Der Polyesteranteil beträgt 45 Prozent. Da die Jacke (dazu gibt es noch die passende Hose und Weste) erst Ende Mai '83 auf den Markt kam, kann ich zur Qualität noch nichts sagen. Vom ersten Eindruck aber meine ich, daß dieser ein guter ist. Was aber an dieser Jacke wirklich besticht, ist ihr Preis, der voraussichtlich um die 150 Mark liegen wird – also eine echte Alternative gegenüber teuereren Produkten.

Tip:
Baumwoll-/Polyester-Bekleidung kann höchstens wasserabweisend imprägniert werden, niemals wasserdicht. Lassen Sie sich also durch Prospekte oder Verkäufer nicht beschwatzen!

Die Hose soll nicht zu schwer, strapazierfähig und je nach Klimagebiet schweißaufsaugend oder wasserabweisend sein. Eine rauhe Behandlung soll sie vertragen, also über einen guten Stoff und gute Nahtverarbeitung verfügen.
Je mehr Taschen, desto besser, um kleine oder öfter benötigte Dinge darin unterzubringen.

Blue Jeans

Blue Jeans eignen sich für viele Einsatzbereiche. Zum Trampen, Trekken und für leichte Wandertouren sind sie gut geeignet. Fast jeder besitzt Jeans und somit entfällt die Neuanschaffung. Allerdings sind enge Jeans (so modisch das auch aussehen mag) für heiße oder tropische Länder nur bedingt geeignet. Auch auf Touren, wo aller Voraussicht nach viel Schweiß fließen wird, sollte man die Finger davon lassen. Gerade auf Reisen mit einem großen täglichen Laufpensum sind weit geschnittene Baumwoll- oder Baumwoll-/Polyester-Mischgewebe-Hosen empfehlenswerter, da man im Schritt leicht schwitzt und diese Hosen nicht ganz so eng anliegen.

BW-Arbeitshosen

Die Moleskin-Hosen der Bundeswehr haben den Vorteil, daß sie gebraucht in Armee- und Ausrüstungsgeschäften billig zu bekommen sind. BW-Hosen haben zwei schräg geschnittene Seitentaschen, die zuknöpfbar sind. Außerdem haben sie eine Gesäßtasche, sowie zwei große, seitlich aufgesetzte Oberschenkeltaschen, die ebenfalls verschließbar sind. In den vielen Taschen läßt sich allerlei Krimskrams verstauen. Die Hosenbeine verlaufen nach unten eng, was beim Wandern ein Überziehen der Strümpfe erleichtert. Beim Kauf einer BW-Hose sollte man auf den Zustand achten, dieser reicht von gut erhalten bis zusammengeflickt. Wem die olivgrüne Farbe der Hosen stört, kann sie umfärben. Erhältlich sind die Hosen in der Gebirgsjägerausführung als Kniebundhose oder in der Normalausführung als Arbeitshose. Die Preise liegen zwischen 17 und 25 Mark.

Grönland-Jeans

Von Fjällräven stammen die Grönland-Jeans. Diese sind aus dem »G-1000«-Gewebe gefertigt, daß aus 35 % Baumwolle und 65 % Polyester besteht. Die Jeans sind von Haus aus imprägniert; nach dem Waschen empfiehlt sich also, will man die Hose nicht in heißen Ländern tragen, ein Nachimprägnieren mit Grönland-Wachs (siehe Imprägnierung).
Die Hose ist leicht und sehr dicht gewebt, was eine relativ gute Strapazierfähigkeit gewährleistet. Auf dem rechten Oberschenkel befindet sich eine auf-

gesetzte, verschließbare Tasche, zwei schräg geschnittene Hosentaschen und eine Gesäßtasche vervollständigen das »Taschenangebot«.
Die Grönland-Jeans haben einen normalen Jeans-Schnitt, an den Knien ist das Material gedoppelt.
Es gibt sie in verschiedenen Farben, allerdings – billig ist sie nicht. Ca. 168 Mark muß man für die Hose berappen.

Grönland-Hose

Aus dem gleichen Gewebe wie die Grönland-Jeans besteht die Grönland-Hose gleicher Firma. Die wesentlichen Unterschiede sind der weitere Schnitt, sowie die zwei Beintaschen. Die Grönland-Hose besitzt am Fußende einen Verschluß, der stufenlos verstellbar ist und das Eindringen von Schnee und Steinchen verhindern soll. Ebenso wie die Jeans ist die Grönland-Hose an den Knien gedoppelt.
Der empfohlene Verkaufspreis liegt bei 189,– DM.

Khaki-Hose

Aus Fernost oder Israel stammen verschiedene Baumwollhosen. Je nach Importeur bekommt man solche Hosen zwischen 50 und 80 Mark. In der Verarbeitung bestehen große Unterschiede, angefangen von Nähten, die überhaupt nichts taugen, bis hin zu gutverarbeiteten Modellen. Auch diese Hosen haben zwei seitliche Taschen und je nach Ausführung zwei oder drei Oberschenkeltaschen. Von den Modellen, an denen die Gürteltaschen mit Knöpfen befestigt sind, sollte man die Finger lassen, da diese – auch durch das leichte Baumwollgewebe – für harte Beanspruchungen nicht geeignet sind.

Mountain Trousers

Ebenfalls vom gleichen Hersteller wie die »Mountain-Jacket« stammt die dazu passende Hose, die aus dem gleichen Baumwoll-/Polyester-Mischgewebe besteht. Ebenso wie die Grönland-Jeans ist auch diese an der Kniepartie verstärkt, weist eine Oberschenkeltasche, eine Gesäßtasche und zwei schräge Hosentaschen auf (Material siehe »Jacken« Mountain-Jacket).
Kosten wird sie voraussichtlich um die 100 Mark.

Gürtel

Als Gürtel sei entweder ein Geldgürtel (s. »Diebstahlsicherung/Geld- und Dokumentenaufbewahrung«) oder irgend ein robuster Ledergürtel empfohlen. Auch das Bundeswehr-Feldkoppel hat sich prima bewährt und ist für ca. 20 Mark erhältlich. Auf keinen Fall sollte man sich ein billiges Auslandsprodukt zulegen, mit dem man dann unterwegs Ärger bekommt.
Beim Kauf eines breiten Leder- oder Webgürtel achte man darauf, das dieser auch durch die Laschen an der Hose paßt, und nicht doch zu breit ausfällt.

Hosenträger

Waldläufer schwören auf Hosenträger, allein schon deshalb, um den Gürtel zu entlasten. Meist schleppt man nämlich genügend Kleinkram in den Hosentaschen mit herum, so daß die Hose u.U. ein recht ordentliches Gewicht aufweisen kann. Hinzu kommt, daß man bei Verwendung von Hosenträgern den Bauch nicht einengen muß. Bei Wanderern sind ebenfalls Hosenträger recht beliebt. Meist findet man Hosenträger in Bekleidungsgeschäften oder in Geschäften mit Wanderbedarf. Sehr robust sind die Hosenträger der Bundeswehr, die man gebraucht doch recht günstig bekommt. Die Befestigung der Hosenträger am Hosenbund erfolgt entweder mit Schnappverschluß oder die Träger sind einknöpfbar (also gegebenenfalls Knöpfe annähen).

D. KOPFBEDECKUNGEN

Eine Koppfbedeckung ist in heißen Gebieten ebenso wie in kalten Regionen angebracht. Bei Hitze und starker Sonneneinstrahlung soll sie gegen Hitzschlag schützen, bei Kälte gegen die Auskühlung. Bis zu 50 % (!) Körperwärme geht über den Kopf verloren. Das kann gerade bei tieferen Temperaturen zur Aus- bzw. zur Unterkühlung führen.
Ob Mütze, Hut, Käppi oder sonstige, teilweise abenteuerlich anmutende Kopfbedeckungen – das hängt vom Wetter und der beabsichtigten Tour ab.

Filzhut

Bei Wanderern erfreut sich ein leichter Filzhut großer Beliebtheit. Er schützt gegen die Sonne und wird gern zur Anbringung verschiedener Plaketten und Abzeichen benutzt. Je nach Ausführung, Qualität und Modell reichen die Preise von 20 bis über 70 Mark.

Baumwollkäppi

Baumwollkäppis eignen sich (gerade bei Gebirgstouren) gut als Schutz gegen die UV-Strahlung. Auch in Wüstengegenden bieten sie einen ausreichenden Schutz vor Sonnenstich. Sie sind klein verpackbar und finden überall noch einen Platz. Bei Hitze kann man sie in Wasser tauchen und behält so einen »kühlen Kopf«. Sie kosten in der Regel nur ein paar Mark. Die Farben reichen vom schlichten Weiß bis hin zu tarnfarbigen Kappen. Die Käppis eignen sich auch gut zur Anbringung eines Kopfnetzes (s. Moskitokopfnetz).

Baumwollhut

Baumwollhüte oder Buschhüte (man denke an »Dactari«) sind ebenfalls recht brauchbare Kopfbedeckungen. Gerade in Wald und Busch schützt der Hut (zumindest von oben) gegen allerlei Insekten, die sich gern von Bäumen und Sträuchern auf Menschen fallen lassen. Der Hut sollte eine ringsum laufende, breite Krempe besitzen, um gegen Regen und speziell die Nackengegend zu schützen.

Tip:
Beim Kauf eines solchen Hutes darauf achten, daß die Krempe nicht zu breit ist, denn dann kann man ihn oft nicht mit aufgesetztem Rucksack tragen.

Stirnband

Ist durch Hitze kein Sonnenstich zu befürchten, ist ein Stirnband aus schweißaufsaugendem Material (z. B. Baumwolle oder Frotteè) ebenfalls nicht verkehrt. Erstens hält es zuverlässig längere Haare aus dem Gesicht (falls man noch welche hat) und zweitens hält es den Stirnschweiß zurück. Im Notfall ist es gut zum Abbinden zu gebrauchen.

Wollmütze

Eine Wollmütze wird fast jeder zu Hause haben, zumindest aber die Skifahrer und Langläufer. Für kältere Tage oder im Winter sehr empfehlenswert, bei Nichtgebrauch klein verpackbar.

Tips und Tricks
Zweckmäßigerweise sollten Hüte durch einen Kinnriemen gesichert sein, um bei einem plötzlichem Windstoß nicht auf Nimmerwiedersehen zu verschwinden.

Moskito-Kopfnetze

In mückenreichen Gegenden empfiehlt sich die Verwendung eines Moskito-Kopfnetzes. Auch hier in Deutschland haben Angler mit einer einfachen Ausführung, wie sie mir sagten, gute Erfahrungen gemacht. Verwandt wurde Moskitotüll. Zwei Arten von Kopfnetzen sind bei uns erhältlich:
Die einfache Form ist ein rund um den Kopf abschließender Mückenschleier. In der oberen Mitte sitzt ein runder Nylonstoff, an dem das Netz befestigt ist. Das Netz ist ausreichend lang, um auch den Hals zu bedecken. Bei Verwendung dieses Netzes empfiehlt sich ein Hut oder Baumwollkäppi, den

Von oben nach unten: Moskito-Kopfnetz mit Ringen, Chech (Kopfbedeckung in der Wüste), Stirnband, Baumwollkäppi, Gesichtsmaske von Elite, Baumwollhut, Baumwollkäppi mit Moskito-Kopfnetz, Wollmütze, Filzhut.

man zuerst aufsetzt. Über die Kopfbedeckung kommt dann das Netz. Das hat den Vorteil, daß das Kopfnetz nicht direkt mit dem Kopf oder dem Gesicht in Berührung kommt, weil die Insekten dann trotzdem ans begehrte Blut kommen.
Am unteren Ende befindet sich ein Gummizug, um einem »Angriff« von unten vorzubeugen. Ca. 7 bis 8 Mark muß man dafür ausgeben.
Die verbesserte Ausführung besitzt zwei umlaufende Ringe, die das Netz auch ohne Kopfbedeckung vom Gesicht weghalten. Der Kopfteil ist wie eine Kappe gearbeitet, daran schließt sich der Moskitotüll an. An der Kappenkrempe und in Kinnhöhe sitzen jeweils zwei Ringe, das Netz wird auf Spannung gehalten. Es reicht weit auf die Schultern herab.

Gesichtsmasken

Für spezielle Unternehmen in extremer Kälte wurden Gesichtsmasken entwickelt. Diese haben sich im Hochgebirge ebenso wie auf Polarexpeditionen hervorragend bewährt. Die Gesichtsmaske läßt je nach Ausführung nur den Gesichtsbereich, Nase und Augen, oder nur die Augen frei. Motorradfahrer bevorzugen Gesichtsmasken aus Seide.
Einige Modelle:
Die »Sturmhaube« oder »Seidengesichtsmaske« umschließt den gesamten Kopf. Lediglich die Augenpartie oder (je nachdem, wie weit man das Unterteil hochzieht) die Nase bleibt frei. Die Maske umschließt den gesamten Halsbereich. Aufgrund des Seidenmaterials äußerst klein verpackbar. Im Handel erhältlich für ca. 24 Mark.
»Polarkapuze« von Helly Hansen. Das Gesichtsfeld liegt frei, während die Kapuze den ganzen Kopf umschließt. Der Halsabschluß reicht mit in den Brustbereich hinein, und das ganze erinnert an einen Kopfschutz aus früherer Ritterzeit. Als Material wurde Faserpelz verwandt. Erhältlich ist die Maske für ca. 42 Mark.
Von Elite stammt die Gesichtsmaske aus Nylon. Die Innenseite ist gefüttert. Sie bedeckt den vorderen Hals und Gesichtsbereich und wird mit zwei sich überkreuzenden Bändern am Hinterkopf gehalten. Die Verwendung dieser Kapuze setzt die Anwendung einer gefütterten Anorakkapuze voraus. Bei dieser Maske sind nur die Augen frei, für den Mund und die Nase sind kleine Atmungsschlitze angebracht. Für Extrem-Reisende bestimmt eine interessante Sache. Man bekommt das Ding für ca. 48 Mark.

Brillen

In heißen Ländern benötigt man wegen der starken Sonnenstrahlung einen Augenschutz, sprich Sonnenbrille. Sie soll die Augen vor dem grellen Sonnenlicht schützen.
Brillenträgern sei empfohlen, eine Ersatzbrille mitzuführen. Einfache Sonnenbrillen bekommt man in jedem Kaufhaus. Gletscherbrillen hält der Sporthandel parat. Oft wird eine einfache Plastiksonnenbrille genügen, von Vorteil sind Brillen mit bruchsicheren Gläsern.
Für eine extreme Sonneneinstrahlung (wie in der Wüste, auf Gletschern und

durch Schneereflexion) sollte man sich eine Gletscherbrille besorgen. Gletscherbrillen sind von sonnenbrillenähnlichen Modellen bis hin zu schweißbrillenähnlichen Brillen erhältlich.
Gute Brillen absorbieren bis zu 100 Prozent der UV- und Infrarotstrahlung und schützen die Augen zuverlässig vor Entzündungen. Muß man mit sehr starker Sonnenstrahlung rechnen, sollte man Modelle mit Seitenschutz bevorzugen. Der Seitenschutz besteht aus Leder oder Metall und schützt die Augen vor seitlicher Sonneneinstrahlung. Viele Modelle werden mit Nasenschutz geliefert, der die Nase vor Verbrennungen schützt. Einen Nasenschutz kann man auch einzeln erwerben.

E. REGENBEKLEIDUNG

Hier kommt es vor allem darauf an, daß die ausgewählte Regenbekleidung wirklich wasserundurchlässig ist, nicht etwa nur einige Zeit das Wasser abhält. Regenbekleidung ist entweder imprägniert, mit Gummi- oder gummiähnlichem Material beschichtet, oder sie besteht aus Gore-Tex (Gore-Tex-Eigenschaften s. Zelte) oder Plastikmaterial. Zur imprägnierten Kleidung läßt sich sagen, daß meist nur Spitzenprodukte wasserdicht sind. Billige Bekleidung ist mit Vorsicht zu behandeln, denn meist halten die Produkte die Nässe nur einige Zeit ab. Und unterwegs wird man sich über die Einsparung einiger Mark bald ärgern.
Gummierte Regenbekleidung ist gar nicht so teuer und absolut wasserdicht. Der Nachteil bei 100%igem Nässeschutz besteht natürlich in der Bildung von Schwitz- bzw. Kondenswasser.
Völlig abzuraten ist von billigster Plastikbekleidung. Denn das Material ist sehr dünn und damit unheimlich anfällig. Man denke nur an Umherstreifen in Wäldern, wo die Bekleidung an Zweigen, Felsen usw., vorbeistreicht und somit Verletzungen ausgesetzt ist. Mit einem 15-Mark-PVC-Poncho kann man weder ein haltbares Notzelt noch einen Schlafsacküberzug oder Ähnliches herstellen. Denn erstens fehlen meist die Abspannmöglichkeiten (Ösen), und zweitens wird schon bei mittelmäßigem Wind die Plane an den Aufhängepunkten ausreißen.
Genau wie bei Zeltgeweben hängt auch hier der Preis am Material: Nylon-Bekleidung ist relativ billig, Polyester-Material schon wesentlich teuerer und Gore-Tex oder Entrant dürften an der Spitze stehen.

Ponchos

Ein guter Poncho kann mehrere Ausrüstungsgegenstände ersetzen. Man kann ihn als Schlafsackhülle oder als Regendach oder Notzelt verwenden. Als Rucksackträger sollte man einen Poncho wählen, der groß genug ist, damit der Rucksack mit drunter paßt. Zu diesem Zweck sind verschiedene Ponchos erhältlich. Bei einigen Typen ist die Rucksackaussparung eingearbeitet, andere lassen sich unten im Rückenteil ausknöpfen, um die durch den Rucksack beanspruchte Mehrgröße wieder auszugleichen und rundum eine gleiche Länge zu gewährleisten. Der Poncho ist wesentlich luftiger als Regenjacke-

und -hose und läßt dadurch das entstehende Kondenswasser etwas besser entweichen. Um auch an den Beinen das Wasser abzuhalten, bieten sich in Kombination mit einem Poncho Beinhüllen an. Nachteilig beim Poncho ist seine Eigenschaft, durch den weiten Schnitt im Wind zu flattern und in dichten Wäldern wird man mit ihm leichter am Geäst hängenbleiben als mit Regenjacke- und -hose, dafür aber bietet er halt mehr Einsatzbereiche. Die meisten Ponchos weisen einen Taillenschnürzug auf, mit dem man sie enger an den Körper binden kann.

Nylon-Poncho

Mit einem 60-Mark-Poncho haben wir bis jetzt gute Erfahrungen gemacht, wenngleich er auch nicht das Non-Plus-Ultra darstellt. Im Gegensatz zu anderen Fernost-Produkten ist dieser Poncho wirklich wasserdicht, da er innen gummiert ist. Wie jeder Poncho verfügt er über eine Kapuze, an der Seite wird er von Druckknöpfen zusammengehalten. Bei Rucksackbenutzung hängt das Rückenteil allerdings höher, da er nicht ausknöpfbar ist und auch keine entsprechende Aussparung aufweist. Preis: ca. 60 Mark.

US-Poncho

Für ca. 30 Mark erhält man einen gebrauchten US-Poncho aus Armeebeständen. Er besteht aus sehr starkem Mischgewebe, das wieder an der Innenseite gummiert ist. Er ist schwerer als moderne Ponchos, dafür aber sehr stabil und robust. Für einen rauhen Gebrauch ist dieses Modell gut geeignet. Beim Erwerb sollte man darauf achten, daß die Gummibeschichtung intakt ist. Auch hier ist keine Rucksackaussparung eingearbeitet.

»Poncho Spezial«

Von Caravan stammt dieser Poncho. Er ist aus Polyester hergestellt und wasserdicht beschichtet. Verpackt ist der »Poncho Spezial« sehr klein und findet in einem mitgelieferten Beutel Platz. Dieser Poncho kann am Rückenteil mittels Druckknöpfen um 40 cm verlängert werden, um eine gleichbleibende Länge auch mit aufgesetztem Rucksack zu gewährleisten. Die Kapuze weist einen Schnürzug auf, ebenso die Taille, um ein Hochflattern bei starkem Wind zu verhindern. An der Brustseite befindet sich eine große Brusttasche mit Klettverschluß. An den Seiten des Ponchos sind Schlaufen angearbeitet, um den Poncho als Zeltersatz usw. benutzen zu können. Auseinandergetrennt weist der »Poncho Spezial« 150 x 280 cm Grundfläche auf. Z. Zt. erhält man ihn für ca. 114 Mark.

Mont bell Regenanzug (Vertrieb über vauDe)

Dieser Regenanzug besteht aus Jacke und Hose. Als Material wurde Hypalon-beschichtetes Nylon verwandt. Hypalon ist ein synthetischer Kautschuk, der absolut wasserdicht ist. (siehe Materialkunde)
Die Jacke des Regenanzugs hat eine Tasche. Auf der regenanfälligen Partie befindet sich keine Naht. Im Kragen der Jacke befindet sich eine herausnehmbare Kapuze.

Poncho, Segeloverall, Hosenbeinhüllen

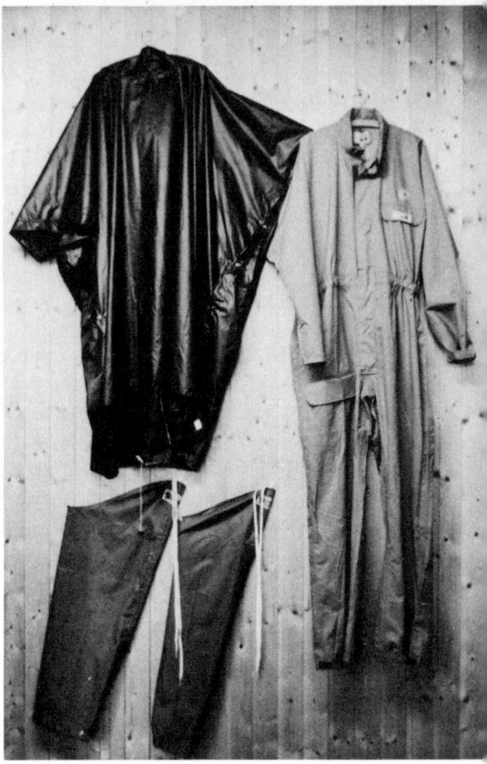

Die Hose hat an den Beinen Reißverschlüsse, was ein schnelles Aus- und Einsteigen ermöglicht. Alle Nähte – bei der Jacke wie bei der Hose – sind abgeklebt, um ein Undichtwerden zu vermeiden. Für die Jacke bezahlt man etwa 90, für die Hose 50 Mark.
Aus Hypalon-beschichtetem Nylon gibt es auch noch einen Regenmantel sowie einen Poncho.

»Rain Trekker« (Vertrieb über vauDe)

Auch dieser Regenanzug aus Jacke und Hose besteht aus beschichtetem Nylon, allerdings wurde hier Entrant verwandt. Entrant ist in den Eigenschaften Gore-Tex-ähnlich: Es läßt den Schweiß nach außen entweichen, ist aber trotzdem völlig wasserdicht (siehe Materialkunde). Die Jacke besitzt zwei abgedeckte Taschen und einen durchgehenden Reißverschluß. Im Kragen befindet sich eine herausnehmbare Kapuze.
Die Hose ist mit Gummizug ausgestattet und hat an den Beininnenseiten zwei Reißverschlüsse, die bis Kniehöhe gehen. Die Nähte von Jacke und Hose sind abgeklebt. Die Hose kostet ca. 100, die Jacke ca. 140 Mark.
Von Campri stammt ein Regenanzug, der innen dünn gummiert ist und auch aus Jacke und Hose besteht. Er ist sehr leicht und wird für ca. 80 Mark angeboten.

Hosenbeinhüllen (Rainchaps)

Hosenbeinhüllen dienen bei Gebrauch eines Ponchos oder Anoraks dazu, den Regen von den Beinen abzuhalten. Teilweise haben sie einen seitlichen Reißverschluß, um leichter hineinschlüpfen zu können. An der oberen Außenseite der Hüllen befinden sich Bänder und Laschen, um die Hosenbeinhüllen am Gürtel befestigen zu können.

Mont-bell Rainchaps

Diese Hosenbeinhüllen sind Hypalon-beschichtet; sie sind in rot und sandfarben erhältlich. Die Rainchaps werden mit zwei Schlaufen am Gürtel befestigt. An den Hosenbeinaußenseiten befinden sich Reißverschlüsse, um schnell ein- uns aussteigen zu können. Gewicht: 130 Gramm. Erhältlich sind sie für ca. 40 Mark.

Hosenbeinhüllen von Fjällräven

Diese Hosenbeinhüllen sind aus beschichtetem Nylon und besitzen keinen Reißverschluß. Auch sie werden mit Schlaufen am Gürtel befestigt. Alle Nähte sind abgeklebt. Preis: 69 Mark.

Segeloverall

Von Ursula Linden stammt ein orangefarbener Segeloverall, der sich durch seine Strapazierfähigkeit prima für **Motorradfahrer** eignet. Ursprünglich zum Segeln entwickelt, ist er aufgrund seiner Innengummierung vollständig wasserdicht. Alle Nähte sind abgeklebt. Im Kragen befindet sich eine ausziehbare Kapuze. Der Frontreißverschluß wird zuerst mit einer gummierten Leiste und dann mit Klettband abgedeckt. Der Overall hat eine große Vordertasche und eine Brusttasche. Bein- und Armenden können ebenfalls mit Klettband verstellt werden. Ich kam seinerzeit durch Bekannte, die begeisterte Motorradfahrer sind, auf diesen Overall, nachdem man mit imprägnierten Regenkombis fast immer Ärger hat, da diese nur eine Zeitlang dicht halten. Den Overall gibt es in orange und rot, für kalte Gegenden auch mit Teddyfutter gefüttert.
Billig ist er leider nicht: Ca. 190 Mark muß man schon investieren.

F. KÄLTESCHUTZKLEIDUNG

Von extremer Kälte soll hier zunächst gar nicht die Rede sein. Unter Kälteschutzbekleidung meine ich all diejenigen Kleidungsstücke, die vor Kälte schützen, also alle gefütterten oder gefüllten Kleidungsstücke.
In der Kälte ist es logischerweise wichtig, warm angezogen zu sein, also die Körperwärme zu halten. Geeignet sind gefütterte Jacken und Hosen, Parkas, Anoraks usw. Daunengefüllte Bekleidungsstücke sind in Bezug auf Eigengewicht/Wärmeisolation wohl konkurrenzlos, taugen aber nicht für naßkalte Gebiete, vor allem, wenn man unterwegs längere Zeit keine Möglichkeit zum vollständigen Trocknen hat. Wird die Daune naß, fällt sie in sich zusammen und klumpt (siehe Schlafsäcke).

Für trockene Kälte dagegen sind daunengefüllte Parkas und Jacken hervorragend geeignet.
Bei naßkalter Witterung wird man kunstfasergefüllter Bekleidung den Vorzug geben, bei tiefer trockener Kälte Daunenbekleidung.
Es kommt der Wind hinzu, der bei zu dünner oder winddurchlässiger Kleidung auskühlend wirkt, also die gespeicherte Wärme mit fortnimmt (vgl. Kühlfaktor, Seite 196). Die geeignete Nähweise einer Jacke – also ob durchgesteppt oder kanalgenäht – entnehme man dem Kapitel Schlafsäcke (Konstruktion), da ja beide Ausrüstungsgegenstände denselben Zweck erfüllen müssen – die Wärme bestmöglich zu speichern und die Kälte dadurch abzuhalten.
Nun ist es natürlich so, daß man bei leichten Minustemperaturen kaum mit einer expeditionstauglichen Jacke herumlaufen wird, ebenso ist eine Straßenjacke mit wenig Füllung für Tiefsttemperaturen ungeeignet.
Heute sind daunengefüllte, kunstfasergefüllte und daunen/kunstfasergefüllte Jacken und Hosen erhältlich.

Was gibt es an Kunstfaserbekleidung?

Ebenso wie bei Schlafsäcken, die mit Kunstfasern gefüllt sind, werden auch bei Kleidungsstücken verschiedene Füllmaterialien verwandt. Einige Kleidungsstücke fühlen sich fliesartig an, andere wieder flauschiger. Zur Füllung von Wärmebekleidung werden verschiedene Kunstfasern verwandt. Unter anderem kommen zur Anwendung:
Polarlight (Eigenschaften siehe »Materialkunde«).

Thinsulate

Thinsulate-Fasern sind sehr viel feiner als herkömmliche Fasern. In den feinen Fasern speichert sich mehr Luft als in den wesentlich größeren Polyesterfasern. Durch diese größere Luftbindung benötigt man bei gleichem Isoliervermögen weniger dickes Füllmaterial, sprich Thinsulate. Thinsulate hat ein nahezu doppeltes Isoliervermögen gegenüber anderen Fasern gleicher Stärke, d. h. das betreffende, mit Thinsulate gefüllte Kleidungsstück ist dünner als andere mit herkömmlichen Kunstfasern gefüllte Produkte, was ein niedrigeres Gewicht bedeutet. Thinsulate-gefüllte Jacken oder Parkas sind also auch kleiner verpackbar.

Polyester

Bei der Verwendung von Polyester als Füllmaterial wird dieses vliesartig verarbeitet. Polyestergefüllte Bekleidungsstücke oder Schlafsäcke sind in der Regel nicht teuer. Viele billige Schlafsäcke sind mit »Polyesterwatte« gefüllt, z. B. der »US-Mumien-Schlafsack«. Polyester wird meines Wissens sehr häufig als Füllmaterial für Bekleidungsstücke verwandt.

Hollofil II und übrige Kunstfasern

Eigenschaften und Beschreibung s. »Materialkunde«.

Daunenjacke, »Dhaulagiri«-Wärmehose (Kunstfaser) Daunenjacke innen und außen Baumwolle, Anorak, kunstfasergefüllt.

Produktbeispiele:

Für eine Polarguard-Parka, Innen- und Außenmaterial Nylon, kann man ca. 170 Mark einkalkulieren. Der gleiche Preis dürfte für eine mit Polarguard gefüllte Parka anzusetzen sein. Für Thinsulate-gefüllte Bekleidungsstücke seien zwei Beispiele gegeben.

»Nevada-Jacke«

Von Salewa stammt die mit Thinsulate gefüllte Nevada-Jacke. Die Jacke hat einen Elastikbund und einen Wendekragen mit eingearbeiteter Kapuze. Sie hat einen Frontreißverschluß, der mit Druckknöpfen abgedeckt ist. Die Ärmelabschlüsse sind mit Klettverschluß verstellbar. Zwei abgedeckte Brusttaschen, zwei aufgesetzte Taschen in Hüfthöhe, die mit zusätzlichen Wärmetaschen ausgestattet sind. Eine Rückentasche sowie eine Innentasche. Die Jacke ist in verschiedenen Farben erhältlich und kostet ca. 250 Mark.

»Räven Thin«

Diese Jacke von Fällräven ist ebenfalls mit Thinsulate gefüllt. Sie ist mit der auf Seite 110 beschriebenen Rävenjacke identisch. Gefertigt ist diese Jacke wie andere Produkte aus G 1000-Gewebe. Sie wird für 399 Mark angeboten.

Hollofil-gefüllte Produkte sind meist billiger als Thinsulate-gefüllte Artikel, wobei es natürlich auch hier auf die Füllung und die Verarbeitung ankommt (kalte Nähte, Füllstärke etc.).

Westalpen- und Expeditionskombination »Dhaulagiri«

Aus einer Parka und einer Hose besteht dieser Wärmeanzug. Beide Kleidungsstücke sind mit Hollofil gefüllt. Als Material wurde Nylon verwandt. Die Jacke hat drei Außentaschen zuzüglich Wärmetaschen. Die Kapuze ist durch RV abnehmbar. Die Hose hat einen Gummizug, an den Beinen befinden sich außen zwei durchgehende Reißverschlüsse, unten sitzen Schneeverschlüsse. Die Jacke wiegt 1300 Gramm, die Hose 450 Gramm. Ich hatte die Hose in Nepal im Gebrauch und war damit, was die Isolation anbelangt, sehr zufrieden – vor allem ist sie sehr klein verpackbar. Die Jacke bekommt man für 300, die Hose für ca. 200 Mark. Vertrieben wird die Kombination von vauDe.
Auch für Motorradfahrer in kalten Gegenden oder im Winter scheint diese Kombination prima geeignet zu sein.

Original-Zitat Zeitschrift »Enduro«, Ausgabe 12/82:
»Dieser zweiteilige Thermoanzug aus dem Expeditionsbereich stellt in Verbindung mit einer darüber getragenen Regenkombi alles in den Schatten, was es an spezieller Motorrad-Winterkleidung gibt«. Na also!

Daunenbekleidung

(Vor- und Nachteile siehe Schlafsäcke)

Daunenbekleidung ist – vorausgesetzt, es sind gute Artikel – natürlich teurer als Kunstfaser-gefüllte Bekleidungsstücke: Um sich einmal eine Vorstellung von Ausstattung und Preisen machen zu können, seien einige Produkte genannt:

»Windy« von Caravan

»Windy« ist eine leichte Daunenjacke ohne Kapuze. Der Kragen kann hochgestellt werden, der Zwei-Wege-Reißverschluß kann bis oben geschlossen werden (meist hört der RV am Hals auf und man kann den Kragen nur mit Druckknöpfen schließen). Im Nieren - und Gesäßbereich deckt die Jacke gut ab. Gefüllt ist sie mit Seevogeldaune. Der Clou dieser Jacke liegt in den einziehbaren, ungefütterten Ärmeln. Die Ärmel weisen einen durchgehenden Reißverschluß auf. Bei Verwendung als Weste wird dieser geöffnet, die Ärmel werden nach innen gezogen und mit Klettband befestigt. Die Jacke hat zwei schräg geschnittene, mit Reißverschluß versehene Außentaschen. Für Rucksackträger ist die Jacke fast ideal, da durch die ungefütterten Ärmel eine volle Bewegungsfreiheit gegeben ist. Und in kälteren Gegenden trägt man ja sowieso einen Pullover darunter. Ich habe diese Jacke wirklich unterwegs »geschunden« und muß sagen, daß ich sie für ideal erachte.
Zu bekommen ist sie für ca. 300 Mark.
Viele Hersteller bieten Daunenjacken mit abtrennbaren Ärmeln an, so z. B.

Daunenjacke mit abnehmbaren Ärmeln, Grönland-Thermohose (Kunstfaser), komb. Daunen/Kunstfaserjacke, Daunenjacke mit einziehbaren, ungefütterten Ärmeln.

die »Haute Route« von Salewa oder »Gielo« von Campri. Preislich liegen die Jacken um die 270 Mark. Die Ärmel werden bei Bedarf mittels Reißverschluß abgenommen.

Daunenbekleidung bekommt man in fast allen Preisklassen, je nach Füllqualität und Verarbeitung. Man kann sie mit Baumwollinnen- oder Außenfutter, mit Nylon-Gewebe oder kombiniert erwerben. Will man eine Daunenjacke gar mit Gore-Tex-Außenmaterial, kann man zwischen 500 und 600 Mark einkalkulieren.

Eine kombinierte Jacke sei noch aufgeführt:

Kombinierte Daunen-/Kunstfaserjacke »Grizzly«

Hier handelt es sich um eine Expeditionsjacke, die aus zwei zusammengenähten, getrennt gefüllten Jacken besteht. Die Innenjacke ist mit Seevogeldaune gefüllt, die Außenjacke mit Kunstfasern. Das hat den Vorteil, daß man diese Jacke auch in naßkalten Gebieten benutzen kann, wo man mit Nässe und Feuchtigkeit rechnen muß. Durch die äußere Kunstfaserschicht wird die innere daunengefüllte Jacke sehr lange vor Regen geschützt.

Der Außenstoff dieser Jacke besteht aus wasserabweisendem Ripstop-Nylon. Die Abtrennung beider Jacken besteht aus Tyvek, dem gleichen Mate-

rial, das für Zwischenwände bei Schlafsäcken Verwendung findet. Die innere Körperseite ist aus Nylon.
Die Jacke ist für extreme Temperaturen entwickelt worden: nach Erfahrungen meines Freundes Stephan ist sie auch mit entsprechend weniger Unterbekleidung im normalen Minus-Temperaturbereich zu verwenden.
Ausstattung:
Angenähte Kapuze mit Zugschnur, die keinen Schnee oder Regen nach innen dringen läßt. Die Jacke hat zwei gefütterte Taschen mit Reißverschluß und Schneeschutz in der Außenjacke. Zwischen Innen- und Außenjacke befinden sich nochmal zwei zusätzliche Aufwärmtaschen. An der Jacke befinden sich zwei Zugschnüre, einmal unten beim Abschluß, einmal in Taillenhöhe in der Innenjacke. Windschutzleiste mit Druckknöpfen über dem Zwei-Weg-Reißverschluß. In der Innenjacke befindet sich eine Innentasche mit Reißverschluß, der für die Aufbewahrung des Packbeutels gedacht ist, in dem man aber auch andere Kleinigkeiten verstauen kann.
Gesamgewicht der Jacke 1300 Gramm, erhältlich ist sie in verschiedenen Farben.
Aufgrund der Doppelkonstruktion und der wirklich guten Verarbeitung ist diese Jacke nicht billig.
719 Mark muß man derzeit für diese Jacke auf den Ladentisch blättern. Für Leute mit schmaler Kasse also leider nicht geeignet.

Grönlandthermohose

Diese Hose ist durchgehend mit Kunstfasern gefüllt, daher sehr gut für Touren bei naßkaltem Wetter geeignet. Im Gegensatz zu daunengefüllten Wärmehosen, die aus Gewichtsgründen fast ausschließlich dünnes Nylonaußenmaterial haben, besteht das Außengewebe dieser Hose aus Baumwoll-/Polyester-Mischgewebe, das natürlich wesentliche strapazierfähiger ist, was vor allem im Wald mit Ästen und Dornen von Vorteil ist.
Die Hose ist in zwei Ausführungen erhältlich: Als Normalversion mit Gummizug in der Taille oder als Latzhose mit Trägern.
Die Hose weist keine Gürtellaschen auf, sondern wird mit einem verstellbaren Gummizug gehalten.
Die Kunstfaserfüllung besteht aus Dacron.

Ausstattung:
An den Außenseiten der Beine durchgehender Reißverschluß, der es ermöglicht, die Hose über die Normalkleidung bei angezogenem Schuhwerk anzuziehen. Zwei schräg geschnittene Vordertaschen. Unterhalb der Knie ist die Hose unterlegt, d. h. mit Nylon verstärkt. An den Beinen befinden sich am Abschluß Schnürzüge, um ein Eindringen von Schnee usw. zu verhindern.
Die Grönlandthermohose ist in zwei Farben erhältlich. Für die Normalversion muß man 269 Mark berappen, für die Latzhose 10 Mark mehr.

G. HANDSCHUHE

Handschuhe sind nicht nur für kalte Regionen unerläßlich, auch in der Wildnis sind ein paar Arbeitshandschuhe nicht schlecht. Am Berg benötigt man Handschuhe gegen die Kälte, und schließlich gibt es noch Kletterhandschuhe, was aber hier weniger interessant ist.

Arbeitshandschuhe

Beabsichtigt man den Bau eines Floßes oder einer Blockhütte, wird man zu den Arbeitshandschuhen greifen, wenn man sich lädierte Hände ersparen möchte. Solche Arbeitshandschuhe, die aus Gewebe und Leder bestehen, bekommt man entweder im Warenhaus oder Berufsbekleidungsgeschäft. Die Preise liegen in etwa um die fünf Mark pro Paar.
Auch die gebrauchten Lederhandschuhe aus Bundeswehr-Beständen sind zu empfehlen.

Seidenhandschuhe

eignen sich prima als erste Garnitur bei großer Kälte. Darüber kommen dann Fingerhandschuhe oder Fäustlinge. Verpackt nehmen die Dinger kaum Platz in Anspruch, allerdings scheinen sie etwas empfindlich, man sollte also immer noch ein anderes Paar Handschuhe darüberziehen. Seidenhandschuhe kosten ca. 22 Mark.

Hintere Reihe:
Arbeitshandschuhe, Faserpelzfäustling (mit Fingerdurchgriff), Überfäustling, Daunenhandschuhe
Vordere Reihe:
BW-Lederhandschuh, Faserpelz-Fingerhandschuh, Seidenhandschuh, Schladminger Wollhandschuh

Daunenhandschuhe

Ebenfalls für sehr kalte Gebiete sind Daunenhandschuhe geeignet. Daunenhandschuhe gibt es in der Regel nur als Fäustlinge. Beim Kauf von Daunenhandschuhen sollte man darauf achten, daß die belasteten Stellen verstärkt sind und das Nylonmaterial einigermaßen robust ist. Das Außenmaterial ist meist wasserabweisend imprägniert. Wie alle Daunenprodukte sollte man auch Daunenhandschuhe nur in kalten, trockenen Gebieten einsetzen, um ein durch Nässe verursachtes Zusammenfallen der Daune zu verhindern. Je nach Ausführung und Qualität erhält man Daunenfäustlinge ab ca. 50 Mark. Expeditionsmodelle liegen um 100 Mark.

Überfäustlinge

Überfäustlinge dienen zum Drüberziehen über Handschuhe oder Fäustlinge. Als Material wird meist Nylon oder Cordura-Nylon verwandt. Mit Verwendung von Überfäustlingen erhält man ein zusätzliches, wärmendes Luftpolster, außerdem werden die darunterliegenden Handschuhe vor Verschleiß geschützt. Sie bieten sich z. B. bei tiefer Kälte an, oder um Daunenhandschuhe vor Regen und Nässe zu schützen. Überfäustlinge sind wasserabweisend imprägniert, einige sogar wasserdicht (Kondenswasserbildung). Die Preise für ein Paar liegen bei ca. 30 Mark.

Schladminger-Handschuhe

Handschuhe aus gewalkter Schladminger-Wolle gibt es als Finger-Handschuhe oder Fäustlinge. Das Material ist das gleiche, das auch bei Socken und Strümpfen Anwendung findet. Auch Schladminger Handschuhe halten in nassem Zustand noch warm. Sie sind wasserabstoßend und strapazierfähig. Für ein Paar Handschuhe kann man mit 50 Mark rechnen, für ein Paar Fäustlinge sollte man 34 Mark einkalkulieren.

Handschuhe aus Faserpelz

Faserpelzeigenschaften s. »Underall«. Aus Faserpelz gibt es von der Firma Helly Hansen verschiedene Handschuhe. Zum einen Fingerhandschuhe, zum zweiten Fäustlinge, die unterschiedlich gefertigt sind. Neben den einfachen Fäustlingen gibt es auch solche, die mit Nylon (wasserabstoßend) überzogen sind und der Faserpelz somit nur innen im Handschuh Anwendung findet. Eine andere Ausführung besteht aus reinem Faserpelz, weist aber an der Handinnenseite und am Daumen querliegende Schlupflöcher auf, so daß man mit den Fingern arbeiten kann, ohne die Handschuhe auszuziehen. Preise: Für die Fäustlinge zahlt man etwa 30 Mark. Für die Arbeitshandschuhe mit Fingerdurchgriff legt man 7 Mark mehr hin, die Fingerhandschuhe kosten 42 Mark.

H. OVERALL

Ein Overall ist ein Einteiler, also ein Bekleidungsstück, das den gesamten Körper von Kopf bis Fuß umschließt. Der Vorteil eines Overalls besteht –

Kunstfasergefüllter Overall, Pilotenkombi

im Gegensatz zu Hemd und Hose – darin, das nichts verrutscht und nichts heraushängt. Der Nachteil: In Klimazonen mit häufig wechselnder Temperatur kann man nicht einfach das Oberteil ablegen und gegen ein dünneres austauschen. Entscheidet man sich also für einen Overall, wird er für heiße Länder entsprechend dünn sein, für kalte Zonen wählt man Wärme-Overalls.
Aber egal, für welchen Typ man sich entscheidet: Hautenge Modeoveralls sind untauglich (und wenn sie noch so herrlich bunt sind). Das gilt für die Hitze ebenso wie für kalte Gebiete. Denn im Overall muß man sich bewegen können, also ungehindert bücken oder klettern, bei einem zu engen Modell wird man mehr behindert, als daß es was nützt. Das gilt erst recht für die Kälte, wo sich zwischen Unterbekleidung und Overall ein warmes Luftpolster bilden können sollte.
Wenn man sich diesen modischen Firlefanz an Skioveralls betrachtet, der oft auf Skipisten getragen wird, kann man sich nur wundern. Hinzu kommt, daß diese Dinger oft zwischen 500 und 1000 Mark kosten – warum, wissen die Götter.

Was gibt es?

Pilotenkombi

Die BW-Pilotenkombi erhält man entweder in grau oder in orange. Wem sie nicht gefällt: die Kombis lassen sich prima umfärben. Darauf bin ich gekommen, als ich vor Jahren einen Tramper traf, der in den 9 Taschen des Pilotenkombi seinen ganzen Kleinkram verstaut – dabei war er seit über einem Jahr unterwegs.

Die Pilotenkombi gibt es in der Originalversion, also gebraucht aus BW-Beständen, oder neu als Nachbau. Neu soll sie um die 300 Mark kosten, gebraucht oder als Nachbau erhält man sie für ca. 140 Mark. Zur Gebrauchten läßt sich sagen, daß man diese momentan meist nur in schlechtem Zustand erhält, da sie seitens der Bundeswehr arg zerschnitten und vom Großhändler wieder zusammengenäht wird.
Die Pilotenkombi weist vier Beintaschen, zwei Hosentaschen, zwei Brusttaschen und eine Ärmeltasche auf.

BW Panzerkombi

Die Panzerkombi der Bundeswehr ist eine ebenfalls recht brauchbare Kombi – im Winter ebenso wie im Sommer. Sie besitzt sechs Taschen und ist dichter gewebt als die Pilotenkombi. Die Panzerkombi hat ein mit Druckknöpfen ausknöpfbares Teddyfutter. Freunde von mir hatten diese Panzerkombi bei einer Tour mit dem Motorrad in der Sahara dabei und waren durchweg zufrieden. Neu dürfte sie in der gleichen Preisklasse wie die Pilotenkombi liegen, gebraucht erhält man sie um die 80 Mark.

Skioverall

Von der Fa. Campri stammt ein Skioverall, der billig und warm ist. Der Overall nennt sich »Garmisch« (dafür kann er nichts), hat zwei Brusttaschen, eine Ärmeltasche und zwei Hosentaschen. Als Material wurde Nylon verwandt, gefüllt ist er mit Polyesterwatte. Nur mit Unterhose und Socken darunter ist er warm bis ca. + 3 Grad. Der Overall ist in verschiedenen Farben erhältlich und sein Vorteil ist der Preis: Für ca. 150 Mark war er 1982 zu bekommen. Bei tiefen Temperaturen haben wir zwei Overalls übereinandergezogen, und um eine gute Bewegungsfreiheit zu gewährleisten, nahmen wir verschiedene Größen, also z. B. Größe 50 und Größe 52. Wir hatten häufig Ärger mit aufgeplatzten Nähten (Auch die Taschen sind sehr dünn), aber bei dem Preis läßt sich ein wenig Nachnähen doch verkraften.

»Arbeitsoverall«

Von Helly Hansen stammt dieser mit Faserpelz gefütterte Overall für Tieftemperaturen. Dieser Overall wurde bereits erfolgreich von Arbeitern in der Antarktis getragen. Der Overall ist wasserabweisend imprägniert und sehr robust verarbeitet. An den Ärmeln befinden sich Reflexionsstreifen, der Arbeitsoverall ist in hellrot oder dunkelblau erhältlich. Bis zu den Knien geht ein an den Beinen hochlaufender Reißverschluß. Der Overall hat zwei Brusttaschen und eine aufgesetzte Beintasche. Für Extremtouren in Eis und Schnee gut geeignet. Für den Arbeitsoverall darf man 400 Mark hinlegen.

Hinweis:

Alle hier aufgeführten Overalls haben keine Gesäßklappe (siehe Underall). Wer auf den Topf will, ohne sich aus dem Ding herauswinden zu müssen, wird sich selbst einen Reißverschluß einnähen müssen. Speziell die Frauen sind hierbei angesprochen.

14. Imprägniermittel

Imprägniermittel dienen dazu, Zelte, Schuhwerk oder Bekleidung wasserabweisend oder wasserdicht zu machen. Viele Kleidungsstücke z. B. sind von Haus aus imprägniert. Nach einiger Zeit oder durch Waschen läßt dieser Schutz nach und das jeweilige Stück muß nachimprägniert werden.
Eine Möglichkeit der Imprägnierung bieten verschiedene Sprays, z. B. »Rainstop« (vauDe) oder »Drytex« (von Salewa), die sich für Zelt- und Bekleidungsimprägnierung eignen. Diese Mittel kann man bei Nylongeweben ebenso wie bei baumwollartigen Stoffen anwenden. Eine Dose reicht für einige Quadratmeter, und bei richtiger Handhabung wird das behandelte Gewebe für längere Zeit wasserabweisend. Gebrauchsanleitungen sind bei den verschiedenen Mitteln aufgedruckt oder liegen den Packungen bei.
Eine andere Methode bietet die Imprägnierung durch Wachs, daß für Bekleidung entwickelt wurde, z. B. »Grönland-Wachs« von Fjällräven. Das Wachsstück besteht aus Paraffin (ein wachsähnlicher Stoff) und Bienenwachs.
Beim Imprägnieren sollte man das Wachs gleichmäßig dünn auf das Gewebe auftragen. Anschließend wird das Ganze eingebügelt, wobei die Bügeltemperatur 55° C nicht überschreiten sollte. Die vom Hersteller empfohlene zweimalige Anwendung ist anzuraten. Mit einem Wachsstück kann man etwa 4 bis 5 Imprägierungen vornehmen.
Für Nähte, speziell Zeltnähte, gibt es Nahtdichter (sog. Seam Sealer), die auf die Zeltnaht aufgetragen und eingerieben werden. Das Klebstoff-ähnliche

Ballistol-Spray, Ballistol-Öl, Rainstop, Seam Sealer (Nahtdichter) rechts außen Grönlandwachs von Fjällräven, vorne ebenfalls ein Nahtdichter.

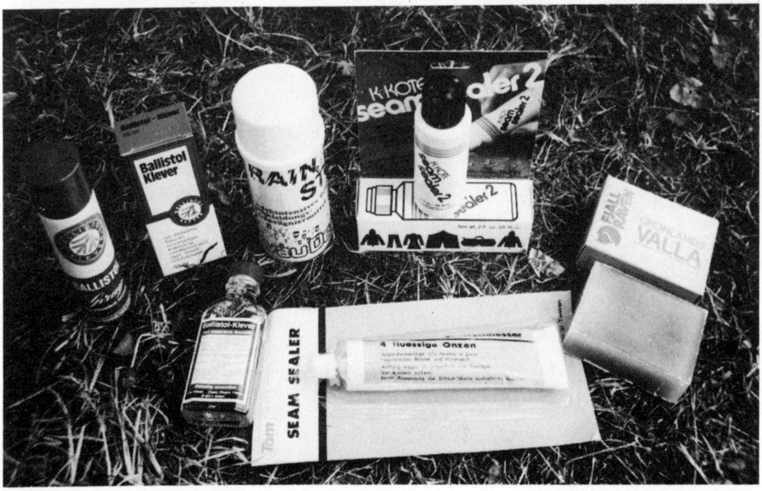

Mittel dichtet die Nahtlöcher zuverlässig ab. Bei Anwendung sollte man das Zelt aufbauen und abspannen, um auch gut an jede Naht hinzukommen. Das Mittel benötigt mehrere Stunden Trockenzeit – das Zelt also aufgebaut stehen lassen. Stiefelimprägnierung siehe Schuhwerk.
Alle diese aufgeführten Mittel sind zwischen 8 und 18 Mark erhältlich.

Tips und Tricks:
Bei sehr eng gewebten Materialien kann es passieren, daß Sprays nicht in das Gewebe eindringen, sondern an der Oberfläche haften bleiben – es kommt auf einen Versuch an!

15. So weit die Füße tragen – Schuhwerk

Schuhe sind ein Problem für sich. So weit die Füße tragen – und im richtigen Schuhwerk tragen sie nun einmal weiter...
Immer wieder stößt man – ausgenommen spezielle Stiefel – auf fast gleich anzusehende Ausführungen. Und wenn man dann etliche Mark sparen konnte, sich aber nach zwei Wochen die angeklebte Sohle löst, kann man nur noch hoffen, irgendwo in der Nähe einen einheimischen Schuster zu finden, der die Treter wieder hinbiegt.
Vielleicht hätte man doch die teuren »Zwiegenähten« nehmen sollen...
Die wichtigste Überlegung (außer der Finanzlage) ist der Einsatzzweck. Sollen die Stiefel in heißen Ländern getragen werden, oder geht's in Richtung Norden. Ist mit etlichen Minusgraden zu rechnen oder durchstreift man feuchte und moorige Gebiete? Den Vierjahreszeiten-Stiefel mit ausziehbarem Schaft und auswechselbarem Obermaterial gibt's noch nicht, man ist also gezwungen, sich einen Stiefel auszusuchen, der entweder für einen ganz bestimmten Zweck sein soll, oder aber ein breiteres Spektrum erfüllt.

A. WIE HOCH – EINIGES ÜBER DIE SCHAFTHÖHE

Egal, für welche Gegend man sich entscheidet, Halbschuhe sind verpönt. Ein Wander- oder Tourenstiefel muß über die Knöchel gehen, um den Fuß zu stützen, um Halt zu geben.
In halbwegs trockenen Gebieten reichen 12 bis 15 cm Schafthöhe völlig aus, was darüber hinausgeht, wäre für normale Verhältnisse unnützer Ballast.
Für nasse, moorige Gebiete können aber 30 cm Höhe durchaus angebracht sein. Auch für tropische Gebiete wählt man zweckmäßigerweise eine größere Schafthöhe, um vor giftigen Krabbel- und Kriechtieren einigermaßen geschützt zu sein.
Bei jedem Kilometer bewegen sich die Stiefel ca. 2000 Mal. Bei einem angenommenen Schuhmehrgewicht von nur 200 Gramm ergibt dies pro Kilometer 400 kg, die jeder Fuß zusätzlich aufbringen muß. Nimmt man z. B. eine Tageskilometerzahl von nur 10 Kilometer, sind das pro Tag 4 Tonnen Gewicht, die zusätzlich in Bewegung gebracht werden mußten.
Man sollte sich also genau überlegen, welche Schafthöhe in Frage kommt. Natürlich hängt es auch vom jeweils verwandten Material ab, wie schwer oder wie leicht die Schuhe sind; so sind speziell für die Tropen hohe Leinenstiefel im Handel, die nur einen Bruchteil vom Gewicht eines hohen Lederwanderstiefels aufweisen.

B. DIE SOHLE

Die Sohle sollte aus Gummi, Kautschuk oder Vibram bestehen und mit dem Oberleder vernäht sein. Läuft die Naht zweimal um den Schuh herum, spricht man von einer Zwienaht, dreifach genäht wird also als Trienaht bezeichnet. Diese Naht dient zur Rahmenverstärkung des Schuhs. Auf diese Zwischensohle wird die Laufsohle geklebt. In der Regel bezeichnet der Ausdruck »Echt zwie- (trie-) genäht« also einen qualitativ hochwertigen Schuh. Bei vielen Stiefeln ist die Sohle nur angeklebt. Teilweise halten sie bombenfest, oft aber auch lösen sie sich recht schnell vom Oberleder und man hat dann unterwegs oft keine Möglichkeit, die Sohle zu befestigen. Über das richtige Sohlenprofil ließen sich Seiten schreiben. In erster Linie hängt das Sohlenprofil von der Art des Geländes ab, aber unabhängig davon benötigt man ein Profil, das guten Halt bietet. Eine nicht allzu harte Gummi- oder Vibramsohle mit Stollenprofil dürfte für alle Gelegenheiten den besten Kompromiß darstellen. Der Stiefel muß dem natürlichen Bewegungsablauf angepasst sein – also ein Abrollen des Fußes ermöglichen. Deshalb bleiben Schuhe oder Stiefel mit Stahlplatten-Einlagen, bedingt steigeisenfestes oder steigeisenfestes Schuhwerk nur den Bergwanderern oder Bergsteigern vorbehalten.
Zum längeren Laufen auf Straßen und im Gelände sind sie ungeeignet, da der Fuß, bedingt durch die starre Sohlenkonstruktion, sehr rasch ermüdet.
Das Profil selbst muß griffig sein. Es sollte auf feuchten und nassen Straßen ebenso Halt bieten wie auf Geröllhalden und feuchten Wiesen. Bei Schnee, Eis und Matsch, wo die Rutschgefahr erheblich höher liegt, sollte man beim Kauf eines Stiefels unbedingt auf ein trittsicheres Profil achten.

C. HAKEN ODER ÖSEN?

Bei vielen Modellen findet man eingenietete Ösen. Bei knöchelhohen Stiefeln erfüllen sie ihren Zweck, schwieriger wird's bei hohen Stiefeln. Da nämlich kann das Herauskommen aus den Dingern langwierig und nervend werden. Und wer einen ganzen Tag lang auf den Beinen war, wird es ganz und gar nicht komisch finden, wenn er abends aus den Stiefeln will und minutenlang herumnesteln muß, bis er aus seinen Tretern schlüpfen kann. Bei einigen Stiefeln (z. B. BW-Springerstiefel, altes, braunes Modell) spielen sich die Ösen nach einiger Zeit ein, und durch kräftiges Auseinanderziehen schafft man genug Raum, um den Fuß herauszuwinden. Bei anderen Ausführungen dagegen ist man gezwungen, den Schnürsenkel ganz aus den ersten Ösen zu entfernen, um überhaupt herauszukommen. Noch unangenehmer ist die Sache im Winter, wenn das Schuhband naß und klamm ist und die Ösen teilweise vereist sind.
Haken haben den Vorteil, daß man das Schuhband schnell aus- und einhängen kann, das Ein- und Aussteigen also kein Problem ist. Angeblich sollen bei Haken die Bänder eher verschlissen werden, was aber m. M. nach zweitrangig ist und auch auf die Qualität des »Schuhbandels« ankommt.

Eine gute Idee ist sicherlich die Kombination von Ösen und Haken. Bis etwa zur halben Höhe – oft auch zwei Drittel – ist der Stiefel mit Ösen ausgestattet und geht dann zu Haken über. Im oberen Bereich ist also das Lösen des Senkels einfach, während das Schuhband unten durch die Ösen gehalten wird.

D. ALLER ANFANG IST SCHWER: DAS EINLAUFEN

Einige Leute empfehlen, man sollte die neu gekauften Stiefel eine Nacht lang zu Hause ins Wasser stellen, am nächsten Morgen anziehen und damit losmarschieren, bis die Dinger trocken sind. Eine andere Methode: Man stelle sich eine Viertelstunde ins Wasser und verfährt dann wie oben.
Wem's nicht graust: Die Harnsäure im menschlichen Urin soll gut in das Leder eindringen und prima für Einlaufzwecke geeignet sein...
Die obigen Beispiele sind sicherlich nicht jedermanns Sache, und in der Regel werden obige Beispiele nicht allzu oft praktiziert. Sei's drum: Eingelaufen werden müssen Wanderschuhe oder -stiefel in jedem Fall, um sich dem Fuß anzupassen. Die einfachste Methode ist es, den Stiefel zunächst täglich zu tragen und dann längere Tagesausflüge zu unternehmen. Schließlich müssen sich auch die Füße an das entsprechende Mehrgewicht gewöhnen. Deshalb sollte man ruhig den Rucksack vollpacken, da man durch das Gewicht die Füße mehr belastet. Mancher stellt dann vielleicht fest, daß er Einlegesohlen benötigt, oder er wählt andere Strümpfe usw.. Holt man sich wiederholt Blasen oder drücken die Schuhe an gewissen Stellen, so passt der Schuh nicht. Auf keinen Fall sollte man meinen, daß sich der Schuh »mit der Zeit schon noch anpassen wird«. Das ist nie der Fall.

E. PRODUKTBEISPIELE

Leinenstiefel

Leinen- oder auch Tropenstiefel gibt es in verschiedenen Schafthöhen, also entweder über dem Knöchel abschließend oder mit einem 20 bis 25 cm hohen Schaft. Meist werden sie in Frankreich produziert und sind unter der Bezeichnung »Ranger« oder »Palla-Brousse« im hiesigen Handel.
Die »Palla-Brousse«-Stiefel sind aus luftdurchlässigem Baumwollgewebe, was im Gegensatz zu Lederstiefeln in heißen oder feuchtwarmen Zonen ein Vorteil ist, da der Schweiß viel leichter nach außen dringen kann. Die Gummiprofilsohle ist anvulkanisiert und bietet durch die grobe Profilierung recht guten Halt. Die Schnürung erfolgt mittels Ösen. Natürlich bietet eine Leinenausführung nicht den Stützeffekt für den Fuß wie ein Lederstiefel, dafür ist er wesentlich leichter, und die Füße müssen weniger mitschleppen.
Diese Stiefel gibt es auch mit einer abschließenden Leinen-Gamasche, die entweder mit Schnallen oder mit Klettverschluß geschlossen wird.
Beide Ausführungen bieten sicherlich einen gewissen Schutz vor Bissen und Stichen im Fuß- und Wadenbereich, darauf hundertprozentig verlassen würde ich mich allerdings nicht.

Kombinierter Gummi-/Lederstiefel mit Innenfilzling, kombinierter Gummi-/ Lederstiefel ungefüttert, Springerstiefel, Tropenstiefel aus Wildleder, Tropenstiefel aus Leinen, bedingt steigeisenfester Bergschuh, Wanderschuh.

Wanderschuhe

Wanderschuhe sind die gängigsten Schuhe für Rucksackträger. Es gibt sie in unzähligen Ausführungen und Varianten. Vom einfachen, ungepolsterten Modell bis hin zu ausgetüftelten Konstruktionen: Lederbrandsohle, Polsterungen im Knöchel- und Fersenbereich, zwiegenähten Unterboden und gepolsterter Zunge. Der Wanderschuh reicht selten weiter als über den Knöchel und besteht zumeist aus Rindleder. Oft liest man z. B. den Ausdruck »Bergrind gewendet«. Bei der »Wendung« wird die ehemalige Fleischseite des Tieres nach außen gedreht, bildet also das Außenmaterial des Schuhes. Die festere Seite befindet sich innen, d. h. bei Schrammen und Rissen wird die weiche Außenseite zwar etwas beschädigt, der harte Kern aber leidet nicht darunter. Nach der Auskunft einer Schuhfabrik ist dies die beste Herstellungsmethode. Verschiedene Firmen teilen ihre Wander- und Bergschuhe in Klassen ein. So erhält man gleich einen Überblick über die Einsatzbereiche. Kurzes Beispiel an Hand der Fa. Meindl.:

A-Klasse: Freizeit- u. Wanderschuhe für Wald und Mittelgebirge. Für Touren auf überwiegend gut ausgebauten Wegen und Steigen bis in die Hochalmregion.

B-Klasse: Mittelschwere Bergschuhe für Touren in Geländeformen wie ausgebaute Steige, Schutt- und Geröllhalden, Klettersteige und gelegentlich auch Firnfelder. Die Klassen C, D und S betreffen dann spezielle Hochtourenschuhe.

Springerstiefel

Springerstiefel sind nicht gerade leicht, aber für einen rauhen Einsatz konstruiert und bieten dem Fuß einen sehr guten Halt. Liest man aber Anzeigen verschiedener Händler in Zeitschriften, stellt man des öfteren Preisunterschiede von fast 100 Mark und mehr fest. Der Grund dafür ist meist einfach: Springerstiefel, die als »Original Springerstiefel der Bundeswehr« angeboten werden, sind eine – meist koreanische – Kopie des Originalstiefels. Das verwandte Leder ist recht dünn und zieht oft Falten. Bei der koreanischen Ausführung ist die Sohle geklebt und die 17 Messingschrauben an der Sohle halte ich für eine hübsche Zierde. Bei entsprechender Pflege allerdings sind sie über längere Zeit durchaus zu gebrauchen und sicher eine Alternative für Leute mit schmaler Kasse.

Bei der deutschen Ausfertigung wird dickes Rindleder verwandt, die Profillaufsohle ist zwie-, teilweise sogar triegenäht. Für kalte Tage gibt es den deutschen Springerstiefel auch mit Lammfellfutter. Diese (Piloten-)ausführung besitzt auf der Schaftinnenseite zusätzlich zur Schnürung einen Längs-Reißverschluß, der ein schnelles Aus- und Einsteigen ermöglicht. Nachteil: Durch den RV dringt leicht Wasser in den Stiefel. Erhältliche Farben: Schwarz und braun.

Gummistiefel

Auf Tour wird es sich meist schon aus Gewichtsgründen nicht lohnen, gegen starken Morgentau oder zum Durchwaten eines Flusses Gummistiefel mitzunehmen. Allerdings gibt es Gebiete, die so feucht sind, daß es fast angebracht ist, Gummistiefel als »Dauerschuhe« zu benutzen. In sehr nassen Gebieten können daher Gummistiefel Lederstiefeln durchaus überlegen sein. Denn bei ständigem Matsch, Sumpf, Tauwetter und ähnlichem ist meist selbst das bestimprägnierte und geölte Leder bei Sonnenuntergang naß und klamm und man wird sich schwertun, das Ganze bis zum Morgen zu trocknen. Hinzu kommt, daß bei sehr niedrigen Temperaturen die Stiefel bis zum nächsten Morgen gefroren sein können, wenn man sie nicht mit in den Schlafsack nimmt. Dann muß man die Dinger über einem Kocher oder Feuer auftauen, um überhaupt einmal rein zu kommen – und daß das keinen Spaß macht, ist klar. Allerdings – viele Gummistiefel haben oft keine fußgerechte Form, der Fuß »schlappt« darin herum. Das ist natürlich Gift bei längeren Marschstrekken und größerem Gepäck. Es empfiehlt sich also dringend, auf einen guten Sitz des Gummistiefels zu achten, vor allem aufzupassen, daß die Ferse mit eingearbeitet ist! Ein anderer Nachteil des Gummistiefels ist die mangelnde Ventilation. Durch Gummi kann der Schweiß, der Wasserdampf nicht nach außen dringen. Er schlägt sich also an der Schuhinnenseite nieder und somit hat man – wie bei Zelten – eine Kondenswasserbildung. Gerade in kalten Gegenden kann man dadurch leicht frieren. Ich würde daher den Gummistiefel so groß kaufen, daß ich zwei Paar Strümpfe anziehen kann, mit denen der Fuß aber optimal sitzt. Zum bequemen Laufen empfiehlt sich ein weicher, nachgebender Schaft und – wenn möglich – eine Fußbettausstattung.

Kombinierte Gummi-/Lederstiefel

Eine sehr gute Kombination stellen kombinierte Stiefel dar. Der Schaft besteht aus weichem Leder, der Fußteil ist mit Zellgummi überzogen oder be-

steht aus Naturkautschuk bzw. Gummi. Diese Kombination hat den Vorteil, daß bessere Ventilationseigenschaften als in einem Gummistiefel vorhanden sind und ansonsten der Laufkomfort eines guten Wander- oder Bergschuhs geboten wird. Die Nähte im unteren Bereich sind abgeklebt und mit Zellgummi überzogen, daher absolut wasserdicht.
Die Teilgummi-Stiefel der schwedischen Firma »Lundhag« sind in verschiedenen Schafthöhen erhältlich. Die Schnürung erfolgt im unteren Bereich durch Ösen, kurz über Knöchelhöhe durch Haken. Durch den Sohlenschnitt sind die Stiefel auch für Skilanglauf geeignet.

Kälteschutzstiefel

Sie wurden gegen extreme Temperaturen entwickelt und haben zum Teil herausnehmbare Wollfilzlinge. Diese Filzinnenschuhe weisen ein Höchstmaß an Isoliereigenschaften auf. Entwickelt wurden die Stiefel meist in Skandinavien oder Kanada, also in Ländern, die für ihre Winterkälte berüchtigt sind.
Auch diese Kälteschutzstiefel gibt es in der Gummi-(Kautschuk-)-Lederkombination.
Hochwertige Stiefel werden immer aus Gummi bzw. aus Kautschuk hergestellt, da diese Materialien im Gegensatz von z. B. PVC bei Kälte nicht hart werden.
Herausnehmbaren Filzlingen ist der Vorzug zu geben, da man diese seperat trocknen kann. Hat man ein zweites Paar dabei, so hat man morgens immer trockene Innenschuhe. Also beim Kauf solcher Stiefel darauf achten, daß man die Innenschuhe einzeln nachkaufen kann! Kauft man die Kälteschutzstiefel nun noch eine oder anderthalb Nummern größer, kann man z. B. zwei Paar Schladminger Schafwollstrümpfe anziehen, was dann auch grimmigste Tieftemperaturen zuverlässig anhält. Allerdings – die Stiefel sind dann auch wirklich nur bei Temperaturen weit unter Null Grad zu gebrauchen. Einen Gummistiefel mit Filzfutter stellte Caravan vor. Zwei Typen stehen zur Auswahl: Der »Nokia Tuura X« mit festem Filzfutter und der »Nokia Kaira« mit herausnehmbarem Filzfutter. Als Material wurde Naturkautschuk gewählt. Der Stiefel hat eine griffige Sohle; durch deren Form – was neu sein dürfte – eignet er sich auch für Skitouren. Eine Schnalle am Schaftende fungiert als Schneeverschluß.

Hinweis:

Gut imprägnierte Gamaschen (die man übrigens auch im unteren Preisbereich findet!) können die Lebensdauer eines Schuhes erheblich verlängern und bilden einen guten Schutz gegen Feuchtigkeit und Nässe.

F. PFLEGE

Während bei Leinen- und Gummistiefeln Wasser und Bürste ausreichen, müssen Leder- und Teillederstiefel sorgfältig behandelt werden. Das A und O bei Lederstiefeln ist die richtige Pflege, die jedem Schuh zuteil werden sollte. Zum Schutz gegen eindringende Nässe und sprödes Leder sollten die Stiefel regelmäßig behandelt werden. Aber auch hier gilt: Allzuviel ist ungesund,

denn sonst wird das Leder zu weich und der Stiefel bietet dem Fuß nicht mehr seinen ursprünglichen Halt. Auch Schlamperei wirkt sich aus: Der Stiefel wird hart, spröde und brüchig und kann sogar dort drücken, wo er es vorher nicht tat. Aus Schaden wurde ich klug, und man sollte daher auch unterwegs sein Stiefelfett oder -Öl dabei haben. Im Handel gibt es jede Menge Sprays, Öle und Pasten. Bewährt haben sich unter anderem die Lederfette, mit denen meist auch Bergsteiger ihre Schuhe behandeln, so z. B. Sportwachs, Nikwax, Dryskin und andere. Ganz hervorragend ist Ballistol, das als Spray oder Öl erhältlich ist. Es macht Leder weich, schützt gegen Wasser und Fäulnis und ersetzt ebenfalls einige Cremes und Medikamente! Denn es hilft auch – und jetzt Achtung! – gegen Sonnenbrand, Frostbeulen, Durchreiten, Insektenstiche, gegen Milben- und Zeckenbefall – Herz, was willst du mehr? Ballistol ist je nach Packungsgröße von ein paar Mark aufwärts zu haben. Achtung: Ein Kunde teilte mir mit, das in seinem Fall das »Ballistol« seine angeklebte Laufsohle vom Schuh löste. Inwieweit das allgemein zutreffen kann, vermag ich allerdings jetzt noch nicht zu sagen. Noch etwas: Wenn Lederstiefel naß wurden und man sie dann über dem offenen Feuer trocknen will, sollte man nicht allzuweit an die Flamme herangehen – denn dadurch kann das Leder spröde werden!
Als Zweitschuhe bewährt haben sich einfache Leinenturnschuhe, sei es, um einen Fluß zu durchwaten, oder daß man schnell »mal raus muß«. Auch leichte Ledersandalen oder Billigbadeschlappen erhält man »All over the World«; sie schützen vor Steinen und Scherben und sind zudem billig und nicht schwer.

G. UND BEIM KAUF

Zeit, Zeit und nochmals Zeit. Probieren geht über Studieren – beim Schuhkauf stimmt dieser Spruch ganz besonders. Man überlege sich vorher genau, für welchen Zweck man die Schuhe benötigt. Die Stiefel dürfen nirgends drücken und einengen, vor allem der Zehenbereich ist wichtig, um die Durchblutung der Zehen nicht zu beeinträchtigen. Wanderstiefel sollte man ruhig eine Nummer größer kaufen, da man entweder ein paar dicke oder zwei paar dünnere Strümpfe anzieht. Daher nehme man zum Kauf die Socken oder Strümpfe mit, die man auch unterwegs tragen will.
Die Ferse muß richtig sitzen, um ein Wundscheuern zu verhindern. Dringend abzuraten ist davon, modische Aspekte ins Spiel zu bringen, oder sich gar von Farben leiten zu lassen. Sicherlich soll einem der Stiefel gefallen – aber Zweckmäßigkeit und Bequemlichkeit gehen vor!
Gerade in Kauf- und Versandhäusern ist in bezug auf Beratung Vorsicht geboten, man braucht sich nur einmal das Schuhwerk der Verkäufer anzusehen...

Tip:
Beim Kauf sollte man auch daran denken, daß der Fuß unterwegs (bei Belastung) etwas anschwillt, also mehr Platz im Schuh benötigt.

16. Gamaschen

Gamaschen sind in verschiedenen Ausführungen erhältlich. Von einfachen Nylon-Ausführungen bis hin zur Expeditions- und Gore-Tex-Gamaschen. Eine Gamasche erfüllt verschiedene Zwecke: Zum einen kann sie Schmutz und Steinchen daran hindern, in den Schuh oder Stiefel zu gelangen. Je nach Typ hält sie Näse und Schnee ab. Zum anderen dient eine Gamasche bei Minusgraden als Kälteschutz. Hochtouren-Gamaschen für Eis- und Schnee bestehen deshalb z.B. aus Neopren oder aus gefüttertem Nylon.
Gamaschen verfügen entweder über einen seitlichen oder einen Mittelreißverschluß. Sie werden um die Wade und um den Schuh gelegt, der Reißverschluß wird geschlossen und oft sind sie am oberen Ende mit Klettband fixiert, oder der Reißverschluß ist durchgehend mit Klettband abgedeckt. Um am Schuh Halt zu gewährleisten, werden die Gamaschen meist in das vordere Schuhband (Schnürsenkel) eingehakt. Ein unter dem Schuh (vor dem Absatz) laufendes Nylonband wird mit einer Schnalle fixiert. Regen- oder Kältegamaschen bedecken meist den ganzen Schuh. Bei diesen Typen sorgt entweder ein um die Sohle laufender Schnürzug für festen Sitz, oder das Nylonband findet wieder Verwendung.
Für Bergsteiger sind zudem Gamaschen erhältlich, die nur in Verbindung mit Steigeisen (s. Bergausrüstung) getragen werden können.

Hintere Reihe: Gore-Tex-Gamasche, Nylongamasche, Expeditionsgamasche, Übergamasche (nur in Verbindung mit Steigeisen zu tragen)
Vorne: Geröllgamasche, Daunen-Wärmeschuh, Radfahrer-Gamasche, Entrant-Wärmeschuh (Biwakschuh)

Für Rad- und Motorradfahrer schließlich gibt es sogenannte Regenschutz-Gamaschen, um Regen und Nässe abzuhalten. Gamaschen sind entweder imprägniert oder beschichtet, um wasserabweisend oder wasserdicht zu sein.

PRODUKTBEISPIELE

Geröllgamasche von vauDe

Eine kleine, 16 cm hohe Geröllgamasche, die Schutz vor Steinchen und Staub im Schuh bietet. Das Paar erhält man für ca. 12 Mark.

Radfahrergamasche von Salewa

Für Regen und als Nässeschutz ist diese Radfahrer-Gamasche gedacht. Sie weist eine Höhe von 25 cm auf. Die Gamasche besteht aus beschichtetem Nylon und ist für Halbschuhe oder Turnschuhe gedacht. Geschlossen wird sie mit Klettverschlüssen. Ein Paar wiegt nur 90 Gramm und kostet 30 Mark.

Gore-Tex-Gamasche von vauDe

Für das untere Teil wurde Cordura-Nylon verwandt. Das längere Oberteil besteht aus Gore-Tex-Gewebe, um die Kondenswasserbildung zu vermindern. Am Schaftende befindet sich ein verstellbarer Gummizug, um die Gamasche um die Wade dicht abschließen lassen zu können. Die Gesamthöhe beträgt 40 cm. Erhältlich ist sie für ca. 70 Mark.

Neoprene-Gamasche

Von Salewa wieder stammt diese Neoprene-Gamasche für Extrem-Temperaturen. Das verwandte Neoprene wirkt sehr stark isolierend (aus Neoprene werden auch Tauch- und Surfanzüge hergestellt). Das Außenmaterial besteht aus Nylon, innen ist die Gamasche mit 3 mm starkem Neoprene »gefüttert«. Die Gamasche hat einen Zugverschluß um die Sohle sowie einen Mittelreißverschluß und ist 45 cm hoch. Der Hersteller macht darauf aufmerksam, daß die Neoprene-Gamaschen nicht nur wärmeisolierend, sondern auch kälteisolierend wirken können, wenn man sie z.B. über kalte, nasse oder gefrorene Bergschuhe anzieht. Die Neoprene-Gamaschen gibt es für ca. 115 Mark.

»Expeditionsgamasche«

Vom Bergausrüster vauDe stammt die «Expeditionsgamasche«, die für Winterbergsteigen und Expeditionen bei tiefen Temperaturen eingesetzt werden kann. Als Außenmaterial wurde Cordura-Nylon verwandt, innen befindet sich ein durchgehendes Faserpelzfutter. Ebenso wie die Neoprene-Gamasche schließt auch dieses Modell den ganzen Schuh mit ein.

Die Gamasche hat einen Mittelreißverschluß, der mit Klettband abgedeckt ist; am Schaftende befindet sich ein Schnürzug.

Die Befestigung am Bergschuh erfolgt durch einen umlaufenden Schnürzug. Bei der Befestigung der Gamasche am Schuh ist darauf zu achten, daß sich dieser Schnürzug an den Rändern unter der Laufsohle befindet. Die Expeditionsgamaschen sind 53 cm hoch und kosten 165 Mark. Gewicht: 480 Gramm.

17. Kocher

Ob man sich unterwegs auf einer Bergwanderung einen heißen Tee oder eine Bouillon machen will oder sein tägliches Essen in der Arktis zubereiten muß, ein Kocher ist fast unerläßlich.
Bei leichten Tageswanderungen werden die meisten darauf verzichten, und auch mancher Tramper wird einen Kocher nicht unbedingt mitschleppen wollen, solange er sicher sein kann, daß er unterwegs etwas zu essen bekommt und über ausreichend Geld verfügt, um sich auf Tour öfter mal was Warmes gönnen zu können. Auch Rad- und Motorradfahrer, die sich unterwegs in Rast- und Gaststätten warm verpflegen, werden vielleicht auf einen Kocher verzichten.
Abseits von der Zivilisation sieht die Sache schon anders aus, denn »etwas Warmes braucht der Mensch«, wie es so schön heißt. In der Kälte, im Gebirge, in Eis und Schnee ist warmes Essen lebensnotwendig, da es dem Körper Wärme-Energie zuführt.
Ist man nun in gemäßigten Zonen, wo es genug Holz gibt, und hat man genug Zeit, so mag man ein abendliches Kochfeuer vorziehen. Allerdings geht es mit einem Kocher schneller, und außerdem entfällt die Holzsucherei, man denke nur an holzarme Gebiete. Auch in heißen Ländern ist ein Kocher vorteilhaft, man ist nicht auf eventuelle Gaststätten angewiesen und spart zudem eine Menge Geld. Und außerdem macht es Spaß – ich würde einen selbstgemachten Eintopf unter freiem Himmel einem Schnitzel im Gasthaus vorziehen, denn Gasthäuser gibt es zu Hause auch.
Aber auch auf einer kleineren Tour in Deutschland oder Europa ist ein kleiner Kocher für alle, die unterwegs sind, von großem Vorteil, und das gilt auch für Rad- und Motorradfahrer: Man ist unabhängig. Überall, wo man gerade Hunger bekommt, hat man meist die Möglichkeit, Rast zu machen und eine warme Mahlzeit zu sich zu nehmen.
In Gebieten, wo man aufgrund mangelnden Brennmaterials kein Feuer machen kann, in der Sahara ebenso wie im Hochgebirge, ist ein Kocher Pflicht.
Kommt hinzu, daß nach großen Anstrengungen, wenn man erschöpft ist – und das gilt weltweit – eine Tasse heißer Tee oder Kaffee moralisch unheimlich aufbaut, auch wenn man völlig durchnäßt ist und vor einigen Minuten noch alles hinwerfen wollte. Bestimmt kennen Sie die Situation, in der Sie mit einem Topf Kaffee wunschlos glücklich waren. Na also.

A. DIE BRENNSTOFFAUSWAHL

Sehr wichtig ist die Frage, mit welchem Brennstoff der Kocher betrieben wird; macht man sich darüber vor dem Kauf seine Gedanken, kann auf Sätze wie »Waaas, hier gibt's keine Gaskartuschen mit selbstschließendem Ventil?!« verzichtet werden.

Unterwegs ist es nämlich eine sehr unschöne Sache, wenn man feststellen muß, daß man dringend Brennstoff-Nachschub benötigt, aber anscheinend im ganzen Reiseland die Kartuschenart völlig unbekannt ist.
Und um diese Erfahrung zu machen, muß man nicht einmal Deutschland verlassen. Fragen Sie mal in einem kleinen Dorf nach der dort ansässigen GAZ-Vertretung, ihrem »guten Freund in aller Welt« – es wird nämlich vermutlich keine geben.
Was nicht heißen soll, daß man generell von Gas die Finger lassen sollte, nur muß der Nachschub gesichert sein. Man sollte also ausreichend Kartuschen mitnehmen, wenn man nicht weiß, ob man hier oder dort Nachschub bekommt; das gleiche gilt für alle anderen Brennstoffe.
Folgende Brennstoffe stehen zur Auswahl:

Gas
Spiritus trocken
Spiritus flüssig
Reinbenzin
Auto-Benzin
Petroleum

Vom Anschaffungspreis für den Kocher abgesehen (hier können sich ein paar Mark mehr durchaus lohnen) ist der entsprechende Heizwert des Brennstoffes interessant, der zum Heizwert stehende Preis und die nationale und internationale Nachschublage.

B. WELCHEN KOCHER?

Gas-Kocher

Die bekanntesten Kocher dürften Gas-Kocher sein. Gas-Kocher, speziell die blauen GAZ-Kocher, bekommt man in jedem Warenhaus. Der Vorteil dieser Kocher besteht in der einfachen Handhabung.
Gas-Kocher können in Zelten verwandt werden und rußen überhaupt nicht. Allerdings – bezogen auf den zum Heizwert gegenüber anderen Brennstoffen stehenden Preis ist Gas um ein Vielfaches teuerer, es liegt an der Spitze. Der Heizwert allerdings ist am größten.
Der Nachteil von Gaskartuschen ist die Nachschubfrage. Denn, wie schon gesagt, in kleineren Dörfern sind die Kartuschen nicht zu bekommen, und im europäischen Ausland sollte man schon größere Städte aufsuchen, um die Kartuschen aufzutreiben (wobei es natürlich auch Ausnahmen gibt, manche Leute haben auch schon in kleinen Dörfern Händler aufgetrieben, die die Kartuschen hatten – allerdings kommt das nicht oft vor).
Frankreich-Fans allerdings können beruhigt sein, denn dort bekommt man sie überall. Zu Camping-GAZ sei noch gesagt, daß es zu Hochgebirgstouren ungeeignet ist. Das gleiche gilt für den Einsatz unter dem Gefrierpunkt – denn da läßt die Wärmeleistung stark nach.
Ein weiterer Nachteil von Gaskochern ist ihre starke Anfälligkeit gegenüber Wind, denn dann zieht sich das Kochen in die Länge. Man sollte also immer für einen ausreichenden Windschutz sorgen.

Aus Sicherheitsgründen ist der Transport von Gaskartuschen in Flugzeugen verboten.
Mir sind zwei Arten von Kartuschenanschlüssen bekannt: Der sogenannte Stechdornanschluß und die Schraubverbindung mit selbstschließendem Ventil.
Beim Stechdorn-Anschluß (z.B. Camping GAZ) wird die Kartusche in den Brenner eingeklinkt und bleibt bis zum endgültigen Verbrauch fest mit dem Brenner verbunden.
Bei der Schraubverbindung dagegen kann man die Kartusche jederzeit vom Brenner abschrauben und z.B. abends als Energielieferant für eine Gaslampe verwenden (z.B. Husch, Epi-Gas).

Spiritus-Kocher

Ebenso einfach wie Gaskocher lassen sich auch Spirituskocher handhaben. Auch Spirituskocher können in Zelten und Räumen eingesetzt werden und rußen so gut wie überhaupt nicht. Die älteren Modelle, meist in einer rechteckigen Form mit eingebautem Tank, sind natürlich zu groß, um für unsere Zwecke Verwendung zu finden, Heute gibt es kleinere Produkte, meist kleinere Brenner, die mit und ohne Geschirr erhältlich sind. Spiritus ist wesentlich billliger als Gas. Hinzu kommt die Tatsache, daß man diesen Brennstoff fast überall bekommt. Selbst im kleinsten Dorf wird ein Kramladen Spiritus führen, und im Notfall kann man sich an einen Einwohner wenden. Lediglich außerhalb Europas oder in abgelegenen Gebieten kann es zu Nachschubproblemen kommen. Notfalls kann man den Spirituskocher von Trangia auch mit Benzin betrieben (s. FYR-Brenner).
Der Heizwert von Spiritus liegt allerdings weit unter dem von Gas, er ist ca. nur halb so groß.
Wer beim Bund war, kennt die kleinen Esbit-Taschenkocher. Diese »Kocher« arbeiten mit Festbrennstoff, also Trockenspiritus. Der Kocher ist zwar unwahrscheinlich klein verpackbar, daher oft auch die Bezeichnung »Taschenkocher«, läßt aber in der Heizkraft stark zu wünschen übrig. Als Notkocher und zum gelegentlichen Erwärmen einer Dose mag er seinen Zweck erfüllen, aber für einen Dauereinsatz unterwegs ist er nicht zu empfehlen, da Esbit relativ teuer und schwer und so für die Mitnahme auf größere Touren ungeeignet ist.

Benzin-Kocher

Hier sollte man zwei Arten unterscheiden: diejenigen, die nur mit Reinbenzin betrieben werden können, und die, die man mit Tankstellenbenzin betreiben kann. Von Modellen mit Reinbenzin sollte man die Finger lassen, denn der Betrieb geht sehr ins Geld und der Nachschub unterwegs gestaltet sich als schwierig. Ausnahmen bilden diejenigen Modelle, die zwar lt. Hersteller mit Reinbenzin betrieben werden sollen, aber ebenso mit Autosprit funktionieren. Bei den anderen Benzinkochern kann man von Haus aus Normalbenzin verwenden.
Der Heizwert von Benzin ist fast mit Gas gleichzusetzen, er ist also sehr

hoch. Benzin erhält man unterwegs fast überall und Motorradfahrer haben ja jede Menge dabei!
Für Motorrad-Reisen sei ein Benzin-Kocher daher wirklich empfohlen, vor allem, wenn es in nicht so dicht besiedelte Länder gehen soll.
Der Brennstoff für einen Benzin-Kocher ist der billigste überhaupt. Allerdings hat ein Benzin-Kocher auch Nachteile. Damit der Kocher in Betrieb genommen werden kann, muß man zunächst einmal das Benzin vergasen. Hierzu gibt es zwei Möglichkeiten: In einer Mulde auf dem Brenner wird Benzin oder Esbit verbrannt. Mit einer Pumpe wurde vorher der Kocher unter Druck gesetzt. Nach dieser Erhitzung ist der Kocher startklar. Bei einigen Modellen läuft zum gleichen Zweck ein kleines Rohr über dem Brenner, das durch die Flamme des Kochers erhitzt wird und den gleichen Zweck erfüllt.
Ein Nachteil des Benzinkochers ist das relativ hohe Gewicht und die Größe eines guten Kochers, er nimmt schon etwas Platz in Anspruch. Betreibt man ihn mit Autosprit, wird man merken, daß er zum Gebrauch im Zelt nicht geeignet ist, er rußt relativ stark.

Petroleum-Kocher

Petroleum ist sehr billig und der Heizwert ist mit Benzin fast gleich. Petroleumkocher werden überall da eingesetzt, wo tiefe Temperaturen vorherrschen, so z.B. in der Arktis oder im Hochgebirge. Andere Brennstoffe würden bei diesen tiefen Minustemperaturen versagen.
Allerdings rußt Petroleum ein wenig, aber noch nicht so schlimm wie Benzin. Petroleum hat ebenfalls den Vorteil, daß es fast überall zu haben ist. Da gibt es kleine Orte ohne Tankstelle, aber Petroleum ist im Kramladen erhältlich.
Benutzt man Petroleum-Kocher in Zelten oder sonstigen Räumen, so sollte man für eine ausreichende Lüftung sorgen.
Sehr gut finde ich Kocher (z.B. Phoebus), die sich durch schnelles Auswechseln einer Düse für den Betrieb mit Benzin oder Petroleum eignen, je nachdem, welchen Brennstoff man eben gerade bekommt.

C. PRODUKTBEISPIELE:

Camping-GAZ-Kocher »Globetrotter«

Dieser französische Butan-Gaskocher wird mit zwei Kochgefäßen geliefert, die auch als Verpackung des Kochers dienen. Der Inhalt der Töpfe beträgt je einen halben Liter. Beim GAZ-System wird die (bei diesem Modell 100 Gramm-) Kartusche eingeklinkt und muß dann bis zum endgültigen Verbrauch mit dem Brenner verbunden bleiben. Der Gasaustritt erfolgt an der Brennerseite. Die beiden ausklappbaren Topfhalter sind speziell für die beiden beiliegenden Töpfchen konstruiert, größere Kochgefäße können ins Rutschen kommen, mit etwas Vorsicht kann man das jedoch vermeiden. Zum Gebrauch wird die Kartusche in den Brenneraufsatz eingeklinkt, nach Einschrauben des Brenners der Regler aufgedreht und das ausströmende Gas entzündet.

Husch-Mini-Kochtopf, Husch-Minigas-Kocher, verschiedene Kartuschen: Epi-Gas-Kartuschen, GAZ-Kartuschen, Husch-Minigas-Kartuschen. Phoebus Nr. 725, Trangia-Spiritus-Brenner mit Gestell, Trangia-Winterzusatz.
Vorne links: GAZ-Kocher S 200, Esbit-Kocher

Die Kartusche reicht für ca. 1 3/4 Stunden Betrieb, Voraussetzung dafür ist eine gute Außentemperatur und eine windarme Umgebung.

Technische Daten:

Betriebsstoff: Butangas
Abmessung: In betriebsbereitem Zustand 14,5 cm Höhe, 11 cm Ø
Gewicht: 650 Gramm.
Preis: ca. 60 Mark

HUSCH-Minigas-Kocher

Deutsches Produkt. Dieser Kocher hat eine zusammenklappbare und abnehmbare Topfhalterung. Der Brennerkopf ist von der Kartusche abschraubbar, die über ein selbstschließendes Ventil verfügt. Die angebrochene Kartusche kann also auch als Energielieferant für eine Gaslampe dienen. Laut Hersteller sollte die Kartusche nach jedem Gebrauch abgeschraubt werden, um ein langsames Entweichen von Gas zu vermeiden. So zerlegt, eignet sich dieser Kocher für alle, die Wert auf kleinste Maße legen. Die Handhabung ist denkbar einfach: Nach Aufschrauben des Brenners auf die Kartusche Regler aufdrehen und anzünden. Beim »Husch-System« tritt das Gas nicht seitwärts um den Brennerkopf, sondern senkrecht aus dem Brenner aus.
Es gibt eine Auswahl an Kartuschen, wie die 300 ml, die 400 ml und die 750 ml Kartusche. Alle diese Kartuschen gewähren durch eine spezielle Gasab-

Hinten: fest verbundene Husch-Kochgarnitur zum Aufhängen. 3 Sicherheitsflaschen, Trangia-Sturmkocher, GAZ-Kocher »Globetrotter«, Epi-Gas-Kocher »Back Pakker«.
Vorne: Phoebus-Kocher 625, Wildnis-Kocher, Coleman-Peak-1-Kocher.

stimmung eine hohe Brennleistung, auch unter dem Gefrierpunkt.
Für extrem niedrige Temperaturen und große Höhen gibt es eine Spezial-Kartusche mit 200 ml Inhalt, die Sauerstoff enthält. Dieser Kocher hat sich auf dem Nanga Parbat und Mount Everest bewährt.

Technische Daten:

Den Brenner gibt es mit einer Normal-Kartusche oder mit einer Spezial-Kartusche (s. o.)
Betriebsstoff: Butan-Gas mit Sauerstoff
Abmessungen: In betriebsbereitem Zustand mit 300 ml Kartusche 23 × 9 cm Ø. Brenner allein 9 × 5 cm.
Gewicht: In betriebsbereitem Zustand mit 300 ml Kartusche 380 Gramm. Brenner allein 130 Gramm.
Preis: ca. 55,– Mark
Für den HUSCH-Minigas-Kocher ist eine ganze Reihe Zubehör erhältlich:
- Zunächst einmal ein Mini-Kochtopf, bestehend aus Topf und Deckel. Die Maße betragen 13,5 × 8,5 cm. Inhalt ein Liter. Zwei Haltegriffe werden mitgeliefert, das Gesamtgewicht beträgt 210 Gramm. Der Mini-Kochtopf ist für ca. 13 Mark erhältlich und für kleine Aufwärmgerichte und Suppen ausreichend, für längere Touren aber doch etwas zu klein.
- Auch ein Standfuß für die 300 ml Kartusche ist für ca. 6 Mark zu haben. Von diesem Standfuß allerdings kann ich nur abraten, da dieser nur auf ebenem Boden sicher steht.

- Ein Wärmeleitfühler, den man für 5 Mark bekommt, leitet die Wärme an die Kartusche zurück. Der Wärmeleitfühler lohnt sich allerdings nur bei Temperaturen ab 20 Grad Minus, um eine gleichbleibend hohe Brennleistung zu gewährleisten. Der Fühler besteht aus Aluminium, ist 19 × 2 cm groß und wiegt 50 Gramm.
- Mit einem Satz (3 Stck.) gerader Brennerbügel und drei Haltestangen kann man den oben beschriebenen Mini-Kochtopf fest mit dem Kocher verbinden. Das hat den Vorteil, daß der Topf nicht von den Bügeln rutschen kann (oder der Kocher beim Dranstoßen ebenfalls mit umfällt). Gedacht allerdings wurde das Set für Steilwandbiwaks. Mittels (Reep-) Schnur nämlich läßt sich die ganze Kochgarnitur auch an senkrechtem Fels hängen. Brennerbügel und Haltespangen kosten zusammen 11 Mark. Die ganze Kochgarnitur ist auch komplett von Salewa als »Biwakkocher-Set« erhältlich und besteht aus einem Brennerkopf mit geraden Bügeln, einer 300 ml Kartusche, Kochtopf und Haltespangen (Preis ca. 73 Mark).
- Passend für jede Kartusche gibt es diverse Löt- und Brenneraufsätze.
- Lampe für HUSCH-Kartuschen siehe Beleuchtung

Tips und Tricks:

- **Mehrere kleine Kartuschen sind besser als eine große, da man mit ihnen leere Ecken im Rucksack oder in den Packtaschen ausfüllen kann.**
- **Die Kartuschen (ausgenommen die 750-ml-Kartusche) sind nicht besonders standfest. Falls vorhanden, schichte man Steine um die Kartusche oder drehe die Kartusche in den Schnee.**

EPIgas Minikocher »Back Pakker«

VauDe bietet ebenfalls einen Mini-Gaskocher an. Auch dieser ist mittels selbstschließendem Ventil von der angebrochenen Kartusche abnehmbar. Der Brenneraufsatz selbst ist in einer kleinen, rostfreien Stahldose untergebracht, der Deckel dieser Dose dient damit als Windschutz. Mittels Converter (siehe Kocherzubehör) kann man den Kocher mit allen handelsüblichen Kartuschen verwenden. Epigas-Kartuschen eignen sich auch für das »HUSCH-System« und umgekehrt. Außer dem Transportdöschen gehört auch eine Grundplatte zum Kocher, in die die Kartusche hineingesteckt wird. Dieser Plastikständer bietet einen relativ guten Halt und eignet sich auch für HUSCH-Kartuschen.

Das Kochgefäß, in dem der Brenneraufsatz seinen Platz findet, ist zu klein, um effektiv als Geschirr zu dienen. Mit dem Kocher wird außerdem eine kleine Griffzange, eine Reinigungsnadel, die Grundplatte (14 × 2 cm) und ein kleiner Schraubenschlüssel geliefert. Erhältlich ist auch eine Gaslampe (s. Beleuchtung). Als Kartuschengrößen gibt es die 185 Gramm und die 450-Gramm-Kartusche. Der Kocher wird in Großbritannien hergestellt. Bedienungsanleitung liegt bei (nur in Englisch).

Technische Daten:

Betriebsstoff: Butangas.

Abmessungen (verpackt): Höhe 4 cm, 11,5 cm ∅.

Gewicht: 360 Gramm (ohne Kartusche).
Preis ohne Kartusche: ca. 50 Mark.

Konverter

Von EPIgas gibt es einen Konverter, der auch für das Husch-System paßt. Der Konverter dient dazu, auch Kartuschen ohne Ventil (Stechdornkartuschen) mit einem normalerweise aufzuschraubenden Brenner betreiben zu können.
Der Konverter wird aufgeschraubt, eine 200-ml-Kartusche (z.B. GAZ) kommt in das Gehäuse. Durch Hineinschrauben des mit einem Schraubventil ausgestatteten Deckels wird die Kartusche angestochen. Der Brennerkopf wird dann auf den Konverter aufgeschraubt. Erhältlich ist er für 27 Mark.

PHOEBUS-Campingkocher

Österreichisches Produkt. Diesen Kocher gibt es in zwei Versionen. Modell 625 ist das größere Modell mit Pumpe, Modell 725 das kleinere ohne Pumpmechanismus.
Das größere Modell kann durch einen einfachen Düsenaustausch wahlweise mit Benzin oder Petroleum betrieben werden. In der BRD ist diese Ausführung nur für Petroleum zugelassen, der Umrüstsatz liegt aber bei (E-Düsen sind für Petroleum, G-Düsen für Benzin). Funktion: Mit der Pumpe erzeugt man einen Druck im Inneren des Behälters. Danach läßt man durch Aufdrehen des Reglers etwas Benzin auslaufen, das sich im Vorwärmteil sammelt und entzündet es (dieser Vorgang ist auch mit anderen Brennstoffen oder Esbit möglich).
Danach ist ein Teil des Benzins vergast, man dreht das Ventil auf und entzündet das ausströmende Gas. Durch die Pumpe, mit der man den Druck je nach Bedarf erzeugen kann, eignet sich dieser Kocher auch für extreme Höhen und Temperaturen. Der Tank ist aus Stahlblech und mit einem Druckventil ausgestattet. Das gewährleistet Sicherheit, auch bei großer Hitze. Im Brenner (Messing) befindet sich eine eingebaute Reinigungsnadel zur Düsenreinigung. Der Kocher ist in einer Transportdose verpackt, die sich allerdings nicht zum Kochen eignet.
Der kleine Bruder, Modell 725, verfügt über keine Pumpe. Der benötigte Druck wird nur durch Erhitzen zustandegebracht. Er eignet sich nur für Benzin.

Technische Daten:	Modell 625	Modell 725
Betriebsstoff:	Benzin oder Petroleum	Benzin
Abmessungen:	Höhe 18 cm, ∅ 12,5 cm	11 cm, ∅ 12,5 cm
dto., verpackt:	Höhe 19 cm, ∅14 cm	11,5 cm, ∅ 14 cm
Gewicht:	900 Gramm	700 Gramm
dto., verpackt:	1200 Gramm	900 Gramm
Preis:	ca. 82,– DM	ca. 72,– DM

Zubehör: Jedem Kocher liegen ein Umrüstsatz, verschiedene Ersatzteile, eine mehrsprachige Gebrauchsanleitung sowie ein Schraubenschlüssel bei.

Tips:
Den Platz in der Transportbüchse kann man mit einem Lappen ausfüllen (zum Reinigen des Kochers, der bei Verwendung von Auto-Benzin etwas rußt). Da das Vorheizen mit Sprit eine etwas rauchige Angelegenheit ist, kann man dies auch mit Anzündpaste oder Esbit-Stückchen vornehmen.

Der große PHOEBUS-Kocher hat sich in der Arktis, im Himalaya und Afrika bestens bewährt und scheint mir von den angebotenen Benzinkochern einer der besten zu sein. Er funktioniert mit Super- oder normalem Tankstellenbenzin einwandfrei. Durch seinen einfachen Aufbau (keine anfälligen Teile) ist er sehr robust und für harte Touren und »Allround-Einsatz« bestens geeignet.

Coleman Peak 1

Der amerikanische Kocher muß im Gegensatz zum PHOEBUS-Kocher nicht vorgeheizt werden, solange die Temperatur nicht unter den Gefrierpunkt sinkt.
Mit einer Pumpe wird ca. 25 mal gepumpt und der Pumpenknopf wieder fest nach rechts gedreht. Dann wird der schwarze Hebel auf Position »HI« gestellt. Während man jetzt den roten Hebel hinunter auf »Light« stellt, hält man ein Streichholz an den Brenner. Nachdem der Brenner brennt, wird der Pumpenkopf geöffnet und etwas Luft nachgepumpt, bis die Flamme konstant brennt. Jetzt kann man mit dem schwarzen Hebel die gewünschte Flamme einstellen. Das liest sich jetzt etwas kompliziert, aber mit etwas Übung wird dieser Vorgang zur Routine. Dieser Kocher hat im Gegensatz zum PHOEBUS-Koche mehr störanfällige Teile. Ob man lieber vorheizen will oder sich für das amerikanische System entscheidet, muß man selbst wissen. Am Tankboden sind drei ausklappbare Füße angebracht, die dem Kocher eine gute Standfestigkeit bringen. Der Windschutz ist am Brenner fest angebracht. Nachteil: Der Kocher benötigt ein spezielles Benzin; also auf Reisen abseits von Versorgungsmöglichkeiten nicht zu empfehlen.

Technische Daten:

Betriebsstoff: Coleman-Benzin, Waschbenzin
Abmessung (mit eingeklappten Füßen): Höhe 15,5 cm, Ø 12 cm
Gewicht: 880 Gramm, Preis: ca. 98,– DM

Tip:
Für den PEAK 1 gibt es eine Transportdose, die man als kleines Eßgeschirr verwenden kann. Die Transportdose ist viereckig mit Deckel. Preis ca. 39 Mark.

Trangia Spiritus Brenner

Dieser schwedische Spiritus-Brenner besteht aus einem kleinen, dosenähnlichen Brenner aus Messing. Dieser wird zu 2/3 mit Spiritus gefüllt und entzündet. Eine Füllung des Brenners hat eine Brenndauer von 20 – 30 Minuten. Der Brenner ist mit einer Sparflammenvorrichtung versehen, die aus einem Ring besteht und beim Anzünden und gewünschter voller Leistung hochge-

klappt bzw. abgenommen werden soll. Für Sparflamme wird der Ring auf den Brenner heruntergeklappt, beim neuen Modell daraufgelegt. Will man den Brenner löschen, so setzt man eine Alu-Tasse darüber oder erstickt die Flamme mit dem Schraubverschluß.
Dieser Brenner ist so einfach gebaut und robust, daß er sich großer Beliebtheit erfreut.
Zudem paßt er in jede Hosentasche.
Es gibt diesen leistungsstarken Brenner in drei Versionen: Als Brenner einzeln, als Brenner (herausnehmbar) mit Gestell und Topfhalterung und als Brenner mit »Winterzusatz«. Der letztere ist mit einem Vorwärmteil für ca. 0,5 cl Spiritus versehen, um den Brenner zu erwärmen. Dies ist erforderlich ab 0 Grad Celsius und darunter, ich habe allerdings auch schon bei – 8 Grad ohne Winterzusatz gekocht. Geliefert wird er ebenfalls mit Schraubdeckel und einem Bodenschutzteller (den man übrigens gut als Eßteller verwenden kann).

Technische Daten (Brenner einzeln):
Betriebsstoff: Spiritus
Abmessung: Höhe 4,5 cm, ∅ 7 cm
Gewicht: 120 Gramm (!)
Preis: 15,– DM

Technische Daten (Brenner mit Gestell):
Betriebsstoff: s.o.
Abmessung: Höhe 8,0 cm, ∅ 15 cm
Gewicht: 290 Gramm
Preis: 21,– DM

Technische Daten (Winterzusatz):
Betriebsstoff: s.o.
Abmessung (Betriebsbereit): Höhe 7,0 cm, ∅ 7 cm
Aluminiumteller: Höhe 3 cm, ∅ 20 cm
Gewicht: 250 Gramm
Preis: 35,– DM

Tips:
Der Brenner kann auch mit Petroleum gefüllt betrieben werden.
- **Wenn man den Brenner mit Sand füllt, kann man ihn auch mit einem Öl-Benzin-Gemisch betreiben.**
- **Bei kalter Witterung um/unter Null Grad entzündet man den Brenner leichter, wenn man Sturmstreichhölzer in den Brenner legt.**

Trangia-Sturmkocher

Dieser Sturmkocher beinhaltet als Brenner den Trangia-Spiritusbrenner. Dieses Koch-Set wird seit über 50 Jahren nahezu unverändert gefertigt. Dank seiner hervorragenden Konstruktion hat man keine Veranlassung gesehen, irgendwelche größeren Änderungen vorzunehmen. Der Clou liegt in der Ein-

fachheit der Ausführung. Im Kochersatz enthalten sind zwei Kochaufsätze, die aufeinandergestellt werden. Durch eine Verkerbung ist ein Verrutschen unmöglich. Durch den großen Durchmesser gewährleistet dieser Kocher einen guten Stand. Der Brenner findet im Unterteil des Kochaufsatzes Platz. Dieses Unterteil soll mit seiner gelochten Seite dem Wind (falls vorhanden) zugedreht werden. Der einströmende Wind bewirkt nun eine noch bessere Flammenentwicklung. Ein »Ausblasen« gibt es nicht.
Der Vorteil anderen Kochern gegenüber ist im wesentlichen der, daß beim Trangia-Sturmkocher das benötigte Geschirr dabei ist. Und daß er trotzdem noch weniger wiegt als einige andere Kocher ohne Geschirr. Bei einem Gaskocher hat man z.B. drei, mindestens aber 2 Gepäckstücke: Den Brenneraufsatz, Ersatzkartuschen und Geschirr.
Verpackt passen alle Teile ineinander, wobei der Brenner (in einer Plastiktüte verpackt) und die Griffzange im Wasserkessel deponiert werden. Dieses Geschirr ist meiner Meinung nach an Kompaktheit nicht zu übertreffen. Hinzu kommt, daß der Sturmkocher keine anfälligen Teile wie Düse, Dichtungen oder Pumpe aufweist. Eine viersprachige Brenner-Bedienungsanleitung liegt bei.

Technische Daten:
Den Trangia-Sturmkocher gibt es in zwei Größen, wobei die Brennergröße gleich bleibt.

Sturmkocher, groß 7000:
1 Topf 1,75 Liter
1 Topf 1,5 Liter
1 Bratpfanne ∅ 22 cm
1 Wasserkessel 0,8 Liter
1 Windschutz oben (Topfaufsatz)
1 Windschutz unten (für Brenner)
1 Spiritusbrenner mit Schraubverschluß
1 Griffzange
1 Packriemen mit Schnellverschluß

Sturmkocher, klein 7001:
1 Topf 1,1 Liter
1 Topf 1,0 Liter
1 Bratpfanne ∅ 18 cm
1 Wasserkessel 0,5 Liter
1 Windschutz oben (Topfaufsatz)
1 Windschutz unten (für Brenner)
1 Spiritusbrenner mit Schraubverschluß
1 Griffzange
1 Packriemen mit Schnellverschluß

Betriebsstoff: siehe Trangia Spiritus Brenner (+ Tips)
Abmessung: Großes Modell Höhe 10 cm, ∅ 22 cm (verpackt)
kleines Modell Höhe 9 cm, ∅ 18 cm (verpackt)
Gewicht: Großes Modell 1000 Gramm
kleines Modell: 900 Gramm
Preis: Großes Modell 96,– DM
kleines Modell 87,– DM

Ich würde generell das große Modell empfehlen, da der Gewichtsunterschied minimal ist und zwei Personen gut damit auskommen. Für beide Größen ist eine Teflonpfanne erhältlich.

Tips:

- **Die Teflonpfanne kann man sich schenken, da man die Beschichtung mit Campingbesteck oder Messer beanspruchen wird und diese somit nicht lange ihren Zweck erfüllt.**
- **Von der Firma Trangia gibt es auch Aluminium-Teller, die genau an die Unterseite des verpackten Sturmkochers passen. Der Packriemen wird um die Teller herumgelegt und bietet einen guten Halt.**
- **Hat man alle Gefäße ineinandergestellt, so hat man, bevor man die Pfanne als Deckel darüberstülpt, noch etwas Platz für Messer und Gabel.**

Esbit-Kocher

Dieser kleine Notkocher gehört auch zur Standardausrustung der Bundeswehr. Er ist äußerst klein dimensioniert und daher wirklich nur zum Aufwärmen und gelegentlichen Kochen von Fertigspeisen (Dosen) geeignet. Zusammenklappbar bietet er Platz im Inneren für eine Packung Esbit.
Esbit ist Trockenspiritus in Würfelform und relativ schwer. Zur Benutzung werden die beiden Deckelteile des Kochers hochgeklappt. Sie können schräg oder senkrecht eingerastet werden.
Bei Benutzung ist darauf zu achten, daß der Kocher möglichst windgeschützt plaziert ist.

Technische Daten:
Betriebsstoff: Trockenspiritus (Esbit)
Abmessung: Zusammengeklappt 9,8 × 7,3 × 2 cm
Gewicht: Mit eingelegter Esbit-Packung 180 Gramm
Preis: ab 7,– DM

Wildnis-Kocher

System Volker Lapp. Die Idee des Schmiedefeuer-Prinzips findet bei diesem Kocher Anwendung. Ein Gebläse, angetrieben durch eine 1,5 Volt Batterie, drückt Luft durch einen doppelwandigen Brennertopf. Dadurch entsteht große Hitze, die durch Abschalten des Gebläses gedrosselt werden kann. Sein wesentlicher Vorteil besteht darin. daß man keinen Brennstoff mitnehmen muß. Alle brennbaren Materialien, wie Holz, Rinde, Torf, Tannenzapfen und Dung eignen sich für diesen Kocher. Durch das Gebläse benötigt man nur geringe Mengen Brennmaterial. Da hier natürlicher Brennstoff verwandt wird, brennt dieser Kocher auch bei extremer Höhe und Kälte. Eine ausführliche deutsche Bedienungsanleitung liegt bei.

Technische Daten:
Betriebsstoffe: Alles Brennbare, wie Holz, Rinde, Dung, usw.
Abmessung (verpackt): Höhe 7,5 cm, ∅ 12,5 cm
Gewicht: 400 Gramm
Gebläseantrieb: 1,5 Volt Batterie
Preis: ca. 98,– DM

Tips:

- **Bei niedrigen Temperaturen die Batterie herausnehmen und möglichst nahe am Körper tragen – sie verliert sonst zuviel Energie.**
- **Was mir an diesem Kocher nicht gefällt, ist die Tatsache, das die Drähte, die vom Motor zu den Batteriehalterungen führen, offen liegen (ebenso die Kontakte), was bei Nässe sicher nicht das Ideale darstellt.**

D. BRENNSTOFFTRANSPORT

Bei Kartuschen ist es einfach, da nichts auslaufen kann. Bei Transport von Petroleum, Benzin oder Spiritus nehme man eine Aluminium-Sicherheitsflasche. Diese Flaschen wurden extra für diesen Zweck hergestellt, haben den TÜV-Segen und sind auslaufsicher. Sie eignen sich für alles Flüssige überhaupt. Es gibt diese Flaschen in verschiedenen Größen: angefangen von einem halben Liter, einem Liter und eineinhalb Liter, liegen die Preise zwischen 11 und 19 Mark pro Flasche. Auf jeder Flasche sollte man deutlich sichtbar den Inhalt vermerken, damit auch ein jeder weiß, was drin ist. Benötigt man Esbit (für den Kocher oder zum Vorheizen eines Benzinkochers) nimmt man, falls man die Auswahl hat, für den Esbit-Kocher die größeren Tabletten, zum Vorheizen die kleineren Tabletten mit. Die Bundeswehr-Ausführung ist übrigens wasserdicht verpackt.
Kocht man mit Kartuschen, sollte man bedenken, daß man sie gefüllt bis hierhin mitnehmen konnte. Also kann man die leeren auch wieder bis zur nächsten Abfallmöglichkeit mitnehmen, nicht irgendwo in die Landschaft schleudern!
Spiritus oder sonstige Brennstoffe auf keinen Fall in Glasflaschen oder Plastikflaschen transportieren. Erstens ist Glas unverhältnismäßig schwer und kann zerbrechen, und zweitens dehnen sich Brennstoffe wie z. B. Benzin bei bestimmten Temperaturen aus.

18. Geschirr unterwegs

A. WORAUF ES ANKOMMT

Egal, was man an Auswahl dabeihaben will, leicht muß es sein! Und möglichst robust. Und brechen oder verformen sollte es sich auch nicht. Das sind die wichtigsten vier Punkte. Streicht man alle unbrauchbaren Materalien, bleiben Plastik und Aluminium (evtl. noch Blech) übrig. Töpfe, Teller, Tassen und Pfannen gibt es meist in den sog. »Koch-Sets« zu erstehen. Je nach Ursprungsland, Qualität und Größe liegen auch die Preise. Es ist unmöglich, jetzt alles aufzuführen, was lustig auf dem Markt herumhüpft. Die bekanntesten will ich nennen, um einen Überblick zu geben – die Auswahl muß man selbst treffen. Viele Geschirre unterscheiden sich nur in ganz geringer Hinsicht voneinander. Die meisten (und billigsten) Kochsets werden in Taiwan und Korea produziert. Die Verarbeitung ist aber auch danach. Diese Kochgeschirre werden dann importiert und über Großhändler weitervertrieben. Teilweise brauchbar für die schmale Reisekasse – teilweise sollte man die Finger davon lassen. Die besten Ausführungen liefert Schweden. Auch deutsche Hersteller haben Geschirre anzubieten. Bei Auswahl des Geschirrs kommt es (mal ganz abgesehen vom Preis) darauf an, was man mitnehmen will. Braucht man eine Pfanne, einen oder mehrere Teller? Ist man allein unterwegs oder mit Partner(n) ? Will man kleine Menues kochen oder mitgeführte Spezialnahrung (s. Nahrung)? Es gibt Leute, die mit einem Topf, Taschenmesser, Löffel und Gabel wochenlang auskommen, aber es gibt auch andere, die bei einer Fliege im bunt verzierten Emailleteller die ersten Anzeichen von Panik bekommen. Leider gibt es nicht viele Firmen, die Töpfe und Zubehör einzeln anbieten. Generell ist zu sagen, daß man seine Kochgarnitur lieber eine Nummer größer nehmen sollte. Das Mehrgewicht ist äußerst gering, und schließlich kann man nicht benötigte Teile von Fall zu Fall zu Hause lassen. Empfehlenswert sind zwei verschiedene Kochsets. Man kann damit variieren; wenn man über Kochfeuer kocht, wird das Geschirr doch stärker in Mitleidenschaft gezogen als beispielsweise über Gas und Brennspiritus. Plant man eine extreme Tour, so sollte man das Kochgeschirr speziell darauf abgestimmt sein (Schneeschmelzen, Brotbacken, etc.)

B. PRODUKTBEISPIELE

Kochgeschirr (Taiwan)

Kleines Kochgeschirr, oft auch als »Bergsteiger-Kochset« im Handel, bestehend aus Kochtopf 16,5 cm Ø (1,1 Ltr.), Deckel 17,5 cm Ø, 2 Teller je 15,5 cm Ø, 2 Plastiktassen (Weichplastik), 1 Griffzange. Packmaße 10 cm hoch, Ø16,5 cm. Preis ca. 22,– DM. Sehr weiches Aluminium, die Teile verbiegen sich sehr leicht. Für ein Süppchen als »Notgeschirr« bedingt zu empfehlen.

Trangia-Sturmkocher links verpackt, daneben die Teile einzeln. Bergsteigereßgeschirr verpackt, daneben die einzelnen Teile, sowie Geschirrtücher und Spülmittel. Alu-Teller, Brotdose, Berghaferl, Trangia-Becher, Falttasse, Müsli-Topf. Caravan-Gewürzset, Taschenmesser mit Eßbesteck, Bundeswehr-Eßbesteck, dreiteiliges Campingbesteck.

Es gibt solche Kochgeschirre auch mit drei Töpfen, entsprechenden Mehrinhalt usw. Die Preise bewegen sich zwischen 20,– und 40,– DM. Ich habe auch schon Geschirr mit Fritiereinsatz (?) gesehen – naja, Spaß muß sein... Wenn man nicht oft und viel kocht, wenn man sich unterwegs anders verköstigt und keine großen Anforderung an solche Geschirre stellt, wenn man gerade anfängt, sich dafür zu interessieren, erfüllen sie »zum Einstieg« den Zweck.

Auf jeden Fall abraten möchte ich von Armee-Geschirren. Bekannt ist u. a. das Bundeswehr-Eßgeschirr, das eine nierenförmige Form aufweist. Es besteht aus einem Einsatz und Deckel mit Griff. Das Unterteil ist viel zu hoch, um daraus zu essen. Vom Kochen ganz zu schweigen. Erhältlich ist auch die französische Form, die aber rechteckig ist. Die Probleme sind die selben. Das mir beste bekannte Geschirr liefert die Fa. Trangia (s. Kocher). Die Schweden verwenden eine hervorragende Aluminium-Legierung. Ihre Geschirre sind durchdacht und funktionell. Nachfolgend verschiedene Sets:

Campingset 224

Bestehend aus folgenden Teilen:
1 Bratpfanne mit umklappbarem Griff, 16 cm ∅
1 Topf, 1 Ltr. Die Bratpfanne kann als Deckel für den Topf verwendet werden.

Campingset 124

Bestehend aus folgenden Teilen:
1 Bratpfanne mit umklappbarem Griff, 20 cm ∅
1 Topf, 1 Ltr., mit Deckel
1 Teller, 20 cm ∅
1 Packriemen mit Schnellverschluß

Campingset 628

Bestehend aus folgenden Teilen:
1 Topf, 2 Ltr.
1 Bratpfanne 18 cm ∅, wird als Deckel für den Topf verwandt
1 Wasserkessel 0,8 Ltr.
Der beiliegende Griff wird entweder in den Topf, Kessel oder die Pfanne eingeschoben. Ohne Packriemen

Campingset 24

Bestehend aus folgenden Teilen:
1 Topf, 2,5 Ltr.
1 Topf, 1,5 Ltr.
1 Bratpfanne 20 cm ∅
1 Wasserkessel 1 Ltr.
1 Deckel
1 Griffzange
1 Packriemen mit Schnellverschluß

Einzeln erhältlich sind Alu-Tassen, Alu-Teller, Griffzangen, Teekessel in verschiedenen Größen, Lagerkessel, Bratpfannen und Brotdosen in verschiedenen Ausführungen.
Hat man den Trangia Sturmkocher, so hat man seine Rucksack-Küche bereits zusammen (s. Kocher). Ist man gezwungen, eine andere Energiequelle als Spiritus in Anspruch nehmen zu müssen (z.B. Gas), so kann man die zwei Töpfe samt Wasserkessel herausnehmen. Als Pfanne (falls benötigt) verwendet man entweder einen Teller oder kauft sie einzeln nach. Bei den von Trangia angebotenen Wasserkesseln rasten die Henkel beim Hochklappen ein.

C. BEISPIEL EINER KOMPLETTEN RUCKSACK-KÜCHE

Kocher (Wenn möglich, im Kochgeschirr unterzubringen)
1 Topf, Inhalt nach Bedarf } beide sollten ineinander passen
1 Topf, Inhalt nach Bedarf }
1 Wasserkessel, soll in den kleineren Topf passen
1 Deckel, der auf beide Töpfe paßt
1 Pfanne, die als Deckel beim verpackten Geschirr dient
1 oder 2 Griffzangen, die in den Wasserkessel passen sollten
1 Packriemen
Teller mit dem gleichen ∅ wie das Geschirr.

Diese Aufstellung soll keineswegs bedeuten, daß man das alles mitnehmen muß. Den Deckel kann man z.B. durch die Pfanne ersetzen, die Teller ganz weglassen usw. Es soll vielmehr ein Denkanstoß sein, um das Volumen besser auszunutzen.
Statt Aluminiumteller könnte man auch Plastikteller verwenden, jedoch scheint mir die Bruchgefahr erheblich.

Zubehör und Tips

Ein Spültuch ist Pflicht. Unterzubringen entweder im Wasserkessel oder ganz oben drauf, bevor der Deckel (Pfanne) darübergestülpt wird. Im Notfall tut es auch ein altes T-Shirt oder Handtuch.
Geschirrspülmittel kann man in Plastikdöschen abpacken. Im Notfall nimmt man Seife. Man kann auch Sand und Schlamm verwenden.
Gewürze sind so eine Sache. Manche mögens scharf! Ausreichend Salz sollte man immer mit sich führen (allein schon deswegen, damit der Mineralsalzhaushalt nicht ins Wanken gerät). Nicht umsonst ist in vielen Ländern Afrikas Salz eines der begehrtesten Tausch- und Handelsobjekte. Pfeffer und sonstige Gewürze je nach Geschmack. Schwarzen Pfeffer ersetzt man durch Cheyenne-Pfeffer, bei dem man bei gleicher Würzkraft Gewicht sparen kann.
Bei nicht sehr rußendem Brennstoff (oder wenn man in Eile ist) kann man die Töpfe einfach ineinander stellen. Um Beschmutzung in anderen Töpfen zu vermeiden, legt man zwischen jeden Topfboden kleine Spültücher (Klopapier oder Blätter gehen genauso). Außerdem hat man dann gleich mehrere kleine Spültücher untergebracht und kann sich das große schenken, hinzu kommt, daß die Töpfe (Kessel) geschont werden. Auch Klappern kann man damit vermeiden.
Hat man entsprechend Platz, so versuche man einen Löffel und eine Gabel im Inneren der Küche unterzubringen. Man hat dann alles zusammmen.

Die Rucksackküche für zwei Personen: Trangia-Sturmkocher. Hinten rechts die Brenneraufsätze, daneben zwei Töpfe und die Pfanne (mit Schnallgurt und Brenner). Davor Griffzange und Wasserkessel. Vier Gewürzbehälter, 1 Dose Spülmittel, zwei kleine Geschirrtücher, zwei Aluminium-Teller, zwei Bestecke und der Packbeutel.

Tips und Tricks:
Einen Packbeutel würde ich mir zulegen, weil man damit das Rucksackinnere vor Verschmutzung schützt (Rußrückstände am Topfboden). Von Trangia gibt es einen roten Packbeutel (paßt sehr gut für den großen Sturmkocher). Man kaufe im Sportfachhandel einen kleinen Packsack mit Tanka-Verschluß. Eine wasserdichte Ausführung ist gar nicht verkehrt – wem schon einmal etwas Bratfett in den Rucksack geflossen ist, weiß das. Für Sparwütige tut es auch eine starke Plastiktüte.

D. BESTECKE

sollten entweder zusammensteckbar oder im Kochsatz unterzubringen sein. Auch hier geht Qualität leider auf das Gewicht:

Campingbesteck, dreiteilig, bestehend aus Gabel, Messer und Löffel. Made in Taiwan, ineinandersteckbar, unter 5,– DM.
Schwachpunkte sind jeweils 2 Löcher an Messer und Gabel, die zur Befestigung am Löffel dienen. Hier brechen Messer und Gabel irgendwann durch.
Vorteil: niedriges Gewicht, billig.
Gewicht: 65 Gramm mit Plastiketui, 18,5 cm lang.

Bundeswehrfeldbesteck, rostfreier Stahl, bestehend aus Gabel, Messer, Löffel und einem Flaschen- und Dosenöffner, in den alle Teile eingeschoben werden. Gewicht: 190 Gramm, Preis ca. 17,– DM, Länge 19 cm. Etliche Mark teurer, viel schwerer, aber äußerst haltbar.

6teiliges Taschenmesser, durch Ausklappen von Gabel oder Löffel in zwei Hälften teilbar. Mit Messer, Dosenöffner, Kapselheber, Korkenzieher. Optisch dem Schweizer Offiziersmesser (s. Messer) nachempfunden. Durch die

Meine Zusammenstellung verpackt: Spültücher, Gewürzdosen, Griffzange und Brenner werden im Wasserkessel untergebracht. Darauf kommen die Bestecke (darauf kann je nach Bedarf noch ein Geschirrtuch kommen). Abb. rechts zeigt das Ganze verpackt, die Alu-Teller befinden sich am Unterteil.

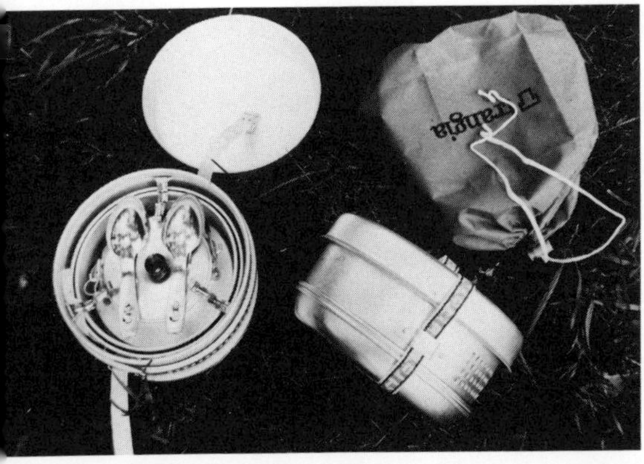

trennbaren Hälften läßt sich essen wie zu Hause. Gewicht: 150 Gramm, Preis ca. 24,– DM, Länge 12 cm, größte Breite 3,8 cm.

Tip:
Ein zusammensteckbares Eßbesteck gibt es von der Fa. ELITE-Bergsport. Das Besteck besteht nur aus Löffel und Gabel (Aluminium), ist sehr stabil und mit den Maßen 15 × 4,5 cm paßt es meist noch in jedes Kochgeschirr. Gewicht 40 Gramm, erhältlich unter 10 Mark.

E. TRINKGEFÄSSE

Trinkgefäße für unterwegs gibt es aus Aluminium, Blech, Weich- und Hartplastik. Aluminiumtassen und -töpfe haben den Nachteil, daß man sich schnell bei heißen Getränken den Mund verbrennt. Vor allem muß man eine Zeitlang auf die Abkühlung des Getränks und des Materials warten, bevor man daraus trinken kann. Plastiktassen sind – zumindest was Hartplastik betrifft – zerbrechlich. Dafür verbrennt man sich weder Finger noch Mund. Große Plastiktassen haben den Vorteil, daß man in ihnen auch Haferflocken oder ein Müsli anrühren kann; sind sie mit Messeinteilung versehen, um so besser.

Produktbeispiele:

Sierra Tasse
Diese Tasse ist aus Stahlblech und hat einen Henkelgriff. Sie hat einen schräg nach außen gezogenen Rand, heiße Getränke kann man etwas besser daraus trinken, als aus anderen Blech- oder Alu-Tassen. Die Sierra-Tasse hat 12 cm Ø und ist 4 cm hoch. Erhältlich ist sie um 10 Mark. Gewicht 77 Gramm.

Trangia-Becher
Aus Aluminium ist dieser Trinkbecher gearbeitet. An der Seite befindet sich ein Griff. Der Becher hat 0,3 Liter Inhalt, ist 4,5 cm hoch, der Ø beträgt 10 cm. Gewicht 55 Gramm, Preis ca. 6,50 Mark.

Trinktasse oder »Berghaferl«
Aus etwas biegsamem Hartplastik besteht dieser Kunststoffnapf mit Handgriff. Der Napf kann als kleiner Teller, Schöpflöffel oder einfach zum Kaffeetrinken verwandt werden.
An der Innenseite befindet sich eine Maßeinteilung (0,05 Ltr.). Das Gewicht beträgt 70 Gramm, Inhalt 0,3 Liter. Der Napf ist 6 cm hoch, 16 cm lang und 10 cm breit. Preis unter fünf Mark.

Falttasse
Aus Weichplastik besteht die Falttasse, die zusammengefaltet nur sehr wenig Platz in Anspruch nimmt und in jede Hosentasche paßt. Die Tasse hat 0,2 Liter Inhalt, ist 5 cm hoch und hat einen Ø von 8 cm (Höhe zusammengefaltet 2,5 cm). Gewicht 25 Gramm. Man erhält sie zwischen 6,50 und 9 Mark.

19. Wasserentkeimung

Sei es in südeuropäischen Ländern oder auf einem Trip in Hinterindien: Unbehandeltes Wasser ist stets mit Vorsicht zu genießen – und das im wahrsten Sinne des Wortes. Auch wenn das Wasser glasklar ist, sollte man sich nicht täuschen lassen; es sollte immer entkeimt werden.
Erstens herrschen im Ausland andere Hygiene-Verhältnisse als in Deutschland, und zweitens ist man sich in den seltensten Fällen über die Herkunft des Wassers im klaren. Und wenn man dann erfährt, daß an dem Flußlauf, aus dem man vorhin getrunken hat, 200 Meter oberhalb ein ganzes Dorf Tag für Tag seine Notdurft im Fluß verrichtet, ist es zu spät.
In den nördlichen Regionen, wo tropische Infektionskrankheiten wegfallen, wo Wasser aus einer glasklaren Quelle im Gebirge sprudelt, ist es meist einwandfrei. Doch auch das muß nicht immer so sein. Auch in Norwegen und Kanada (wo in Prospekten immer eine völlig intakte Natur vorgespielt wird), gibt es Flüsse und Seen, deren Wasser nicht trinkbar ist.
Und erst recht in südlichen Breiten. Ich habe mich ein einziges Mal hinreißen lassen und in Marokko aus einer mir einwandfrei erscheinenden Quelle getrunken; die Folge war ein tagelanger Durchfall. Und das war sicherlich ein kleineres Übel, denn wenn man nur an Typhus oder Cholera denkt, deren Erreger im Wasser vorhanden sein können, wird man die kleine Mühe der Entkeimungsprozedur sicher vorziehen.
Es soll zwar Leute geben, die nach gewisser Eingewöhnungszeit das landesübliche Trinkwasser ohne weiteres vertragen, aber das Risiko einer Krankheit bleibt nach wie vor bestehen.

A. WAS GIBT ES?

Eine relativ sichere Methode ist das Abkochen. Eine längere Zeit (mindestens 10 bis 15 Minuten) ist anzuraten. Während Viren und Keime absterben, bleiben aber Dreck, Schweb- und Trübstoffe erhalten. Nachteilig beim Abkochen ist der Zeitaufwand. Hinzu kommt der Energiebedarf des Kochers oder die Feuerunterhaltung – und abkühlen soll es ja auch noch.

Chemische Desinfektion

Jod und Chlor

Eine weitere Möglichkeit bietet die chemische Desinfektion. Im Notfall kann man mit Jod aus der Reiseapotheke Wasser entkeimen. Man gibt einige Tropfen Jod ins Wasser. (Einige empfehlen 2, andere 4 oder 5 Tropfen), verrührt das Ganze gut und läßt das Jod eine halbe bis eine Stunde einwirken. Abgesehen vom nachteiligen Geschmack bekommt man häufig Allergien, die Sache ist also wirklich für den Notfall gedacht.

Auch Chlortabletten sind im Handel, die nach einer gewissen Einwirkungszeit zuverlässig desinfizieren. Allerdings ist auch hier der Geschmack des damit behandelten Wassers nicht mehr der, der er sein sollte, und nach einigen Tagen wird man den Geschmack bald über haben.
Die Bundeswehr fügt EPA's (Einmannrationen) Entkeimungstabletten bei. Auch diese eignen sich zur Desinfektion, aber auch hier muß gesagt werden, daß das entkeimte Wasser einen starken Nebengeschmack aufweist, auf längere Zeit ist unbedingt davon abzuraten.

Micropur

Dieses Präparat ist in Tabletten- oder Pulverform erhältlich. Aufgrund seiner Zusammensetzung ist es absolut geschmacksneutral. Das Mittel ist auf Silberbasis aufgebaut, d.h. es enthält Silbersalze, die die Keime zuverlässig abtöten.
Micropur schützt insbesonders vor Erregern von Krankheiten, wie
Typhus
Paratyphus
Dysenterie
Colibazillose
Cholera
Allerdings: das Mittel eignet sich nur für klares Wasser. Das Präparat kann weder Wasserfarbe noch Geruch beseitigen. Es ist vollkommen gesundheitsunschädlich, und eine Überdosierung ist somit nicht schlimm.
Je nach Bedarf (ob für die Feldflasche oder für den Kanister) gibt es Micropur in verschiedenen Dosierungsgrößen, wobei von den Tabletten immer eine auf eine bestimmte Menge zu desinfizierendes Wasser kommt.
In der pulverisierten Form entspricht ein Beutel oder eine Flasche einer bestimmten Menge Wasser.
Auch zur langfristigen Haltbarmachung von desinfiziertem oder bereits gefiltertem Wasser ist Micropur zu verwenden. Lagert man desinfiziertes Wasser längere Zeit in Kanistern, empfiehlt sich die Hinzugabe von Micropur, da auch aufbereitetes Wasser ohne Zusatz schon nach kurzer Zeit nicht mehr keimfrei ist.
Micropur gibt's in folgenden Dosierungsgrößen:

Packungs-Bezeichnung	Packungs-Inhalt	Micropur-Bedarf für Wassermenge
	Tabletten	
MT 1	100	1 Tabl./1 Ltr.
MT 5	40	1 Tabl./5 Ltr.
MT 20	20	1 Tabl./20 Ltr.
	Pulver	
MP 100	10 Btl.	1 Btl./100 Ltr.
MP 1000	5 Btl.	1 Btl./1000 Ltr.
MP 10 000	100 g Flasche	für 10 000 Ltr.
MP 50 000	500 g Flasche	für 50 000 Ltr.

Die Preise reichen bei Tabletten von ca. 12 bis 22 Mark, bei der pulverisierten Form liegen sie zwischen 16 und 19, für die 500- Gramm-Flasche legt man ca. 55 – 60 Mark auf den Tisch.

B. WASSERFILTER

Für trübes Wasser aus Tümpeln oder Teichen empfiehlt sich ein Filtergerät. Durch ein Filterelement wird trübes oder Brackwasser entkeimt und gleichzeitig gereinigt, also klar. Bakterien und Krankheitserreger werden zurückgehalten. Während bei den Entkeimungstabletten eine Einwirkzeit von meist ein bis zwei Stunden eingehalten werden muß, kann man durch Filter entkeimtes Wasser sofort trinken.
Im Handel befinden sich verschiedene Geräte.

Produktbeispiele:

Siphonfilter von Katadyn

Der Filter besteht aus einer Keramikkerze, die durch ihren Silbergehalt ein Wachsen von Bakterien verhindert.
Am Filter selbst ist ein Schlauch angebracht. Zum Gebrauch wird die Filterkerze in ein Behältnis mit Wasser gelegt, der Schlauch hängt (möglichst tief) im Auffanggefäß. Sobald der Schlauch durch Ansaugen mit dem Mund mit Wasser gefüllt ist, läuft nun aufgrund des Höhenunterschieds selbsttätig Wasser nach. Auf diese Weise werden bis zu zwei Liter klares, entkeimtes Wasser in der Stunde gewonnen. Der Filter hat einen Durchmesser von 4 cm, ist 30 cm lang und wiegt 700 Gramm. Der Preis beträgt ca. 76 Mark.
Durch den langsamen Wasserfluß empfiehlt es sich, den Filter über Nacht einzusetzen. Nachteil für Rucksackreisende ist der langsame Wasserfluß und das Beschaffen größerer Gefäße für den Entkeimungsvorgang.

Filopur-Touristik-Filter

Ein anderer preiswerter Filter ist der Filopur-Touristik-Filter, der mit seinen 250 Gramm Gewicht der leichteste unter den Filtern ist. Sein Filter besteht nicht aus einer Keramikkerze, sondern aus einem runden Filterelement, welches u.a. ebenfalls Silberanteile enthält. Der Vorteil dieses Gerätes liegt im günstigen Anschaffungspreis von ca. 74 Mark. Nachteilig ist die geringe entkeimte Wassermenge im Verhältnis zur Zeit. So benötigt man für einen Liter Wasser runde 5 Minuten. Das Filterelement entkeimt und klart je nach Wasserqualität ca. 250 Liter Wasser, danach muß es gegen ein neues ausgewechselt werden. Ein Filterelement erhält man für ca. 20–40 Mark.
Für den einen oder anderen, der selten in den »Genuß« des Entkeimens von Trüb- und Brackwasser kommt, sicherlich eine preiswerte Möglichkeit, für Dauergebrauch allerdings scheint mir das Gerät nicht geeignet.

Taschenfilter

Von Katadyn wieder stammt der Taschenfilter, der mit einer Länge von 25, einem Durchmesser von 7 Zentimeter und seinem Gewicht von 650 Gramm

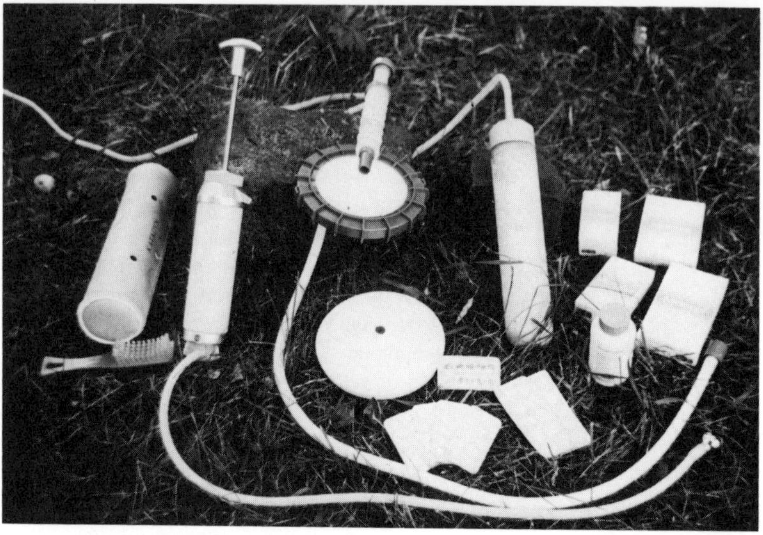

Katadyn-Taschenfilter, Filopur-Touristik-Filter. Im Vordergrund Ersatzfilter. Daneben Siphonfilter. Rechts und Vordergrund: Micropur Entkeimungstabletten und -Pulver.

durchaus zu verkraften ist. Er filtert einen dreiviertel Liter in einer Minute und ist somit der schnellste seiner Art. Am Gehäuse befindet sich ein Schlauch, der ins Brackwasser gehängt wird. Durch Pumpen wird der Wasserdurchfluß erreicht. Auch er hat im Inneren wieder einen Keramikfilter, der erst nach 40.000 bis 100.000 Litern erneuert werden muß. Unterwegs muß man also mit keinerlei Nachschubproblemen rechnen. Nachteilig ist der relativ hohe Preis von derzeit 290 Mark. Rechnet man sich aber dagegen einmal aus, was man durch die lange Lebensdauer gegenüber Nachkäufen von Filterelementen anderer Produkte spart, ist der Preis sicher nicht zu hoch. Für Dauereinsatz oder häufige Touren in gefährdete Gebiete ist dieser Filter sehr zu empfehlen.

Kolbenpumpenfilter

Von gleichem Hersteller stammt der größte Trinkwasser-Filter, der Kolbenpumpenfilter. Der Filter ist ein großes Standmodell und vor allem für Touren mit mehreren Leuten oder Expeditionen gedacht. Mit fast 60 cm Höhe, einer Breite von 14 × 20 cm und einem Gewicht von 5300 Gramm ist er für eine oder zwei Personen zu schwer. Für Gruppen dagegen ist er gut geeignet, denn immerhin entkeimt er 2 bis 3 Liter Wasser pro Minute. Je nach Vertriebsfirma kostet der Kolbenpumpenfilter bis zu 800 Mark.
Der Tropffilter von Katadyn ist aufgrund seiner Abmessungen mehr für Caravan und Boot geeignet, er ist deshalb hier auch nicht aufgeführt.
Im Handel befinden sich noch andere Entkeimungsgeräte, wie z.B. das Gerät der Fa. Braun, »Filtron«, sowie von Fichtel & Sachs das »Filtron Camp 3000«. Das erste Gerät arbeitet mit relativ teueren Batterien, das zweite benötigt einen 12 Volt-Anschluß. Fürs Wandern, Trampen und Trekking sind diese Geräte daher nicht geeignet.

20. Wasser- und Getränkeaufbewahrung

Egal, ob man zu Fuß, mit dem Fahrrad oder Motorrad unterwegs ist, einen erfrischenden Schluck wird man unterwegs – nicht nur in heißen Gegenden – immer zu schätzen wissen.
Als Getränk empfiehlt sich Wasser oder ungesüßter Tee. Für kürzere Touren kann man auch Fruchtsaft (z.B. verdünnt) oder ein anderes geeignetes Getränk mitnehmen. Auch verschiedene Fruchtsaftpulver haben sich bewährt. Am Tage sollte man Alkohol – egal, in welcher Form – vermeiden, denn er zieht die Energie aus dem Körper. In heißen Zonen wird man schnell beduselt und in kalten Landstrichen kann man sich durch übermäßigen Alkoholgenuß eine Unterkühlung holen.
Gegen einen kleinen Schuß Rum in den Abendtee ist allerdings nichts einzuwenden, vorausgesetzt, es bleibt bei einem oder zwei Bechern.

Produktbeispiele:

A. TRINKFLASCHEN

Aluminium-Feldflasche mit Filzbezug

Diese altbewährte Feldflasche bekommt man mit aufgesetztem Trinkbecher und Karabinerhaken. Man kann sie gut am Gürtel oder am Rucksack befestigen. Bei Hitze wird der Filzbezug naß gemacht und durch die Verdunstungskühle bleibt der Inhalt länger kühl. Je nach Ausführung wird dieses Modell zwischen 25 und 30 Mark gehandelt. Der Inhalt beträgt 0,8 oder 1 Ltr.

Plastikflasche

Plastikflaschen sind billig und wie alle anderen hier behandelten Gefäße unzerbrechlich. Sie werden gern von Wanderern mitgenommen, da sie sehr leicht sind und irgendwo im Ruck- oder Packsack schon noch Platz finden.
Diese Flaschen gibt es mit einem oder zwei Litern Inhalt, sie sind unter 10 Mark erhältlich.

Isolierflasche

Die »Isotherm«-Isolierflasche von Salewa dient zum Warm-, bzw. zum Kalthalten von Getränken. Im Gegensatz zu anderen Thermosflaschen ist diese Ausführung stoßfest. Die »Isotherm«-Flasche bekommt man in 0,6- und 1-Ltr.-Ausführung. Die kleinere Flasche bekommt man für ca. 13, die größere für 16 Mark.

Isolierflasche, faltbare 2-Liter-Flasche, Plastikflasche mit Becher und Schraubverschluß, Aluminium-Feldflasche mit Filzbezug, Alu-Feldflasche, Aluminium-Trinkflasche mit altem Bierflaschenverschluß.

B. KANISTER UND WASSERSÄCKE

Wasserkanister- und Wassersäcke sind da angebracht, wo man entweder nur etappenweise Wasser bekommt, oder für all diejenigen, die längere Zeit an einem Ort bleiben möchten. Aber auch zum Kochen ist ein mehrlitriger Beutel oder Kanister zu empfehlen – man erspart sich das ewige Hin- und Hergerenne mit dem Kochgefäß.
Je nach Klima und Anwendungsbereich gibts hier verschiedene Produkte.:

Faltkanister

Faltkanister bestehen aus Weichplastik und haben einen Auslaufhahn. Die Faltkanister der Fa. Curver halte ich für die stabilste Ausführung. Bei anderen Modellen sind die Ecken doch recht dünn und werden schneller undicht. Faltkanister gibt es mit 5, 6, 10, 15 und 20 Litern Inhalt.
Die Faltkanister können sehr klein zusammengefaltet werden und nehmen nur sehr wenig Platz in Anspruch. Bei Bedarf werden sie auseinandergezogen. Freilich sind sie nicht für ständigen Gebrauch geeignet. Mein Erfahrungsbereich liegt bei etwa 4 Wochen, denn durch das häufige Zusammenfalten werden diese Kanister – meist an den Ecken und Nähten – irgendwann undicht. Faltkani's halten sich aber in preislichen Grenzen.
Der Curver-sechs-Liter-Faltkanister weist die Maße (zusammengefaltet) von 5 × 15 × 20 cm auf, wiegt 160 Gramm und kostet ca. 12 Mark.

»Tecobag«-Wassersack

Salewa bietet einen ganz leichten Wassersack mit einem Volumen von 4 Litern an. Der Sack hat einen Plastikhandgriff und besteht aus mehrlagigen, verschweißten Plastikfolien. Der Wasserausfluß erfolgt mit einem Plastikventil. Für nicht allzu häufigen Gebrauch scheint mir der »Tecobag« gut geeignet. Aufgrund des dünnen Plastikmaterials jedoch sollte man den Wassersack vorsichtig behandeln. Also weg von spitzen oder scharfen Gegenständen. Der »Tecobag« wiegt nur 20 Gramm (!), ist wie eine Plastiktüte zusammenfaltbar und für ca. 10 Mark erhältlich.

Wassersack, 5 Liter

Von der gleichen Firma stammt dieser Wassersack. Er besteht aus PVC-beschichtetem Nylon, hat vier Ösen und einen Tragegriff, unter dem sich ein Schraubverschluß befindet, Gesamtgewicht 80 Gramm, Preis ca. 35 Mark.

Von der Fa. Wegu gibt es einen äußerst stabilen **Wassersack aus Leinen** mit geschmacksfreier Innengummierung. Er verfügt über einen stabilen Tragegriff und einen Einfülltrichter aus Kunststoff sowie einen Ablaufhahn mit Brausevorrichtung. Um ein Verkleben der Gummiwände zu vermeiden, wurde er ab Werk mit Talkum eingerieben, was sich aber mit lauwarmem Wasser leicht ausspülen läßt. Lt. Lebensmittelgesetz ist die Firma gezwungen, den Vermerk » Nicht für Trinkwassergebrauch« anzubringen, trotzdem halte ich den Wassersack für völlig ungiftig und gesundheitsunschädlich. Relativ klein verpackbar, gehört er zu den stabilsten seiner Art. Inhalt 10 Ltr., Gewicht ca. 500 Gramm. Preis ca. 26–30 Mark.

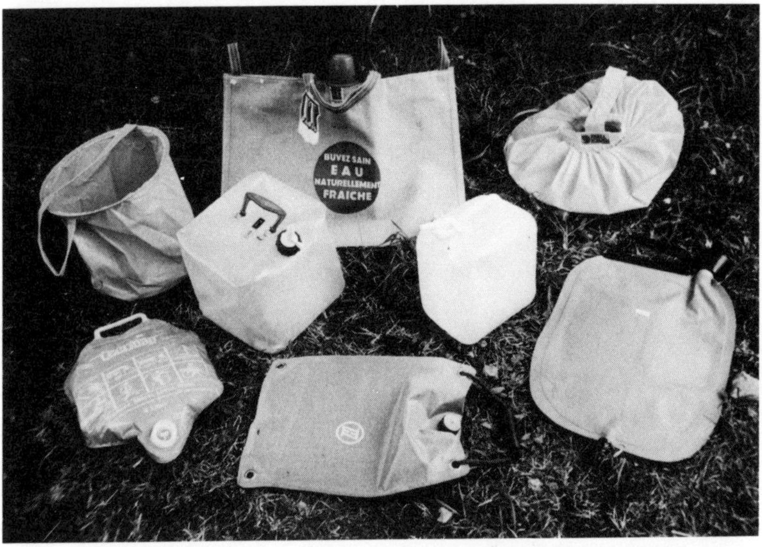

Faltbarer Wassereimer, Leinenwassersack, Wassersack von Fjällräven. In der Mitte zwei Faltkanister verschiedener Hersteller, vorne: »Tecobag«-Wassersack, Salewa-Wassersack, gummierter Wassersack von Wegu.

Leinenwassersack

In heißen Ländern (z.B. Sahara) haben sich die unbehandelten Leinenwassersäcke sehr bewährt. Diese Wassersäcke saugen sich an den Außenwänden voll Wasser, wo es verdunstet. Durch die Verdunstungskühle bleibt der Inhalt immer angenehm frisch, auch bei sehr hohen Temperaturen. Allerdings verliert ein Leinenwassersack ständig etwas Wasser, er tropft. Für Rucksackreisende weniger, aber für Motorradfahrer hervorragend geeignet. Leinenwassersäcke gibt es in flacher und eckiger Form und unterschiedlichem Volumen.

An der Oberseite der Wassersäcke befindet sich der »Einfüllstutzen« mit Trinkbecher. An der Unterseite ist ein kleiner Hahn mit abschraubbarem Brauseaufsatz angebracht. Je nach Inhalt kosten die Leinenwassersäcke zwischen 30 und 50 Mark.

Wassersack von Fjällräven

Dieser Wassersack besteht aus beschichtetem Nylon. Er ist sehr klein zusammenlegbar und weist ein Gewicht von nur 75 Gramm auf. Er ist so genäht, das man ihn gefüllt trägt wie eine Plastiktüte, beim Absetzen auf dem Boden aber trotzdem nichts herausschwappt oder herausläuft. Er besitzt keinen Verschluß, läßt sich aber oben mittels Schnur zusammenbinden. **Transportiert wird er leer.** Bei diesem Modell sollte man beim Abstellen auf spitze Steine oder Äste achten. Preis: 33 Mark.

Einen faltbaren Wassereimer haben wir im letzten Winterbiwak getestet. Dieser Eimer hat einen Inhalt von ca. 10 Ltr. und läßt sich klein zu einer runden Form zusammenlegen. 1982 kostete er von vauDe DM 9,90. Das verwandte Material ist Vinyl. Wir füllten den Eimer mit Schnee und stellten ihn in die Zeltapsis, um in der Frühe zum Kaffeekochen und der Frühstückzubereitung genug sauberen Schnee zur Verfügung zu haben; so konnten wir im warmen Schlafsack liegenbleiben, ohne Nachschub holen zu müssen.

21. Nahrung

A. REISEDAUER UND VORHABEN

Viele Nahrungsmittel für unterwegs erhält man zu Hause oft am billigsten im Supermarkt. Da der Platz im Rucksack, in der Fahrradtasche oder im Motorradkoffer beschränkt ist, fallen viele Nahrungsmittel von vornherein weg. Entweder sind sie zu schwer oder sie nehmen zu viel Platz in Anspruch – oder beides.
Das gilt für kleinere Ausflüge und Wanderungen ebenso wie für mehrwöchige Reisen. Ein weiterer Gesichtspunkt ist die Frage, ob selbst gekocht wird. Die wenigsten Leute werden bei einer dreitägigen Wanderung unterwegs Brot backen, während andere, die mehrere Wochen in der Natur leben möchten und unterwegs keine Einkaufsmöglichkeiten haben (bis auf evtl. Frischfleischversorgung unterwegs), alles mitnehmen müssen und daher verstärkt auf Grundnahrungsmittel angewiesen sind.
Man kann einige Einteilungen treffen:

B. AUF KURZER TOUR MIT EINKAUFS- UND ESSENSMÖGLICHKEITEN UNTERWEGS

Ist man einige Tage mit Verproviantierungsmöglichkeiten unterwegs auf Tour, braucht man sich keine grauen Haare wegen auftretenden Nahrungsmangels wachsen zu lassen. Auch als Vorbereitung für größere Touren und zum Training sei eine solche Tour empfohlen. Notiert man sich unterwegs, was man an überflüssiger Nahrung dabei (oder vergessen) hat und zieht danach Bilanz, weiß man, was man das nächste Mal besser machen muß. Da man unterwegs die Möglichkeit hat, Vergessenes nachzukaufen, wiegt die Vergeßlichkeit nicht allzu schwer. Beim nächstenmal wird man eben der Nahrungsliste mehr Zeit und Mühe widmen.
Bei längeren Touren möchte ich unbedingt von Konserven abraten, da diese zuviel Wasser enthalten, schwer und groß sind und der Nährwert im Verhältnis zum Gewicht gering ist. Hat man Platz und Gewicht übrig, kann man sich auf kurzen Touren ruhig einige Konserven »aufladen«. Geeignet wären z.B. Fischkonserven und vielleicht auch ein kräftiger Eintopf. Wie schon gesagt, Versorgungsmöglichkeiten hat man unterwegs und viele werden vielleicht auch öfters eine Gaststätte oder eine Berghütte aufsuchen.

C. AUF LÄNGERER TOUR MIT BEGRENZTEN EINKAUFSMÖGLICHKEITEN UNTERWEGS

Mit begrenzten Einkaufsmöglichkeiten sind Länder in und außerhalb Europas gemeint, in denen verschiedene Produkte nur in größeren Städten oder überhaupt nicht erhältlich sind. Sicher wird man Grundnahrungsmittel meist

überall erhalten, was natürlich eine längere Essenszubereitung erfordert. Schwieriger wird es bei Trockenmilch und anderen dehydrierten (= entwässerten) Nahrungsmitteln, wie z.B. Ei- oder Kartoffelpulver.
Bei solch einer Reise sollte man vorher genau planen. Kann man unterwegs nachkaufen, welche Nahrungsmittel sollen die ganze Reise über ausreichen? Aus Platz- und Gewichtsgründen sind die schon oben erwähnten Konserven natürlich auf solchen Reisen verpönt. Mitgenommene Spezialnahrung, also dehydrierte Fertiggerichte, die man entweder aus Platzgründen oder für »Durststrecken« unterwegs dabei hat, sind in anderen Ländern nur selten zu bekommen. Auch bei uns gibt es diese Gerichte nur in Bergsteigergeschäften, Globetrotter- und Expeditionsshops.
Auf solchen Reisen wird man häufig unterwegs kochen; man sollte sich deshalb schon zu Hause einen etwas abwechslungsreichen Speisezettel aufstellen – wer ißt was gern? – Diese Frage ist wichtig, denn nach dem 7. Tag »Nudeln mit Tomatensoße« wird das Stimmungsbarometer spürbar sinken. Eintönige Kost auf lange Dauer drückt die Moral und häufig wird dadurch ein Streit vom Zaun gebrochen.

D. AUF LANGER TOUR MIT EXPEDITIONSCHARAKTER OHNE VERPROVIANTIERUNG UNTERWEGS

Reisen mit Expeditionscharakter, also Touren abseits aller Straßen und Wanderwege, sei es im Hochgebirge, Dschungel oder Wüste, bedürfen einer ausgefeilten Planung, auch was die Verpflegung unterwegs betrifft.
Egal ob man zu Fuß oder mit dem Kajak in der Wildnis unterwegs ist, dies ist eine extreme Form des Reisens und verlangt sehr gute organisatorische Fähigkeiten, da man unterwegs (einmal abgesehen von der evtl. Fisch- u. Fleischversorgung) keinerlei Nahrung nachkaufen kann.
Hier können sich Planungsfehler in bezug auf Ernährung katastrophal auswirken. Das Essen wird zu einem der wichtigsten Dinge überhaupt, wenn nicht sogar zum wichtigsten. Nur wer ißt, kann etwas leisten. Ohne »Sprit« wird der menschliche Motor bald stillstehen.
Bei einer langen Tour wird in der Regel um jedes Gramm Gewicht gegeizt, denn hat man keine Träger zur Verfügung, wird die benötigte Nahrung zusammen mit der Ausrüstung auf den eigenen Schultern getragen oder im Boot verstaut. Man muß also versuchen, leichte, aber energiereiche Nahrung mitzuführen. Gekocht wird mit dem geringsten Aufwand, d.h. es bringt nichts, wenn zuviel Brennstoff und/oder Zeit verlorengeht, um ein Gericht zuzubereiten, das einen niedrigen Nährwert hat.
Bergsteiger werden sich meist an die dehydrierten Fertiggerichte halten, die mit geringstem Aufwand auch in großer Höhe zuzubereiten sind. Solche Fertiggerichte können in sämtlichen Klimazonen und Landschaftsformen verwandt werden, allerdings schlagen die Preise für diese Spezialnahrung enorm zu Buche. Man wird also nach Ausweichmöglichkeiten suchen, sofern man es sich aus Gewichtsgründen leisten kann.

E. NAHRUNG ZUM MITNEHMEN

Egal, ob man eine kleine, mittlere oder große Tour plant, die Anforderungen an die mitgenommene Nahrung bleibt stets die gleiche: Sie soll **leicht, platzsparend,** und **energiereich** sein.

Das liest sich leicht ist und auch in der Praxis zu verwirklichen, einige Kenntnisse über den Nahrungs- und Energiebedarf sollte man jedoch mitbringen. Unterwegs auf Tour benötigt ein Mensch je nach körperlicher Anstrengung ca. 3000 Kalorien (ich bleibe bei der Bezeichnung Kalorien (kcal) deshalb, weil sich viele noch nicht an die neue Bezeichnung (Kj) gewöhnt haben – es ist halt noch tiefer verwurzelt).

Bei starker körperlicher Belastung, z.B. Extremtouren im Urwald oder beim Bergsteigen (Extremkletterei) kann die benötigte Kalorienmenge auf 5000 bis 8000 Kalorien ansteigen.

Was man selbst an Nahrungsbedarf verbraucht, läßt sich anhand kleinerer Touren oder beim Training ermitteln.

Zur »richtigen« Ernährung benötigt der Mensch Kohlehydrate, Eiweiß (Protein) und Fette, sowie Vitamine.

Von hinten links nach rechts:
Dehydrierte Eintöpfe, Müsli, Travel lunch, davor eine gewichtsfressende Konservendose. Dosenbrot und Dosenkekse. Kartoffelpulver, Elektrolyt-Getränk, verschiedene Soßen, Salztabletten, Volleipulver, Mischobst (Dörrobst), Notnahrung, Haselnüsse. Verschiedene Sorten von Cathay, Nudeln, Erbswurst, Rosinen. Von EPA's stammen der Kaffee- und Tee-Extrakt, Margarine, Hartkekse, Dosenwurst, Schokolade, schwarzer Tee und Konfitüre.

F. DEHYDRIERTE (ENTWÄSSERTE) NAHRUNG

Dehydrierte Produkte bieten sich an, da sie alle Voraussetzungen erfüllen, die an die Mitnahme gestellt werden. Viele dehydrierte Produkte erhält man im Lebensmittelgeschäft oder im Supermarkt. Von KNORR und MAGGI beispielsweise gibt es angefangen vom Erbseneintopf bis zu Linsen mit Speck eine reiche Auswahl.
Die meisten dieser Gerichte werden mit 500 bis 650 ml Wasser gerührt und dann aufgekocht. Der Nachteil ist die relativ lange Kochzeit, ca. 20 Minuten benötigt ein Gericht, wobei man aber auch mit kürzeren Kochzeiten auskommt.
Geschmacklich lassen sich diese Gerichte nicht von Konserven unterscheiden (wie alles, sollte man auch diese Gerichte vorher zu Hause ausprobieren, denn Geschmäcker sind bekanntlich verschieden!). Je nach Geschmack lassen sich beliebig Gewürze zugeben.
Die Preise liegen bei ca. 1,70 Mark pro Gericht, wobei ich diese Trockenprodukte um ca. 10 bis 12 Pfennige billiger bekam (Supermarkt). Und das ist wenig, vergleicht man diese Preise einmal mit denen von Spezialnahrung.
Zur Mitnahme sind u. a. folgende Nahrungs- und Grundnahrungsmittel geeignet (Ein »d« in Klammer bedeutet dehydriert):

Mehl
Reis
Nudeln
Kartoffeln (d)
Fertigeintopf (d)
Suppen (d)
Soßen (d)
Marmelade
Salz
Backpulver
Kaffee
Tee
Kakao

Fleischbrühe (in Würfeln oder pulverisiert)
Butter
Speck
Bratfett
Hartkäse
Milchpulver
Zucker
Pfeffer und sonstige Gewürze
Gemüse (d)

Eipulver
Haferflocken
Dörrobst
Nüsse
Schokolade
Brot
Dosenbrot
Dehydrierte Fertiggerichte
EPA's

G. EINMANNPACKUNGEN AUS BUNDESWEHR-BESTÄNDEN (EPA's)

Diese EPA's erhält man entweder in Globetrotter- oder Ausrüstungsshops oder direkt bei der Bundeswehr. Die Bundeswehr sondert von Zeit zu Zeit diese Verpflegungsrationen aus, um immer »frische« Vorräte zu haben. Am besten erkundigt man sich telefonisch bei der nächsten Standortverwaltung, die einem mitteilt, wann etwas zu haben ist. Zur »Frische« dieser Bestände sei gesagt, daß ich schon über 10 Jahre alte Verpflegung gegessen habe. Durch die gute Verpackung nämlich hält der Inhalt meist »ewig«. Trotzdem Vorsicht bei aufgetriebenen Konserven!
Die Einmannpackungen sind im Verteilungsfall für eine Person pro Tag ge-

dacht, reichen aber nach meinen Erfahrungen für zwei Personen. Es gibt sie in den verschiedensten Ausführungen.
Ein Original-Inhaltsverzeichnis und eine Gebrauchsanweisung seien hier abgedruckt:

Einmannpackung Typ III

Inhaltsverzeichnis

Huhn mit Champignons und Hörnchen, Fertiggericht	300	g
Hackfleischrisotto, Fertiggericht	300	g
Hartkeks	125	g
Margarine	75	g
Leberwurst, grob	100	g
Konfitüre	60	g (2 Behälter)
Kaffee-Extrakt	7	g (2 Packungen)
Tee-Extrakt	2,4	g (2 Packungen)
Zucker, Raffinade	50	g (4 Packungen)
Kondensmilch/Kaffeesahne	20	g (2 Packungen)
Salz	3	g
Getränkepulver	60	g (2 Packungen)
Schokolade	50	g
Kaugummi	5	Streifen
Zitronenbonbon/Fruchtbonbon	50	g
Wasseraufbereitungstablette	8	Stück (2 Streifen)
Mehrzweckpapier	4	Blatt
Kunststoffbeutel	2	Stück
Erfrischungstuch	1	Stück
Streichholz	20	Stück (1 Brief)

Anmerkung:

Es ist möglich, daß Teile des Inhalts gegen gleichwertige Verpflegungsmittel ausgetauscht worden sind.

ZUBEREITUNGSANWEISUNG:

Fertiggerichte

möglichst in noch geschlossenen Behältern in heißem Wasser – z. B. im Kochgeschirr – erwärmen. Bei Erwärmen auf offenem Feuer – z. B. Esbit – empfiehlt es sich bei den kompakteren Gerichten, zwischen Füllgut und Behälterboden etwas Margarine einzubringen, um die Anbrenngefahr zu vermindern.

Die Gerichte können ohne Nährwertverlust und wesentliche Einbuße im Geschmack auch kalt verzehrt werden.

Öffnen der Behälter: Mit Messer oder einem anderen scharfen Gegenstand den Deckel ein- bzw. herausschneiden.

Kaffee-Extrakt/Tee-Extrakt

mit heißem, notfalls auch mit kaltem Wasser übergießen. Jede Packung reicht für einen Feldbecher Kaffee oder Tee.

Wasseraufbereitungstabletten

Behelfsmittel! Nicht einnehmen! Nur verwenden, wenn es nicht möglich ist, das Wasser zu kochen.
2 Tabletten in 1 Liter Wasser durch häufiges Schütteln lösen, ca. 20 Minuten einwirken lassen, erst dann trinken oder für die Zubereitung von Getränken verwenden.

Hinweis:

Mit »Mehrzweckpapier« ist Toilettenpapier gemeint. Die »Hartkekse« haben beim »Bund« den Spitznamen »Panzerplatten«, sind also wirklich hart, aber durchaus eßbar.
Alle Nahrungs- und Genußmittel sowie die Streichhölzer sind **wasserdicht** verpackt.
Die Wasseraufbereitungstabletten sollte man nur im Notfall als solche benutzen, da ihr Geschmack zu wünschen übrig läßt (siehe »Wasserentkeimung«).
Diese Einmannpackungen sind geschmacklich nicht schlecht und je nach Typ reichen die Fertiggerichte von eßbar bis wirklich gut. Die Preise liegen beim »Bund« ca. um die 7 Mark pro Packung. Vom »Bund« kann man auch noch Margarine in Tuben, Marmelade, wasserdicht verschweißtes Brot, Kaffee und Tee in Dosen und andere Sachen erstehen.

H. MILCHPULVER

Milchpulver ist eine feine Sache, man kann es unterwegs für Kaffee, Trinkmilch und Milchspeisen benutzen. Kauft man es hier bei uns in Deutschland, findet man fast ausschließlich Magermilchpulver, das leider nur einen Fettgehalt von 1 bis 1,5 % Fett aufweist. Wesentlich besser ist da schon Vollmilchpulver, das zwischen 24 und 25 % Fett enthält. Das soll nun nicht heißen, daß man es hierzulande nicht bekommt, aber sehr bekannt scheint es bei Lebensmittelverkäufern (die es eigentlich wissen müßten) nicht zu sein. In einem Reformhaus beispielsweise wurde einem Freund von mir erklärt, daß es in Deutschland nur Magermilchpulver gäbe – er müsse es schließlich wissen. Über die Apotheke schließlich (das ist kein Witz!) wurde ihm eine Packung Vollmilchpulver bestellt – das übrigens in Deutschland hergestellt wird, also kein Import.

Die Fa. Därr führt Vollmilchpulver schon lange und auch bei uns oder bei anderen Ausrüstern kann man es bekommen. Ich selbst habe es vor einiger Zeit über einen Freund bezogen, der Konditor ist und dessen Geschäft es über die Fa. BÄKO bestellte. Die wiederum importierte das Milchpulver aus England. So einfach ist das.
Für 250 Gramm Milchpulver bezahlt man etwa 5 Mark. Aus dieser Menge gewinnt man ca. eineinhalb bis drei Liter Milch.

I. EIPULVER

Eipulver oder Volleipulver eignet sich für alle Eierspeisen bis hin zum Rührei. Das einzige, was man damit nicht machen kann, ist Spiegelei. Für unterwegs also hervorragend geeignet, denn wer nimmt schon frische Eier mit. Die Beschaffung allerdings liest sich wie eine Tragikkomödie. In einem schlauen Kochbuch wurde ich seinerzeit von der Existenz dieses Pulvers in Kenntnis gesetzt. Aha, sagte ich mir, da fragst du deinen Bäcker, der müßte das wissen. Gesagt – getan. »Volleipulver, mein erstes Wort!« bekam ich zur Antwort, »noch nie gehört!«. Also rief ich die BÄKO an, in Erinnerung an das Milchpulver. Volleipulver, nein, das gibt es nicht, man hat auch noch nichts davon gehört und bestellen könne man es schon gar nicht. Blieb wieder mein Freund Günther, der Konditor, der sich sofort darum kümmern wollte.
»Ja, ja geben muß es so etwas, aber da weiß auch keiner wo!« erhielt ich zur Antwort. Also Kochbücher gewälzt und tatsächlich, in Elfie Lukas' »Küche extrem« stand klar und deutlich: Eipulver: BÄKO, A-Graz. Na also, das hat geklappt, dachte ich mir. Über die Auslandsauskunft die Rufnummer besorgt und angerufen. Jaja, man hätte das auf Lager und man könne das auch liefern. Die Abnahmemenge? Ab einem Kilo (Gottseidank, ich hatte die 25 Kilo Vollmilchpulver noch im Gedächtnis). Was, nach Deutschland verschicken? Nein nein, das ginge nicht, viel zu kompliziert, von wegen Lebensmittelgesetz. Aber warum ich mich nicht einfach an die BÄKO in Deutschland wende, die haben das gleiche Volleipulver wie hier in Österreich. Von wegen, dachte ich, wurde jedoch sofort eines Besseren belehrt: Rufen sie doch einmal BÄKO in München an, wurde mir empfohlen. Und tatsächlich, dort lagert das Volleipulver zentnerweise. Auch in Nürnberg bei der BÄKO übrigens kennt man Volleipulver. Nur in Hof in der BÄKO, da kennt man es eben nicht....
Volleipulver erhält man u.a. bei Därr's Expeditions-Service in München oder bei uns. 250 Gramm Pulver entsprechen ca. 20 Eiern und kosten 7,50 Mark.

J. PRODUKTBEISPIELE

Einige Fertiggerichte von Berg- und Sportausrüstern seien hier genannt:

Travel lunch von Salewa

Travel lunch ist eine gefriergetrocknete Nahrung, die nur noch mit kochendem Wasser aufgefüllt werden muß. Die verschiedenen Gerichte sind in ei-

nem verschweißten Aluminium-Beutel untergebracht. Zur Zubereitung wird dieser Beutel geöffnet, die auf der Packung angegebene Menge kochenden Wassers hinzugegeben, umgerührt, und das Ganze bei geschlossenem Beutel etwas ziehen gelassen. Nach einigen Minuten ist die Mahlzeit fertig.
Travel lunch kann man notfalls auch mit kaltem Wasser oder trocken verzehren.
Das Fertiggericht ist in verschiedenen Gerichten erhältlich, so z.B. Nasi Goreng, Jägertopf, Gulasch mit Nudeln, Beef Stroganoff und andere – insgesamt stehen 8 Gerichte zur Auswahl.
Zusammensetzung der Mahlzeit am Beispiel »Nasi Goreng«:
Eiweiß 18,5 Gramm
Fett 12,5 Gramm
Kohlenhyd. 79,3 Gramm
= 110,3 Gramm
Gesamtfüllmenge: 125 Gramm (entspricht einer fertigen Mahlzeit von 425 Gramm. Kalorien 503. Jede Packung ist für zwei Personen gedacht und kostet ca. 15 Mark.

Mountain house (Vertrieb über vauDe)

Auch diese Nahrung ist gefriergetrocknet und daher ebenso leicht wie Travel lunch. Die Zubereitung erfolgt durch Zugabe heißen Wassers in den Aluminium-Beutel. Nach dem Umrühren sollte man auch hier wieder einige Minuten warten, bis die Mahlzeit verzehrfertig ist.
Insgesamt sieben Gerichte stehen zur Auswahl, so z.B. Rindfleisch mit Reis und Zwiebeln, Spaghetti mit Fleisch, Fleischragout und andere.
Zusammensetzung bei »Spaghetti mit Fleisch«:
Das Trockengewicht beträgt 50 Gramm und entspricht 260 Kalorien. In der Packung befinden sich zwei Speiseschalen.
Das Fertiggericht erhält man für ca. 13 Mark, Rindfleisch und Gulaschgerichte kosten ca. 19, Omeletten ca. 11 Mark. Jede Packung reicht für zwei Personen.

»CATHAY«

Einmal was ganz anderes ist »Cathay«. Das konzentrierte Vollnahrungsmittel ist ohne chemische Zusätze. Es besteht aus Fleisch, Fett, Pflanzen, Beeren, Gewürze und Geschmacksveredler. Die alten Indianer Nordamerikas nannten es Pemmikan. »Cathay« enthält alle Stoffe, die der Mensch braucht. Es kann aus der Packung verzehrt werden. Man kann es als Brotaufstrich ebenso wie als Zugabe zu anderen Gerichten verwenden. Hergestellt wird es von Karl-Josef Metzmacher in Heinsberg. Zu bekommen ist es auch bei Ausrüstungs- und Sportgeschäften. Der Vorteil von »Cathay« liegt im Kalorien-/Gewichtsverhältnis. Eine Packung von 100 Gramm entspricht 660 Kalorien.
»Cathay« gibt es in verschiedenen Geschmacksrichtungen, so z.B.:
»Neutral«, das eine ausgewogene Eiweiß-Fett-Kohlehydrate-Mischung enthält.
»Salz« hat die gleiche Zusammensetzung wie oben, allerdings liegt hier der

Schwerpunkt am hohen Salzanteil, um Erschöpfung vorzubeugen. Die Nahrung schmeckt aber nicht »versalzen«.
»Fisch«. Diese Zusammensetzung ist schwerpunktmäßig auf einen hohen Eiweiß- und Proteingehalt aufgebaut.
»Zitrone« weist eine hohe Vitaminkonzentration auf, um Vitaminmangel bei einseitiger Ernährung vorzubeugen.
Von »Cathay« gibt es aber auch noch »Rindersteaks« und »Schweinefleisch«. Die 100-Gramm-Packung liegt bei ca. 8 Mark.
Anmerkung: Die von der Fa. vauDe angebotenen Gerichte »Power Meal« sind vom gleichen Hersteller und mit »Cathay« identisch.

Himalaya-Brot von Salewa

In kleinen Alu-Dosen erhält man dieses nährstoffreiche Vollkornbrot, das bereits in Scheiben geschnitten ist. Gewicht 230 Gramm, Preis 4,50 Mark.

Weizenkeimlingskekse von Salewa

Vitaminreiche Kekse aus natürlich angebauten Weizenkeimen. Ebenfalls in einer runden Alu-Dose. Füllgewicht 200 Gramm, erhältlich für 5,70 Mark.

Rosinenzwieback

Ebenfalls von obigem Hersteller stammt der Rosinenzwieback. Gewicht 130 Gramm, Preis 4,50 Mark.

– Alle Dosen haben die gleichen Maße: 6 cm hoch, 10 cm Durchmesser. Sie haben einen Ring Pull Verschluß und sind nach Anbruch mit einem Plastikdeckel wieder zu verschließen.

Bio Sport Mineralsalztabletten

Die Tabletten sind bei starker körperlicher Anstrengung angebracht, da durch den Schweiß viele Mineralsalze mit ausgeschwitzt werden. Gerade in heißen Ländern sollte man Salztabletten immer dabei haben. Sie verhindern Muskelkater und Krämpfe und dienen zur schnelleren Erholung bei großen Anstrengungen. Eine Packung erhält 100 Tabletten, kostet ca. 14 Mark und ist bei Sportausrüstern zu bekommen.

Champ-Mineral Konditions-Getränk

Dieses Getränkepulver ersetzt ebenfalls die verlorengegangenen Mineralsalze (Elektrolyte). Das Getränk hat Zitronengeschmack und kann in warmen oder kalten Wasser aufgelöst werden. Erhältlich in 25-Gramm-Beuteln (6 Stück =150 Gramm, 7,50 Mark) oder als 500 Gramm Dose, ca. 18 Mark.

K. NAHRUNGSVERPACKUNG UND -AUFBEWAHRUNG

Für den Transport unterwegs benötigt man eine leichte, unzerbrechliche und stets wiederverschließbare Aufbewahrungsmöglichkeit. Es bieten sich ver-

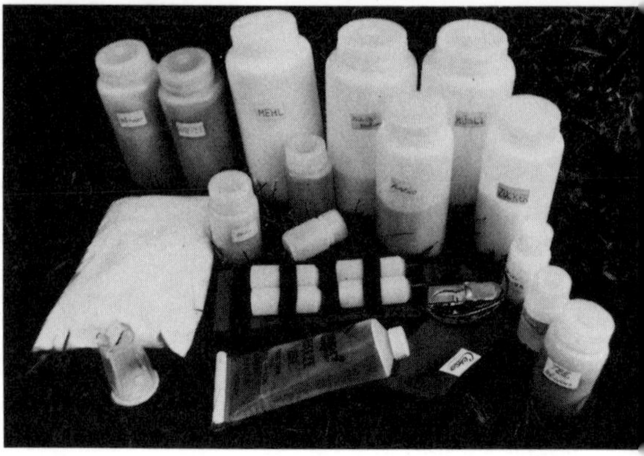

Hinten und rechts seitlich: Verschiedene Weithalsdosen. Links: Milchpulver, in Plastikfolie verschweißt (als Transportmittel ungeeignet!) Daneben Caravan-Gewürzset mit eingeschobenem Bundeswehr-Feldbesteck. Links ein Salz- und Pfefferstreuer. Im Vordergrund eine Squezze Tube (wiederladbare Plastiktube).

schiedene Möglichkeiten an, nur – wie gesagt – wiederverschließbar und dicht müssen sie sein, denn sonst hat man unter Umständen »Mehlmilchpulver« oder irgendwas ist ausgelaufen und klebt irgendwo zwischen Unterwäsche und Ersatzjeans.

Weithalsdosen und -behälter

Am besten geeignet halte ich Weithalsdosen mit dichtem Schraubgewinde. Die Öffnung solcher Dosen sollte so weit sein, daß man mit einem Löffel gut hineinkommt. Solche Dosen oder Behälter bestehen aus Polyäthylen, sind geschmacksneutral und lebensmittelecht. Hinzu kommt, daß sie leicht sind und unzerbrechlich. Für verschiedene Dinge kann man auch Gefrierdosen nehmen, aber ich traue der Sache nicht so ganz, weil ich mir nicht sicher bin, ob die Dinger wirklich zu bleiben. Da ist mir ein Schraubverschluß lieber.
In diesen Weithalsdosen kann man fast alles unterbringen, was man an Nahrung mitnehmen möchte, also Tee, Kaffee, Zucker, Reis, Mehl, Milch- und Eipulver und so weiter und so fort.
Erhältlich sind die Dosen in runder oder eckiger Form. Es gibt ganz kleine (die gut für Geschirrspülmittel, Tabletten usw. sind), mittlere (¼ bis 1 Ltr.) und größere Behälter. Dadurch kann man jede Menge eines Nahrungsmittels entsprechend unterbringen. Diese Weithalsdosen sind ab ein paar Mark aufwärts erhältlich.

Squeeze Tubes

Das sind wiederladbare Plastiktuben mit Schraubverschluß. Sie werden durch eine große, hintere Öffnung aufgefüllt und mit einem Steckverschluß verschlossen. Sie eignen sich für alles Flüssige, also Marmelade, Honig, Butter usw. Inhalt einer Tube 175 ccm, Gewicht 20 Gramm. Erhältlich sind sie paarweise zu ca. 5 Mark. Wem schon einmal Marmelade oder Margarine den Rucksack versaute, wird die Dinger zu schätzen wissen.

L. GEWÜRZBEHÄLTER

Entweder nimmt man die bereits erwähnten kleinen Plastikdosen, oder man besorgt sich Salz- und Pfefferstreuer im Handel. Warnen möchte ich vor einem kleinen kombinierten Salz- und Pfefferstreuer, der aus zerbrechlichem Hartplastik besteht. Beide Seiten des Streuers haben zwar Löcher zum Dosieren, die mit einem Schraubverchluß abgedeckt werden, aber erstens ist der Streuer zerbrechlich, und zweitens haben die Schraubverschlüsse zu den Löchern einen zu großen Abstand, d.h. jedesmal beim Öffnen kommt einem eine größere Menge Salz oder Pfeffer entgegen. Mit einem in den Verschlußdeckeln eingeleimten Papp- oder noch besser Gummistück läßt sich dies vermeiden.

Ein gutes Gewürz-Set bietet Caravan an. Mit dehnbaren Bändern werden vier kleine, unzerbrechliche Weichplastikdöschen gehalten. Die Döschen sitzen auf der Innenseite eines mittels Klettband verschließbaren »Täschchens«. In einem Fach findet auch noch ein Eßbesteck (z.B. BW-Besteck) Platz. Die Gewürzdöschen haben keine Streulöcher, die Dosierung bestimmt man am besten mit daraufgehaltenem Daumen. Die Schraubverschlüsse sind 100%ig dicht. Das Gewürzset kostet ca. 17 Mark, ist also nicht gerade billig und wiegt 50 Gramm.

Oft bekommt man auch in Supermärkten recht gute, wiederverschließbare Gewürzdosen, leider fallen sie meist (zumindest für kürzere Touren) recht groß aus.

22. Körperpflege unterwegs

Ein Metallspiegel leistet gute Dienste. Manch einer möchte sich doch erst einmal betrachten, bevor er in bewohnteren Gegenden seine Mitmenschen erschreckt. Hat einen im Gesicht ein Insekt gestochen, kann man sich mit einem Metallspiegel »untersuchen«. Auch zum Signalgeben ist ein Spiegel gut geeignet – Sonne vorausgesetzt. Auf keinen Fall sollte man einen Glasspiegel mitnehmen, da dieser leicht zerbricht, und abgesehen von seiner Unbrauchbarkeit im Rucksack mit seinen Scherben durchaus Schaden anrichten kann. Metallspiegel kosten nur ein paar Mark und sind unzerbrechlich. Hat man die Wahl, so ist einem Spiegel mit einem Peilloch in der Mitte der Vorzug zu geben (siehe Notfallausrüstung) ansonsten bohrt man sich eins rein. Die Spiegel im Handel sind klein und leicht, sehr gute Erfahrungen habe ich mit einem »Schweißerspiegel« gemacht, der zwar schwerer ist, aber sehr stabil.
Auf Reisen ebenfalls gut zu gebrauchen ist das Zahnputzset DENTO FRESH. Die Zahnbürste ist zerlegbar und findet zusammen mit einer Mini-Zahnpasta in einem kleinen Etui Platz. Der Verschluß des Etuis ist als Becher zu verwenden. Bei nur 50 Gramm Gesamtgewicht weist dieses Zahnputz-Set die Maße von 2 x 5 x 8 cm auf. Für den, den's stört: Die Zahnbürste ist relativ hart. Nachfüllpackungen sind erhältlich, und zwar je drei kleine Tuben in einer Packung. Erhältlich zwischen 6 und 9 Mark.
Bei starker Sonneneinstrahlung z.B. auf Gletschern hat sich ORIGINAL TSCHAMBA FII gut bewährt. Es ist ein fettfreies Sonnenschutzmittel und verhilft zur natürlichen Bräunung. Es lindert auch bei bereits eingetretenem Sonnenbrand, hilft bei Hautrötungen, Mückenstichen und Verbrennungen. Auch für stark lichtempfindliche Personen ist TSCHAMBA FII gut geeignet. Da das Mittel die Pigmentbildung aktiviert, sollte man schon 2 bis 3 Tage vorher mit der Anwendung beginnen.
Ebenfalls TSCHAMBA FII heißt der LIPPENSCHUTZ der gleichen Firma. Er hat einen Lichtschutzfaktor 6, pflegt und verhindert rissige Lippen.
Für Leute, die Schwierigkeiten mit den Füßen haben: GEHWOHL nennt sich eine Creme, die belastete Füße pflegt und kräftigt. Es wirkt desodorierend, verhütetet weitgehend Wund- und Blasenlaufen (die Stiefel müssen trotzdem passen!) Fußbrennen, Fußpilz, Fußgeruch und Hornhaut. Außerdem macht dieses Mittel trockene und rissige Haut geschmeidig. Da GEWOHL auch die Durchblutung anregt, schützt dieses Mittel auch etwas vor kalten und feuchten Füßen. Abraten möchte ich von einer biologischen Camping Seife, die in Taiwan produziert wird. Sie soll 50mal zum Waschen dienen, der Wirkungsgrad allerdings läßt stark zu wünschen übrig.
Die Fa. Därr bietet ein Salzwasser-Seife an, die auch mit Brack- oder Salzwasser noch wäscht. Eine »normale« Seife schäumt in Salzwasser nicht! Für einen längeren Küstenaufenthalt mit beschränktem Trinkwasservorrat erscheint mir diese Seife gar nicht verkehrt. Auch auf Booten, auf denen das Trinkwasser nicht so reichlich vorhanden ist, ist dieses Seife zu empfehlen.

Auf Handtuch liegend: Toilettenpapier, Kulturbeutel, Waschlappen, Seife mit Behälter, Rei in der Tube, Tschamba Fii, Kamm, Handbürste. Das danebenliegende Shampoo sollte in die kleine Weithalsdose umgefüllt werden (bei kürzeren Touren). Vordere Reihe: Metallspiegel, Taschentücher, Zahnputzset Dento Fresh, Creme, Haarbürste – darunter meine Reisebürste (mit abgesägtem Stiel).

Mückenschutz

Gegen Mücken gibt's verschiedene Mittel zum Einreiben. Nach meinen Erfahrungen wirken diese Mittel von Person zu Person unterschiedlich. Ich war z.B. mit einem schwedischen Mückenstift sehr zufrieden und auch von anderen hörte ich, das das Mittel die Stecher zuverlässig fernhält. Zwei Bekannte allerdings gaben dem Mittel das Prädikat »Taugt nix!«. Bei ihnen hat's versagt. Genau so verhält es sich mit anderen Mitteln, genannt sei z.B. Autan. Aus diesem Grund möchte ich hier kein Mittel empfehlen. Also selbst ausprobieren.

Waschzeug

Handtuch, Seife, Zahnputzzeug werden die Grundausstattung bilden. Die oder der eine oder andere werden vielleicht zwei oder drei Handtücher mitnehmen. Ein anderer legt zum Kamm noch eine Haarbürste, wieder ein anderer nimmt sein Rasierzeug mit.
Je nach Ausmaß und Länge der beabsichtigten Tour wird das Waschzeug verschieden ausfallen. Da gibt's Leue, die vier Wochen mit einem Handtuch auskommen (schließlich kann man's ja unterwegs waschen) aber auch solche, die nicht ohne ihr Deodorant leben können.
Wie gesagt, die Mitnahme und Größe der »Körperpflegeutensilien« hängt von der Meinung des Benutzers ab. Nur – ein vernünftiges Maß sollte man einhalten. Am Ende des Buches befinden sich Checklisten, nach denen man benötigte Ausrüstung, Medizin, Körperpflege usw. zusammenstellen kann.

Waschmittel

Ein Waschmittel dabei zu haben, ist auf längeren Reisen nicht verkehrt, vor allem erspart es die Mitnahme zu vieler Wäsche. Unterwegs kann man dann die verdreckte Wäsche waschen, das spart Gewicht. Als Reisewaschmittel sei »Rei in der Tube« oder einfach Seife empfohlen. Ist man nicht gerade in menschenleeren Gebieten, kann man sich unterwegs mit Seife versorgen – ansonsten nimmt man sie eben mit.

23. Beleuchtung

Wichtig unterwegs ist die Lichtquelle, die man gedenkt mitzunehmen. Genauso wie ein Hobby-Höhlenforscher eine Helmlampe mitnehmen wird, besteht der Taucher auf seine wasserdichte Taschenlampe.
Das mindeste, was man von einer mitgenommenen Taschenlampe erwarten sollte, ist ein wasserabweisendes Gehäuse. Denn sobald – etwa bei Regen – Nässe in das Innere dringt, ist es durch Verrosten der Kontakte bald vorbei mit der Helligkeit auf Knopfdruck. Sollte einem die Lampe ins Wasser fallen, nehme man sofort die Batterien heraus und trockne sie ab. Für absolut wasserdichte Taschenlampen gilt das natürlich nicht. – Logisch!
Nur – für welchen Typ soll man sich entscheiden?
Nimmt man einen starken Weitstrahler, ist die Lampe entsprechend schwer, groß und man benötigt viele Batterien. Bei entsprechendem Vorrat an Reservebatterien geht dies natürlich aufs Gewicht. Nimmt man dagegen einen Taschen-Winzling, wird man feststellen, daß seine Leuchtkraft, oder besser »Leuchtschwäche« eben ausreicht, um zu Hause das Türschloß zu finden – viel mehr ist nicht. Man muß also einen Kompromiß finden. Ich kann hier unmöglich sämtliche im Handel befindlichen Taschenlampen aufzählen, einige Modelle seien aber genannt.

A. TASCHENLAMPEN

BW-Taschenlampen

Da gibt es z.B. die Bundeswehr-Taschenlampe. Sie hat eine rechteckige Form und wird mit zwei Monozellen gespeist. Zwei Schieber an der Vorderseite ermöglichen die Einstellung der Signalfarben rot und grün. Ein weiterer Schieber läßt das Licht nur durch einen schmalen Schlitz austreten und wird als »Tarnbeleuchtung« bezeichnet – aha! An der Rückseite befindet sich eine verstellbare Lederschlaufe, mit der man die Lampe am Gürtel oder an Knöpfen befestigen kann. Ebenfalls vorhanden ist eine Morsetaste. Im Gehäuse ist eine Ersatzbirne untergebracht.
Die Leuchtkraft ist meiner Meinung nach durchaus ausreichend. Dieses Modell ist zwar wasserabweisend, nicht aber wasserdicht. Viele Leute schimpfen auf das Ding und es mag sicher bessere geben, ich kann dazu nur sagen, daß meine Lampe mit Batterien ein Vierteljahr per Seefracht Nepal – Deutschland unterwegs war und mit den alten Batterien noch brannte! Preis: ca. 30 Mark.

US-Taschenlampe

Ein anderes Armeemodell ist die US-Taschenlampe in Winkelform. Diese Lampe ist mit Dichtungsgummi versehen und wasser**dicht,** wenn auch nicht für Unterwassergebrauch gedacht. (Versuch: 5 Tage in Aquarium gelegt).

Im abschraubbaren Hinterteil der Lampe befinden sich, ähnlich der Bundeswehr-Lampe, verschiedene Farbeinsätze. Eine Ersatzbirne ist unmittelbar hinter den Batterien angebracht. Mittels einer Blechklemme kann die Lampe an Gürtel oder Brusttaschen befestigt werden. An die runde Winkelform muß man sich erst gewöhnen. Im Gegensatz zur BW-Lampe (die aus Blech besteht) wurde bei diesem Typ Plastik verwandt, daß aber als recht bruchsicher gelten darf. Die Leuchtkraft ist nicht ganz so stark wie bei der BW-Lampe, aber durchaus als gut zu bewerten. Kostenpunkt: ca. 23 Mark.

Dynamo-Taschenlampen,
früher aus Metall, sind jetzt wieder mit Plastikgehäusen zu finden. Der Vorteil solcher Lampen besteht in der Batterieunabhängigkeit, da man durch einen Handhebel selbst die nötige Energie erzeugt. Die Leuchtkraft ist allerdings nicht die größte. Die von der Fa. vauDe angebotene Dynamo-Lampe hat den Vorteil, daß man Plastikscheibe und Birne auswechseln kann, andere Modelle sind zugeklebt. Da man mit einer Hand ständig am Drücken ist, ist diese Lampe nicht für Dauereinsatz geeignet, aber bei einem Gewicht von 110 Gramm durchaus als Reserve-Taschenlampe mitzuführen. Zu bekommen sind solche Lampen zwischen 10 und 16 Mark.

B. STIRNLAMPEN

haben den Vorteil, daß der Strahl automatisch dorthin fällt, wo man hinschaut und beide Hände frei hat. Es gibt sie in den unterschiedlichsten Preis klassen, je nach Qualität. Eine schöne Sache ist die Stirnlampe »Wonder« von vauDe, da die Batterien in einem separaten Gehäuse untergebracht sind, wobei das Batteriegehäuse auch als eigenständige Lampe Verwendung findet. Die Kopflampe ist mit Kopfband und Polsterung ausgestattet. Lampe und Zweitlampe (Batteriegehäuse) sind mit einem Draht verbunden. Beide Teile können durch einen Stecker getrennt werden. Preis: ca. 40 Mark.

C. FACKELN

Gemeint sind nicht die bunten Gartenfackeln, sondern solche mit einer überdurchschnittlichen Leuchtkraft. Verwandt werden sie entweder in Höhlen (z.B. für Auslichtung bei Höhlenfotografie) oder als weit reichendes Notsignal.
Ein sehr helles, weitreichendes Licht gibt eine Magnesiumfackel ab. Es handelt sich um sogenannte Starklichtfackeln. Als Gehäuse dient ein Zinkmantel. Einmal angezündet brennt eine 65 cm lange Magnesiumfackel ca. 10 Minuten. Man kann – und das ist interessant für Notfälle – die Fackel durch Abschneiden auch etappenweise verwenden.
VauDe bietet zwei Ausführungen an: Eine Standard-Fackel mit einem Gewicht von 580 und eine Starklicht-Fackel mit 1000 Gramm. Leicht und billig sind sie nicht – leider. Die große Ausführung kommt immerhin auf 36 Mark.

Hinten: Husch-Gaslampe, EPI-Gaslampe, Stirnlampe »Wonder«, Zwei-Farben-Taschenlampe, Magnesium-Fackel, Bundeswehr-Taschenlampe, davor Dynamo-Taschenlampe, davor US-Winkel-Taschenlampe. Rechts eine normale Stablampe, dahinter die Trangia-Laterne.

D. TRANGIA-LATERNE

Als Zelt-Laterne (eigentlich »Laternchen«) ist diese Laterne zu verwenden. Sie brennt mit Teelichtern, ist also billig in der Unterhaltung. Die Laterne verbreitet ein angenehmes, warmes Licht und wärmt das Zelt etwas auf, da die entstehende Wärme nicht direkt nach oben entweichen kann.
Die Laterne besteht aus dünnem Aluminium, zum Gebrauch ist sie ausziehbar. Zum Verpacken wird das Lichtteil in eine Alu-Hülse gedrückt. Verpackt ist die Laterne 10 x 5 Ø cm groß, funktionsbereit 17 x 5 Øcm. Gewicht 50 Gramm, Preis 20 Mark.

E. GASLAMPEN

Auf die Mitnahme von Gaslampen wird man meist als Einzelreisender verzichten, alleine schon aus Platz- und Gewichtsgründen. Wer den Platz jedoch übrig hat und mit mehreren Personen unterwegs ist, abends helles Licht will oder braucht, dem seien zwei Typen empfohlen:

Husch-Gaslampe

In Verbindung mit einem Husch-Kocher eine gute Sache, da man durch das selbstschließende Ventil der Kartusche diese zum Kochen und zur Beleuchtung verwenden kann. Die Lampe kann ebenfalls als »kleine Zeltheizung« verwandt weden. Zum Gebrauch wird die Gaslampe auf eine Kartusche geschraubt, der Regler aufgedreht und mit einem Streichholz entzunden. Der Glühstrumpf wurde so angebracht, daß eine Beschädigung durch Anzünden nicht möglich ist. Rund um das Lampenglas geht ein Metallgitter, so daß die Lampe auch beim Umwerfen geschützt ist. Bei Mittelstellung verbraucht die Lampe ca. 50 ml Gas in der Stunde. Das Gewicht beträgt 400 Gramm, der Preis ca. 90 Mark.

Epigas-Lampe

Ein billigeres Modell, das ebenfalls Anwendung bei selbstschließenden Kartuschen findet, ist die Epigas-Lampe (siehe Gaskocher). Die Lampe ist mit einem Ersatzglühstrumpf und einer Düsennadel erhältlich. Diese Lampe ist zwar erheblich billiger als die Husch-Version, weist aber keinen Metallschutz ums Glas auf. Erhältlich ist sie für ca. 56 Mark, entzündet wird sie wie die Husch-Lampe. Gewicht ca. 500 Gramm.

Tip:
Beim Kauf von Gaslampen darauf achten, daß die Ersatzteilversorgung, wie z.B. Glühstrümpfe gewährleistet ist.

24. Orientierung

A. KARTENMATERIAL

Unterwegs sollte man immer wissen, wo man sich im Moment aufhält. Bei Tagesausflügen und Wanderungen in den heimischen Wäldern genügt eine gute Wanderkarte, die Höhenlinien, Wege, Straßen und Pfade mit den entsprechenden Markierungen aufweist.
Anfängern sei geraten, das Gelände öfters mit der Karte zu vergleichen, um »einen Blick dafür« zu bekommen. Da die Karte im Gegensatz zur Natur völlig eben ist, werden Höhenunterschiede durch Höhenlinien, die die entsprechende Meereshöhe aufweisen, gekennzeichnet. Mit etwas Übung und Einprägen der Zeichenerklärung (Legende) wird man bald mit der Karte »umgehen« können.
Das gleiche gilt für Rad- und Motorradfahrer innerhalb oder außerhalb Deutschlands. Sobald man sich nicht hunderprozentig sicher ist, wo man sich befindet, sollte man die Karte zu Rate ziehen. Umwege werden damit vermieden oder zumindest eingeschränkt, da man ein Abkommen von der geplanten Route schnell merkt. Und schließlich hat man bstimmte Punkte zum Tanken eingeplant, auf die man in Gegenden mit spärlich vorkommenden Tankmöglichkeiten angewiesen ist.
Die Karte(n) vom Wander- oder Reisegebiet bekommt man meist im örtlichen Buchhandel zumindest, was »gängige« Karten betrifft. Topographische Karten, Luftaufnahmen, und andere spezielle Karten müssen entweder bestellt werden oder sind im normalen Buchhandel nicht lieferbar. Bestimmte Kartentypen von z.B. afrikanischen Ländern, können teilweise seitens des Importeurs nur mit Genehmigung der jeweiligen Landesbehörden bezogen werden. Man wendet sich diesbezüglich am besten an Expeditionsausrüster, die auf derartiges Kartenmaterial spezialisiert sind.

B. KARTENTASCHEN

Kartentaschen dienen zum schonenden Transport der Karten. Motorradfahrer haben es hier einfacher als Rucksackträger, da in vielen Tankrucksäcken eine Kartentasche eingearbeitet ist oder daran befestigt werden kann.
Kartentaschen gibt es aus Nylon, Segeltuch, Leder oder Kunstleder. Auf der Oberseite (Sichtseite) haben sie eine Netzeinteilung, die oft zur Umrechnung des Kartenmaßstabes dient. Bei einer Quadratseite von beispielsweise 10 mm entspräche der Kartenmaßstab 1:50000 auf der Plastikfolie 500 Meter pro Kästchen in der Natur.
Kartentaschen sind von einfachen Formen aus Nylon bis hin zu Doppeltaschen aus Rindleder erhältlich. Sie besitzen eine Kordel oder ein Lederband zum Umhängen. Verschlossen werden sie per Reißverschluß oder Druckknöpfen. Im Gegensatz zu Motorradtaschen, die meistens wasserdicht sind, sind diese Taschen – bedingt durch den Verschluß – nicht wasserdicht.

Für Radfahrer gibt es Lenkertaschen, die – wie bei Motorradfahrern – eine Kartentasche eingearbeitet haben, um die Fahrroute ständig vor Augen zu haben. Kartentaschen bekommt man ab etwa 15 Mark aufwärts.

C. SELBSTKLEBENDE KLARSICHTFOLIE

Wird eine Karte häufig benutzt, so empfiehlt sich das beidseitige Bekleben mit einer selbstklebenden Plastikfolie. Die Plastikfolie schützt die Karte zuverlässig vor Nässe (Folie an den Kanten überschlagen!) und Verschmutzung. Gerade bei öfterem Zusammenfalten und Umknicken erhöht die Folie die Lebensdauer einer Karte wesentlich. Bei Verwendung einer Kartentasche kommt die Sicherheit vor Nässe hinzu. Gerade bei teueren Spezialkarten ist eine Beklebung anzuraten.
Pro Quadratmeter kostet die Folie ca. 9 Mark.

D. KOMPASSE

Kompasse sind von einigen Mark aufwärts bis hin zu mehreren hundert Mark erhältlich. Beim Kauf stellt sich die Frage, was man vom Kompaß erwartet, wie oft man ihn benötigt und welche Präzision man verlangt.
Für eine Tour in der Wüste abseits von Straßen und Pisten wird man einen anderen Kompaß wählen, als für eine grobe Richtungsangabe in der Heimat. Bei der Auswahl eines Kompasses sollte man einiges beachten: Die Nadel sollte flüssigkeitsgedämpft sein. Durch diese Dämpfung (Öl) ist ein schnelleres und genaueres Ablesen möglich, da die Nadel im Gegensatz zu ungedämpften Modellen nicht zittert und sich gut einspielt. Die Nadel ist entweder fest mit der Ableseskala verbunden, oder pendelt sich separat ein, wobei dann die Ableseskala drehbar ist. Sollte sich eine (kleine) Luftblase in der Dämpfungsflüssigkeit bilden, so beeinträchtigt dies die Funktion des Kompasses nicht, vorausgesetzt, die Luftblase entsteht durch Temperaturunterschiede und Luftdruckveränderungen. Dann nämlich verschwinden sie wieder, wenn Temperatur und Luftdruck normal sind. Im anderen Fall, also bei Ölverlust aus dem Gehäuse sollte man den Kompaß schleunigst umtauschen – vorausgesetzt, es erfolgte keine unsachgemäße Behandlung. Das Gehäuse mit der Nadel und der Ableseskala bildet bei billigen Modellen bereits das Außengehäuse des Kompasses. Bei besseren Typen sitzt das Gehäuse entweder auf einer Kunststoffplatte oder ist auf einer Metallplatte angebracht. Mit einem Deckel wird die Glas- oder Plastikscheibe der Skala geschützt.
Um ein Anpeilen eines Punktes und gleichzeitiger Beobachtung der Skala zu ermöglichen, sind am Kompaß entweder Spiegel oder eine Lupe angebracht, durch die man bei Anvisierung des Ziels die Skala im Auge behält.
Im ersten Fall gibt es verschiedene Möglichkeiten. Ist der Spiegel im rechten Winkel zum Kompaßdeckel angebracht, visiert man durch seitliche Schlitze im Deckel das Ziel an und hat gleichzeitig die Skala im Auge.
Andere Typen besitzen den Spiegel im Gehäusedeckel.
Der Marschkompaß der Schweizer Firma Recta hat z.B. den Spiegel unter der Skala angebracht. Der Spiegel ist ausziehbar und bei Anvisieren eines Punktes hat man die Visierlinie und gleichzeitig die Skala im Auge.

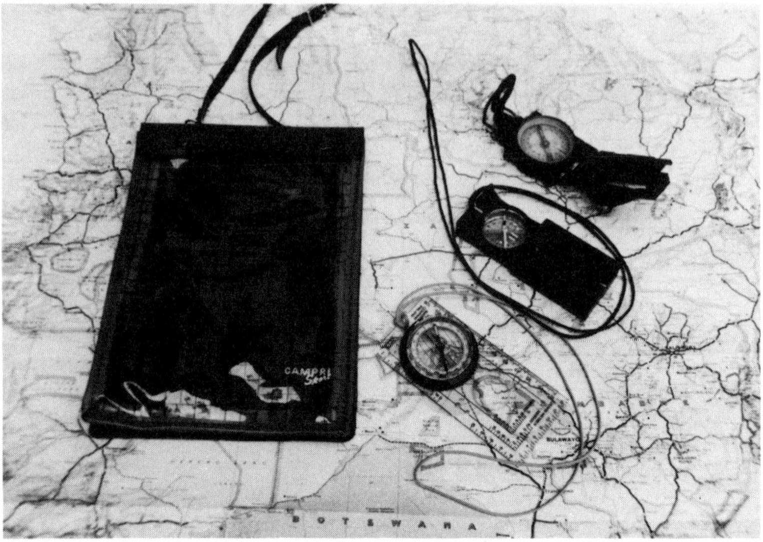

Karte, Kartentasche, Marschkompaß (US-Typ), Recta-Kompaß, Suunto-Kompaß

Eine kleine Auswahl verschiedener Kompasse sei hier aufgeführt:

Karten- und Orientierungskompaß »Suunto«

Diese Kompasse erhält man mit verschiedenen Grundflächen. Angefangen von einfachen Modellen mit inch- und cm-Einteilung bis hin zu Grundflächen mit integrierter Lupe und Skalen für verschiedene Maßstäbe (z.B. 1:25000, 1:50000). Der Spiegel und die Korrekturscala dienen zur Einstellung der Deklination (unter Deklination oder Mißweisung versteht man den Winkel zwischen Kartennord und Magnetisch-Nord. Dieser Winkel ist von Ort zu Ort verschieden).
Die Grundplatte dieser Kompasse besteht aus Kunststoff. Auf dieser Platte ist die Kompaßdose befestigt. Je nach Ausstattung und Modell erhält man diese Kompasse zwischen 14 und 51 Mark. Der »Suunto«-Kompaß RA 69 weist die Maße 12,5 × 6 × 1,7 cm auf und wiegt 50 Gramm. Preis ca. 23 Mark.

Recta-Kompaß

Der Recta-Marschkompaß ist ein kleines, handliches Gerät, hergestellt in der Schweiz. Zur Aufbewahrung wird der Kompaßteil mit Spiegel in die Plastikbox geschoben, rastet ein und ist so von allen Seiten geschützt. Per Knopfdruck zieht man Kompaß und Spiegel aus dem Gehäuse. Mit einem Gewicht von nur 60 Gramm und den Abmessungen von 67 × 46 × 20 mm ist dieser einer der kleinsten. Alle zur Orientierung wichtigen Punkte sind mit Leuchtfarbe versehen. Die Nadel ist flüssigkeitsgedämpft. Erhältlich ist dieses Modell für ca. 70 bis 80 Mark.

Marschkompaß (US-Typ)

Eine Kopie des US-Army-Kompasses, flüssigkeitsgedämpftes Gehäuse. Dieser Kompaß besitzt eine 360 und eine 6400 Grad Armee-Einteilung. Der Kompaß hat keinen Spiegel, die Visiereinrichtung besteht aus einem Schlitz im Deckel und einer Kimme, eine Lupe dient zur gleichzeitiger Skalenbetrachtung beim Anvisieren eines Punktes. Der Kompaß ist mit Leuchtmarken ausgestattet. Klappbares, stabiles Ganzmetallgehäuse. Zusammengeklappt ist der Kompaß 70 × 60 × 26 mm groß, Gewicht 120 Gramm. Erhältlich ist er für ca. 44 Mark.

Prismatikkompaß

Das schwenkbare Prisma dient zur gleichzeitiger Betrachtung des Ziels und der Skala. Das Gerät ist mit einem Neigungsmesser ausgestattet, der zum Messen von Steigungen oder Gefälle verwandt wird. Auf der Rückseite des Gerätes befindet sich eine Tabelle, um Höhenberechnungen verschiedener Punkte vorzunehmen. Flüssigkeitsgedämpfte achatgelagerte Skala. Für einfache Geländevermessungen geeignet. Inklusive Lederetui mit Trageriemen. Das mit Stativgewinde und Wasserwaage ausgestattete Präzisionsgerät ist nicht ganz billig. Fast 200 Mark kostet der Kompaß.

E. FERNGLÄSER

Je nach beabsichtigter Tour ist die Mitnahme eines Fernglases anzuraten. Bei Touren in relativ flachen Gegenden empfiehlt sich ein Fernglas schon wegen der genaueren Erkennung eines weiter entfernt liegenden Punktes. In der Wüste z.B., wo man oft nach Pisten- und Wegmarkierungen Ausschau halten muß, ist ein Fernglas ebenso von Vorteil wie in anderen Gebieten, sei es für die tierische Nahrungsbeschaffung unterwegs, oder zur Orientierung. Auch für den, der in heimischen Gefilden die Tierwelt unterwegs beobachten möchte, bietet sich ein Fernglas an.
Ferngläser erhält man von 100 Mark bis über 2000 Mark, genannt seien hier nur die Firmen Leitz, Zeiss oder Hertel & Reuss. Es kommt natürlich darauf an, welchen Ansprüchen das Glas genügen soll. Soll es gleichzeitig für die Jagd oder für häufigere Touren dienen, wird man etwas tiefer in die Tasche greifen. Das gleiche gilt für licht- und dämmerungsstarke Ferngläser, sowie Nachtgläser.
Bei der Auswahl eines Glases sollte man einiges beachten:

Die Vergrößerung

Die Vergrößerung wird bei der Bezeichnung immer als erste Zahl angegeben. Die Bezeichnung 8 × 30 zum Beispiel sagt aus, daß das Glas eine 8-fache Vergrößerung aufweist. Die zweite Zahl, in diesem Fall die Zahl 30 gibt den Objektivdurchmesser in mm an. Je größer der Objektivdurchmesser, um so mehr Licht erhält das Auge, wobei die einfallende Lichtmenge auch noch von der Vergrößerung abhängt.

Dämmerungszahl

Mit der Dämmerungszahl wird die Leistung eines Fernglases angegeben. Diese erhält man aus der Multiplikation Vergrößerung × Objektivdurchmesser. Aus dieser Summe zieht man die Quadratwurzel (also die Zahl, die mit sich selbst multipliziert das Ergebnis der Multiplikation von Vergrößerung und Objektivdurchmesser ergibt). In unserem Beispiel: 8 × 30 = 240. Die Quadratwurzel von 240 ist 15,5. Das Fernglas hat also die Dämmerungszahl 15,5. Je größer die Dämmerungszahl ist, desto besser erkennt man das Objekt bei schlechtem Wetter oder bei beginnender Dunkelheit.

Die Vergütung

Ein Teil des durch die Linse eintretenden Lichtes geht durch Reflexion verloren. Das dadurch entstehende Streulicht geht auf Kosten des Bildkontrastes. Um dies einzuschränken, werden die Linsen vergütet. Bei der Vergütung wird auf der polierten Linse eine Mineralschicht angebracht. Durch diese Behandlung wird die Lichtdurchlässigkeit der Optik erheblich verbessert und eine Kontrastverbesserung, sowie eine bessere Bildschärfe erreicht.

Die Randschärfe

Die Randschärfe ist abhängig von Preis und Modell. In der Mitte des Sehfeldes liegt die größte Sehschärfe, die sich nach außen hin verringert.

Größe des Sehfeldes

Die Größe des Sehfeldes hängt von der Vergrößerung ab. Je größer die Vergrößerung, desto geringer ist in der Regel das Sehfeld. (Es gibt natürlich Typen mit Weitwinkelokkularen, die aber dann schon einiges kosten!).

Das Gehäuse

Das Gehäuse besteht aus Aluminium oder Kunststoff und ist entweder mit Leder oder mit Kunstleder beklebt oder mit einem Mantel aus z.B. Polyurethan umgeben, um das Glas vor Stößen zu schützen. Eine andere Möglichkeit ist eine Gummiarmierung, die gut für rauhen Gebrauch geeignet ist. Fast alle Gehäuse sind zumindest spritzwassergeschützt, einige Gläser absolut Regen- und spritzwasserdicht.
Das Gewicht des Fernglases richtet sich nach seiner Größe, dem Gehäusematerial und den Objektivdurchmesser, der Preis nach den gestellten Anforderungen und seiner Qualität.

Produktbeispiele

Armband-Fernglas 6 × 18 (Vertrieb über Frankonia)

Dies ist ein kleines, handliches Mini-Fernglas, das an einem Armband getragen wird. Es handelt sich um eine monokulare Ausführung, also um ein »einäugiges« Modell. Die Maße des Mini-Fernglases betragen 65 × 50 × 30 mm, das Gesamtgewicht beträgt 110 Gramm. Preis: ca. 70 Mark.

Steiner-Fernglas 8 × 30, Steiner Scout 7 × 35 Weitwinkel, Armband-Fernglas 6 × 18

Tosco 8 × 30

Ein Fernglas für den Tagesgebrauch. Ein japanisches Modell, das für das, was es bietet, recht preisgünstig ist. Die Maße sind 110 × 170 mm, das Gewicht beträgt 550 Gramm. Preis ca. 100 Mark.

Leitz Trinovid 8 × 20 BC

Der Vorteil der Leitz-Gläser liegt, abgesehen von der hervorragenden Qualität und Verarbeitung in der zum Transport zusammenklappbaren Form – es nimmt nur sehr wenig Platz in Anspruch. Das »Trinovid 8 × 20« ist staub- und spritzwasserdicht, sowie klimafest. Das Glas verfügt auch in der Dämmerung über einen hohen Kontrast. Der Hersteller gewährt eine zehnjährige Garantie. Gegen einen Aufpreis von 50 Mark sind die Trinovid-Gläser auch in gummiarmierter Ausführung erhältlich. Der Preis für dieses Glas beträgt 569 Mark, dafür wiegt es aber nur 220 Gramm und ist verpackt nur 92 × 60 mm groß.

STEINER »Scout 7 × 35 Weitwinkel« mit integriertem Peilkompaß

Im Oktober 1982 stellte die Fa. Steiner »Das erste Touren-Fernglas der Welt mit integriertem Peilkompaß« vor.
Dieses Fernglas sei deshalb etwas näher beschrieben.
Auf der rechten Seite dieses Glases sitzt ein Peilkompaß, dessen Rose im unteren Teil des Fernglasbildes eingespiegelt wird. Die Einteilung des Kompasses ist wahlwiese in 360 Grad oder 6400 Grad erhältlich, wobei ich die 360 Grad-Einteilung vorziehe. Das Gehäuse besteht aus Makralon. Die Augenmuscheln sind für Brillenträger umstülpbar. Die Okulare haben keine Mitten- sondern Einzeleinstellung, was eine hervorragende Schärfe gewährleistet. Die einmal eingestellte Schärfe reicht von 15 m bis unendlich ohne Nachstellkorrektur.
Ferngläser der obigen Firma haben sich lt. Hersteller bei Militär, Grenzschutz und Polizei seit langem bewährt, und ich bin mit meinem Glas sehr zufrieden, wenngleich ich es erst seit einigen Monaten besitze.

Technische Daten

Magnetkompaß

- Flüssigkeitsgedämpfte 360 Grad-Rose mit 1 Grad Teilung **oder** 6400 Grad Landkarteneinteilung
- Achatgelagert
- Integriertes Dehnungsausgleichsystem, d.h. im unten angegebenen Temperaturbereich ist der Kompaß absolut blasenfrei.
- Temperaturbereich: – 33 bis + 70 Grad.

Fernglas

- Vergrößerung: 7fach
- Eintrittspupille: 35 mm
- Austrittspupille: 5 mm
- Lichtstärke: 25
- Dämmerungszahl: 15,65
- Gesichtsfeld auf 1000 m: 160 m

Durch die Mehrschicht-Vergütung wird in der Dämmerung eine höhere Lichtstärke erzielt.
Das Fernglas ist rüttel- und schockfest, sowie temperaturunempfindlich. Regen- und spritzwassergeschützt.
In der Normalausführung erhält man das »Scout 7 × 35 WW« für 485 Mark, mit Gummiarmierung kostet es 526 Mark (empf. Preise)
Maße: 17,5 × 12 × 5,5 cm (+ Kompaßhöhe: 2 cm). Gewicht 725 Gramm.

F. FERNROHRE

Fernrohre haben gegenüber Ferngläsern Vor- und Nachteile. Im Verhältnis Gewicht/Vergrößerung sind sie einem Fernglas überlegen. Dafür allerdings sind diese bei Dunkelheit nicht zu gebrauchen. Will man eine sehr gute Bildqualität und eine gute Randschärfe, liegt man in etwa in der gleichen Preisklasse wie bei einem guten Glas.
Man unterscheidet zwei Arten von Fernrohren:
Das Ausziehfernrohr (Spektiv) und das Prismenfernrohr. Das erste ist, wie der Name schon sagt, ausziehbar, während der andere Typ eine feste, gleichbleibende Länge aufweist. Sollte man sich also für die Mitnahme eines Fernrohres entscheiden, würde ich generell ein Ausziehfernrohr empfehlen, alleine schon aus Platzgründen.
Eine schöne Sache sind Fernrohre mit variabler Vergrößerung (mit dem Zoom-Objektiv der Kamera zu vergleichen), da man nach Belieben das Gesichtsfeld erweitern kann. Nachteilig bei diesen Modellen ist wieder das relativ hohe Gewicht, denn mit 600 bis 1300 Gramm muß man schon rechnen. Bleiben kleinere, ausziehbare Fernrohre, ansonsten wird man sich doch für ein gutes Fernglas entscheiden.
Ein Beispiel sollte zu diesem Kapitel genügen:

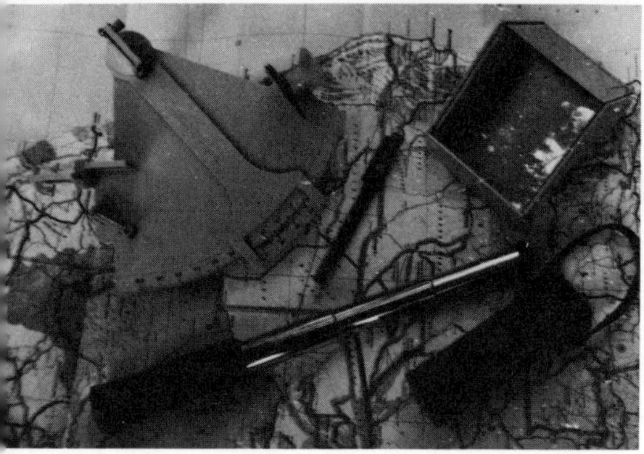

Übungssextant, daneben künstlicher Horizont, darunter Taschenteleskop mit Köcher (25 × 30)

»Teleskop Antik 25 × 30«

Von Frankonia stammt dieses kleine, ausziehbare Fernrohr, das auf »Antik« getrimmt wurde. Das Teleskop ist zweimal ausziehbar und wiegt 165 Gramm. Das Sehfeld auf 1000 Meter beträgt nur ein Zehntel des Steiner Fernglases »Scout« also 16 Meter. Die Vergrößerung ist 25fach, die Dämmerungszahl liegt bei 8,7. Die kürzeste Einstellentfernung beträgt 5 Meter. Ausgezogen ist es 36 cm lang, zusammengeschoben 13,5 cm. Ca. 50 Mark kostet dieses Teleskop.

Auf teuere Produkte, die zwischen 200 und 800 Mark liegen, möchte ich hier nicht eingehen, erstens wegen der Preise, zweitens, weil sich die meisten Fernrohre aufgrund ihrer Maße und Gewichte nicht zur Mitnahme eignen.

G. SEXTANTEN

Gemeint sind nicht Damen eines uralten Gewerbes sondern ein Gerät zur Positionsbestimmung.

Kommt man in Gegenden mit topografischen Punkten (Geländeerhöhungen, Berge, etc.) mit dem Kompaß und Karte gut aus, gibt es doch Gegenden, in denen man einen Sextanten zur Positionsbestimmung benötigt. Freilich, das müssen schon extreme Reisen sein, denn der Sextant wurde für die Schiffahrt entwickelt, da es auf dem freien Meer keinerlei Anhaltspunkte gibt, nach denen man mit Hilfe der Karte und des Kompasses seine Position bestimmen kann.

Auch in der Wüste oder in großen Eisflächen (Grönland, Arktis, Antarktis) benötigt man u.U. einen Sextanten.

Denn um nicht von der angestrebten Richtung abzuweichen, muß man erst einmal wissen, wo man sich momentan befindet. Und in einem Gebiet, das auf hundere von Kilometern gleich aussieht, läßt sich der eigene Standort mit Karte und Kompaß nicht feststellen, da die zum Einordnen nötigen markanten Geländepunkte fehlen. Kommt hinzu, daß sich Kompasse in einigen Gebieten in der Nähe der Pole nicht mehr einsetzen lassen.

Es bietet sich also ein Gerät zur Positionsbestimmung an, das keinerlei sichtbare Punkte benötigt. Und diese Eigenschaften weist ein Sextant auf – der auf

See zur Positionsbstimmung benutzt wird – und das Meer ist bekanntlich »flach wie ein Brett«.
Mit Hilfe der Astro-Navigation läßt sich der Standort bestimmen. Durch die Astro-Navigation läßt sich mit Hilfe der Gestirne und einem Sextanten der eigene, genaue Standort festsellen. Außer einem Sextanten werden noch eine Quarzuhr, eine Stoppuhr (bei längeren Aufenthalten ein Radio, um die genaue Zeit feststellen zu können), sowie nautisches Material benötigt. Wer die Astro-Navigation und die »Handhabung eines Sextanten lernen will« oder muß, dem sei hier das Buch Astro-Navigation ohne Formeln – praxisnah von Bobby Schenk empfohlen.
Der Autor verlangt keinerlei Vorkenntnisse, denn »Jeder, der zwei Zahlen zusammenzählen oder voneinander abziehen kann, kann die Astro-Navigation erlernen«.
Übungs-Sextanten aus Plastik erhält man unter 100 Mark, volltaugliche Geräte liegen bei mehreren hundert Mark, Spitzengeräte überschreiten die 1000-Mark-Grenze.

H. KILOMETERZÄHLER

Kilometer- oder Schrittzähler zeigen die zurückgelegte Strecke an. Wer also Lust und Laune hat, unterwegs seine zurückgelegte Strecke wissen zu wollen, oder zu Hause beim Training seine km-Leistung wissen möchte, kann sich so ein Ding zulegen.
Kilometerzähler »zählen« die Länge der zurückgelegten Schritte, wobei man vorher seine Schrittlänge ermitteln muß.
Gleich vorneweg sei aber gesagt, daß die Kilometerzählung nur in ebenem Gelände bei gleicher Schrittweise exakt ermittelt wird. Man wird daher auf unebenen Strecken, an Hängen oder in Wäldern oder Geröllhalden nur ungefähre Werte erhalten, da durch das Gelände bedingt, die Schrittlänge unterschiedlich ausfällt.

»DIGI-Walker«

Dieser Schrittzähler (Pedometer) wird am Hosenbund getragen. Eine ausführliche Gebrauchsanleitung liegt dem Gerät bei. Nach Ermitteln der Schrittlänge (z.B. Strecke 6 Meter, zurückgelegte Schritte 10 = 6 : 10 = 0,6 m (60 cm) wird dieses an der Einstellskala eingestellt. Die Digitalanzeige ist zweistellig für Kilometer, die letzte Ziffer bezeichnet immer 100 Meter. Der Messbereich geht bis 99,9 km. Mittels einem Knopf kann die Anzeige wieder auf 0 gestellt werden. Die Maße des Schrittzählers betragen 5 cm ∅ und 2 cm Höhe. Gewicht 30 Gramm, Preis ca. 48 Mark.

25. Meßgeräte

Einige Meßgeräte sollte man unterwegs schon dabei haben, wobei das eine oder andere für den einen interessant sein kann, während ein anderer das Gerät völlig überflüssig findet, genannt sei hier nur der Höhenmesser, der für Bergwanderer oder Bergsteiger interessant ist, oft sogar dringend notwendig. Ein Tramper kann sich die Geldausgabe schenken.
Das gleiche gilt für Barometer oder Windmeßgeräte, wobei ersteres meist im Höhenmesser enthalten ist.
Ein Windmeßgerät ist nur für den interessant, der die Windstärke aus bestimmten Gründen wissen will (z. B. Expeditionen oder für die Berechnung des Kühlfaktors (s. Windmeßgerät). Bleibt das Thermometer, das man auf jeden Fall dabei haben sollte. Mich würde es zum Beispiel schon interessieren, welche Temperatur zu Hause, in der Wüste oder in kalten Regionen um mich herum herrscht.

A. THERMOMETER

Ein Thermometer sollte man auf längeren Touren auf jeden Fall dabei haben: Ein Fieberthermometer – das ist das wichtige. Das andere, nämlich das für die Lufttemperatur ist zwar kein Muß, aber interessant ist die Sache allemal und sei es nur, um den eigenen körperlichen Zustand bei einer gewissen Temperatur festzuhalten.
Eine möglichst große Skala bietet sich an, und zwar im Minus- wie im Plusbereich, damit man z. B. auch in heißen Gegenden, in denen die Temperatur nachts stark abfällt, über den jeweiligen Stand informiert ist.
Das Thermometer muß beileibe kein teures Präzisionsgerät sein. Eine einfache Plastikausführung wird in den meisten Fällen genügen. Bei extremeren Reisen mehrmonatiger Dauer in rauhen Klimagebieten würde ich ein paar Mark mehr für eine stabile Metallausführung locker machen. Ansonsten aber wäre ein teueres Spitzenerzeugnis m. M. nach hinausgeworfenes Geld. Mit einem Thermometer und einem Windmeßgerät läßt sich außerdem der Kühlfaktor bestimmen.
Alles in allem kostet ein Thermometer nicht die Welt und falls man ein Reisetagebuch führt, hat man später eine bleibende Erinnerung an die erduldete »Wahnsinnshitze« von 1983 in Sowieso . . .

Tip:
In verschiedenen Höhenmessern oder Hygrometern sind teilweise Thermometer mit eingebaut. Die separate Mitnahme entfällt.

B. HÖHENMESSER

Für jeden, der wissen will oder muß, wie hoch er sich befindet, ist ein Höhenmesser wichtig. Speziell beim Bergwandern oder Bergsteigen will man in

den meisten Fällen wissen, in welcher Höhe man zeltet oder wie hoch man momentan ist. Bei Mitnahme von genauen Karten weiß man anhand der Höhenmesser, wo man sich ungefähr befindet und auch bei der Höhenkrankheit, bei der man schnell in tiefere Zonen gelangen muß, ist der Höhenmesser eine Hilfe.
Der Höhenmesser arbeitet nach dem Prinzip des Barometers, da mit zunehmender Höhe der Luftdruck abnimmt. Durch ein Meßelement, das auch auf kleinste Veränderungen des Luftdrucks reagiert, wird der Zeiger bewegt.
Damit nun der Höhenmesser richtig arbeiten kann, muß man ihn auf die entsprechende Ortshöhe beim Ausgangspunkt einstellen. Die momentane Höhe in der man sich befindet, entnimmt man entweder Schildern (z. B. auf Bahnhöfen), Wegweisern oder der Karte.
Durch drehen der Skalen-Einfassung wird der Zeiger auf die richtige Höhenangabe gebracht (z. B. 1560 Meter).
Angegeben wird immer die absolute Höhe über dem Meer (NN= Normal Null).
Die mir bekannten Höhenmesser sind alle mit einer zusätzlichen Barometerskala ausgestattet, um Rückschlüsse auf das zu erwartende Wetter zu ziehen.
Da der Höhenmesser auch auf Luftdruckveränderungen, die durch die Wetterlage verursacht werden, beeinflußt wird (Hoch oder Tief) muß er geringfügig nachgestellt werden (meist mit einer Schraube an der Rückseite).

Produktbeispiele

Höhenmesser (Import-Modell)

Dieses Modell ist als Barometer und Höhenmesser zu verwenden und weist einen Meßbereich bis 4500 Meter auf. Die Einstellung der Meereshöhe wird mit Drehen der Skalen-Einfassung vorgenommen, die Barometeranzeige mit Hilfe einer auf der Rückseite eingebrachten Einstellschraube. Einteilung der Höhenmeterskala 50 m, Einteilung der Millibar-Skala 2 mb, von 590 bis 1050 Millibar. Das Gerät sitzt in einem schwarzen Kunstleder-Etui mit den Maßen 64 × 67 mm. Höhe 30 mm.
Gewicht des Gerätes ca. 80 Gramm, Preis ca. 45 Mark.

Salewa-Höhenmesser

Ebenfalls als Höhenmesser und Barometer ist dieses Gerät zu verwenden. Der Höhenmeßbereich reicht bis 5000 Meter. Die innere Skala hat eine Millibar-Einteilung. Die Besonderheit bei diesem Gerät: Integriertes Thermometer, die Mitnahme eines separaten Gerätes also entfällt.
Der Höhenmesser ist in einem schwarzen Lederetui untergebracht. Sein Durchmesser beträgt 60, seine Höhe 20 mm. Gewicht 90 Gramm.
Erhältlich ist dieses Gerät für ca. 120 Mark.

Thommen-Taschenhöhenmesser

Gleich vorneweg: Diese Präzisionsgeräte kosten zwischen 260 und 480 Mark. Zwei Serien werden produziert: »Thommen 1000« und »Thommen 2000«.

ANEMO-Windmeßgerät, Thommen-Höhenmesser, darüber Importmodell (beide Höhenmesser mit Barometer), Thermometer

Den »Thommen 1000« erhält man mit einem festen Höhenmeßbereich bis 4500 Meter, oder 15000 Fuß (ft.) Die 2000er Serie bekommt man von 5 über 6, 7, 8, bis 9000 Meter (Zum Vergleich: Der höchste Berg der Welt, der Mount Everest, ist 8848 m hoch). Die Genauigkeit dieser Instrumente ist faszinierend: So weist der »Thommen 1000« eine Genauigkeit von ± 30 Metern auf, die Höhenmesser der 2000er Serie gar sage und schreibe ± 10 Meter.
Der »Thommen 1000« sei einmal kurz beschrieben:
Messbereich: bis 4500 Meter
Barometerskalen: 560 bis 790 mmHG, 750 bis 1050 mbar
Genauigkeit: ± 30 Meter
Temperaturkompensation: – 20 bis + 50 Grad
Maße: 64 × 68 × 20 mm, Gewicht: Ca. 90 Gramm, Preis: ca. 260 Mark

C. BAROMETER

Mit einem Barometer läßt sich der absolute Luftdruck bestimmen. Was will ich mit dem absoluten Luftdruck, wird sich jetzt der eine oder andere fragen. Ganz einfach, Wetterfrosch spielen.
Im Gebirge, auf Expedition oder bei Bergwanderungen nämlich kann ein plötzlicher Wetterumsturz verheerende Folgen haben. Eine rechtzeitige Erkenntnis ist daher sehr wichtig, dann kann man entweder umkehren oder sein Lager rechtzeitig errichten.
Den Thommen-Taschenhöhenmessern liegt eine Tabelle bei, mit der man zusammen mit dem abgelesenem Millibar-Wert das zu erwartende Wetter bestimmen kann, wobei man noch zwischen einem plötzlichen Wetterwechsel oder einer langfristigen Änderung unterscheiden kann.
Extra ein einzelnes Barometer zu kaufen, ist nicht anzuraten, da sie, wie gesagt in den meisten Höhenmessern integriert sind.

Gemessen wird der Luftdruck in mb (Millibar), das also einem Tausendstel Bar entspricht.
Der Normalluftdruck beträgt 1013 mb, das ist der normale Luftdruck auf der Höhe des Meeresspiegels.

D. HYGROMETER

Ein Hygrometer ist ein Luftfeuchtigkeitsmeßgerät. Die Luftfeuchtigkeit wird in Prozent angegeben (z. B. Luftfeuchtigkeit 68 %). Bei extremen Reisen ist ein Hygrometer sicherlich interessant, vor allem in Zusammenhang mit einem Thermometer. Im Sommer, z. B. in der Sahara sind Mittagstemperaturen von 50 bis 60 Grad keine Seltenheit. Diese Hitze ist aber aufgrund der minimalen Feuchtigkeit relativ einfach zu verkraften. Im Urwald bei einer Luftfeuchtigkeit um vielleicht 90 % sind 30 oder 40 Grad wesentlich schlimmer. Die Luft ist unheimlich schwül und die Klamotten kleben am Körper. Die Luftfeuchtigkeit ist also wesentlich mit daran beteiligt, wie man sich (gerade bei Anstrengungen) fühlt. Wen das interessiert, der sollte sich ein kleines Hygrometer zulegen.

E. WINDMESSGERÄT

Ein Windmeßgerät ist eine interessante Sache für alle, die an Windgeschwindigkeiten interessiert sind. In der Regel sind dies alle Sportarten, bei denen der Wind eine mehr oder weniger große Rolle spielt, bzw. die Grundlage für die betriebene Sportart ist. Aber nicht nur für Segler, Windsurfer und Drachenflieger ist ein Windmessgerät interessant. Mit einem handlichen Gerät kann man unterwegs selbst den Chillfaktor bestimmen. Der Chillfaktor ist der Auskühlungseffekt des Windes (Kühlfaktor).
Daß bedeutet, daß zu einer vorherrschenden Temperatur der Wert der Auskühlung hinzuaddiert werden muß, um die für uns Menschen empfundene reale Temperatur zu erhalten.
Bei Zeltbeschreibungen liest man öfters, das dieser oder jener Typ Windgeschwindigkeiten von soundsoviel Metern pro Sekunde standhielt. Die oder der Tester hatten also ein Gerät zur Windmessung dabei – oder?
Die wirklich empfundene Kälte erhält man denkbar einfach: Nehmen wir einmal an, die Außentemperatur beträgt zur Zeit 2 Grad +, das Windmeßgerät zeigt 40 km pro Stunde an. Man greift zu nachstehender Tabelle, tippt in die richtige Sparte und kommt auf eine reale empfundene Temperatur von – 12° C.
Möchte man also wissen, was man draußen für wirkliche Temperatur empfindet, bietet sich ein Windmeßgerät an. Die wenigsten Leser werden Reisen in kalte Regionen unternehmen und vielleicht den Unterschied der Temperatur wissen wollen, aber für Extrem-Reisende und Expeditionen in Eis und Schnee ist ein Windmeßgerät bestimmt von Vorteil.
Das einzige mir bekannte Windmeßgerät, das von Größe und Gewicht her zur Mitnahme geeignet ist, scheint mir der Anemo Windmesser der Deuta-Werke zu sein.

Auf dem Ganja La in
5200 Meter Höhe

Rastplatz

Oben: Unser Hochlager auf 4500 Metern

Mitte: Anmarsch

Rechts: Ang Kami, Klaus Riese, ich und vier Träger nach Beendigung unserer Urwald- und Bergtour in Nepal.

Verarzten eines Einheimischen

Beim Verpacken vor einer Tour zu Hause

Rudi Weidner »Larsen« mit dem Motorrad in Ägypten

Stephan Pastor vor seiner Tour nach Kanada

Ernst Uhl beim Bergwandern auf der Lamsenspitze

Mit einer Länge von 20,5 cm, einem oberen Durchmesser von 10 cm und seinem Gesamtgewicht von 320 Gramm ist es, gemessen an seiner Leistung nicht schwer. Das Schalenkreuz ist durch eine durchsichtige Schutzkappe geschützt, die zur Messung abgenommen werden muß.
Die Meßskala weist vier Skalenbereiche auf, was das Gerät universell einsatzfähig macht. Die Windstärke erkennt man gleichzeitig in Meter/Sekunde, Kilometer/Stunde, Knoten und Beaufort.
Gegen einen Aufpreis gibt es den Handwindmesser mit einer Zeigerarretierung. Solange man auf einen kleinen roten Knopf drückt, bleibt der Zeiger auf dem letzten Meßwert stehen. Zusammen mit einem Thermometer und der unten angegebenen Tabelle läßt sich also die wirklich empfundene Temperatur sofort ablesen. Für das Windmeßgerät muß man ca. 200 Mark locker machen.

Windgeschwindigkeit km/h	TEMPERATUR (°C)																				
0	+4	+2	-1	-4	-7	-9	-12	-15	-16	-20	-23	-26	-29	-32	-34	-37	-40	-43	-46	-48	-51
	Entsprechende Temperatur																				
8	2	-1	-4	-7	-9	-12	-15	-16	-20	-23	-26	-29	-32	-34	-37	-40	-43	-46	-48	-54	-57
16	-1	-7	-9	-12	-15	-16	-23	-26	-29	-32	-37	-40	-43	-46	-51	-54	-57	-59	-62	-68	-71
24	-4	-9	-12	-16	-20	-23	-29	-32	-34	-40	-43	-46	-51	-54	-57	-62	-65	-68	-73	-76	-79
36	-7	-12	-15	-16	-23	-26	-32	-34	-37	-43	-46	-51	-54	-59	-62	-65	-71	-73	-79	-82	-84
40	-9	-12	-16	-20	-26	-29	-24	-37	-43	-46	-51	-54	-59	-62	-68	-71	-76	-79	-84	-87	-93
48	-12	-15	-16	-23	-29	-32	-34	-40	-46	-48	-54	-57	-62	-65	-71	-73	-79	-82	-85	-90	-96
56	-12	-15	-20	-23	-29	-34	-37	-40	-46	-51	-54	-59	-62	-68	-73	-76	-82	-84	-90	-93	-98
64	-12	-16	-20	-26	-29	-34	-37	-43	-48	-51	-57	-59	-65	-71	-73	-79	-82	-85	-90	-96	-101

Geringe Gefahr	Zunehmende Gefahr	Große Gefahr
Windgeschwindigkeiten über 64 km/h haben geringe zusätzliche Wirkung	Fleisch kann innerhalb von einer Minute gefrieren	Fleisch kann innerhalb von 30 Sekunden gefrieren.

Diese Tabelle zur Ausrechnung des Kühlfaktors stammt aus »Survival« von Rainer Höh.

26. Medizinische Ausrüstung

A. ALLGEMEINES

Die Art der Tour oder der Reise entscheidet ebenso wie das Reiseland über die Mitnahme verschiedener Medikamente. Eine Mullbinde, etwas Pflaster und Jod sollte man auch bei Wochenendwanderungen im Rucksack haben, um kleine Verletzungen, wie Hautabschürfungen oder Risse unterwegs »verarzten« zu können.
Für Bergwanderer ist eine Rucksack-Apotheke selbstverständlich und auch für alle anderen, die einige Tage unterwegs sind, sollte dies so sein.
Medikamente, die man zu Hause einnehmen muß, gehören selbstverständlich mit auf die Reise.
Bei längeren Reisen wird man die medizinische Ausrüstung umfangreicher gestalten, also verschiedenen Eventualitäten vorbeugen. Die medizinische Ausrüstung ist sehr wichtig bei Reisen, die abseits der Zivilisation stattfinden. Hier sollte man schon in der Lage sein, sich selbst oder seinem Partner eine Spritze geben zu können, was nur für den Notfall gilt, d.h. wenn kein Arzt in absehbarer Zeit erreicht werden kann. Ansonsten sollte man immer versuchen, einen einheimischen Arzt zu erreichen, denn Ungeübte schaden oft mehr, als sie dem Kranken oder Verletzten nützen.
Reisen in tropische Gebiete erfordern zudem eine umfangreichere Ausrüstung, genannt sei hier nur Malariavorbeugung oder Wurmbefall.
Im Gegensatz zum Autofahrer muß man an Gewicht und Umfang der medizinischen Ausrüstung denken, die Apotheke soll relativ klein und leicht sein, trotzdem aber darf man nichts Wichtiges vergessen.
Rechtzeitig vor der Reise kommen verschiedene Impfungen auf einen zu. Während der Tour muß man sich auch unterwegs durch Einnahme verschiedener Medikamente schützen (z.B. Malariaprophylaxe).

B. IMPFUNGEN

In vielen außereuropäischen Ländern wird bei der Einreise ein Nachweis über verschiedene Impfungen verlangt, z.B. Pocken, Cholera oder/und Gelbfieber. Diese Impfungen läßt man rechtzeitig vor der Abreise zu Hause machen. Man sollte rechtzeitig den Arzt aufsuchen, da verschiedene Impfungen in gewissen Abständen zueinander erfolgen müssen. Ca. 2 Monate kann man ansetzen, um die Impfungen hinter sich zu bringen, ich selbst und viele andere habe es auch in drei oder vier Wochen geschafft, wobei das aber mit davon abhängt, ob man früher schon einmal gegen eine Krankheit geimpft wurde.
Zu den Pflichtimpfungen (also die, die bei der Einreise in das betreffende Land verlangt werden) kommen noch die Impfungen hinzu, die man aus Sicherheitsgründen unbedingt machen sollte.

Dazu gehören Impfungen und Prophylaxen gegen folgende Krankheiten:
Typhus, Parathyphus
Tetanus (Wundstarrkrampf)
Kinderlähmung
Hepatitis
Malaria.

Während bei einigen dieser Krankheiten ein Impfschutz besteht, ist bei anderen nur eine Vorbeugung gegeben, d.h., daß man die Krankheit durchaus bekommen kann, allerdings ist der Krankheitsverlauf viel leichter.

Beim behandelnden Arzt (In Hof z.B. beim Gesundheitsamt) erhält man gegen eine geringe Gebühr einen Internationalen Gelben Impfausweis. In diesem läßt man alle Impfungen, sowie die persönlichen Daten (Blutgruppe, besondere Krankheiten etc.) eintragen. Dieser Ausweis ist dreisprachig, also in Deutsch, Englisch und Französisch abgefaßt – jeder im Ausland behandelnde Arzt weiß sofort, worum's geht.

Der Ausweis ist sehr zu empfehlen, auch wenn's nicht in tropische Länder geht.

Alle Impfungen erhält man in der Regel im Heimatort, Ausnahme ist lediglich die Impfung gegen Gelbfieber, die nur von bestimmten Instituten vorgenommen werden darf, dafür hält sie aber auch 10 Jahre an. Ich war z.B. im Hygieneinstitut der Universität in Würzburg.

Die Impfungen selbst erfolgen intramuskulär oder mittels Tabletten (z.B. gegen Typhus).

Für Leute, die in andere Zonen reisen, sei gesagt, daß eine Tetanus-Impfung immer angebracht ist.

Wer genaueres über Impfungen und medizinischer Selbsthilfe unterwegs wissen will, sollte sich die
»Medizinfibel für Fernreisen« von Dr. med. Wolf Lieb + Gabriele Lieb zulegen. Die Medizinfibel ist das einzige praxisbezogene Büchlein, das ich kenne und gibt zahllose Tips im Krankheitsfall unterwegs. Die Autoren waren selbst jahrelang auf Tour und somit werden hier aus der Praxis, nicht vom Schreibtisch aus Ratschläge erteilt. Die Medizinfibel für Fernreisen ist in der Reihe »Globetrotter schreiben für Globetrotter« erschienen und kostet 18 Mark.

Tip:
In der Medizinfibel sind auf Seite 14 auch Tips für schwangere Mädchen und Frauen, was das Verhalten vor und während der Reise betrifft.

Beispiel einer Wiederimpfung und Kosten:

Im Heimatort	Preisstand 1980
Zwei Personen je 2 × Cholera, 1 × Pocken	DM 90,–
Uni-Klinik, Würzburg	
Zwei Personen, je 1 × Gelbfieber	DM 80,–

Im Heimatort

Nach Abschluß der gesamten Impfungen Beglaubigung im Impfpaß (pro Person DM 3,–)	DM 6,–
Malariaprophylaxe für zwei Personen (Tabletten) Resochin, bzw. Fansidar	DM 34,–
	DM 210,–

C. MEDIKAMENTENBESCHAFFUNG ZU HAUSE

Gute Erfahrungen macht man meist mit seinem Hausarzt, der in der Regel jede Menge Muster-Medikamente hat, die man also kostenlos bekommt.
Von ihm läßt man sich zweckmäßigerweise auch beraten, was die Mitnahme verschiedener (und rezeptpflichtiger Medikamente) betrifft.
Mir hat der Leiter des Gesundheitsamtes Hof, Herr Professor Doktor Tänzer, der auch selbst fast überall herumgekommen ist, mit seinen Ratschlägen und Tips für verschiedene Touren sehr geholfen.
Wenn man also einen Arzt kennt, der selbst gerne reist, ist das ein großer Vorteil, was natürlich auch für Apotheken gilt, denn ein Umtausch oder Ersatz von Medikamenten geht viel reibungsloser.
Hier sei noch einmal darauf verwiesen, daß die Leute in den Apotheken auch ihre Vorschriften haben, an die sie sich halten müssen – also nicht gleich aus der Haut fahren, wenn irgend etwas nicht klappt.
Daß Sie sich vielleicht wochenlang im südamerikanischen Busch herumtreiben, gut, das wissen Sie, aber gerade wenn's um rezeptpflichtige Medikamente geht, für das sie vielleicht kein Rezept haben, können Sie schließlich dem Apotheker viel erzählen . . .

D. RUCKSACK-APOTHEKEN

Von vielen Firmen erhält man komplette Apotheken, die natürlich ohne Medikamente zusammengestellt sind, aber über das nötige Verbandszeug verfügen. Die Ausstattung von Medikamenten erfolgt individuell.
Einige solcher Bergsteiger- und Rucksackapotheken seien hier genannt:

Salewa-Rucksack-Apotheke

Diese Rucksackapotheke ist in einer festen Plastiktasche mit Gleitverschluß untergebracht und enthält das Nötigste für unterwegs:
1 weißes Dreieckstuch
5 Zellstoff-Mullkompressen
einen elastischen Wundschnellverband (25 x 6 cm)
1 dauerelastische Binde
1 Rolle Heftpflaster
2 Päckchen Verbandsstoff
2 Binden
1 Schere

sowie diverse Sicherheitsnadeln und Elastikverschlüsse. Die Apotheke hat ein Format von 16 × 23 cm und wiegt 300 Gramm. Preis: ca. 27 Mark.

Safety Pack

Ebenfalls von Salewa stammt das »Sicherheits-Päckchen«. Die Plastiktasche enthält eine elastische Binde, ein Verbandspäckchen, Klebeband, Pflaster, ein Dreieckstuch, sowie eine Rettungsdecke.
Die Abmessungen sind etwa 20 × 11 cm, das Gewicht hält sich in Grenzen, nämlich 60 Gramm. Zu bekommen ist es für ca. 30 Mark.

Alpine Erste Hilfe-Box

vauDe vertreibt diese Erste-Hilfe-Box, die die offizielle Apotheke des Österreichischen Berg- und Skiführerverbandes darstellt. Die gesamte Apotheke ist in einer Aluminium-Kassette untergebracht, der Bedarf speziell auf Bergsteiger und Alpinisten abgestimmt.

Inhalt:
2 Dreieckstücher
1 elastische Binde
9 Wundpflaster
diverse Schnellverbände in verschiedenen Größen
5 Bandwundklammern
1 Rettungsfolie (Alu)
2 große Spezialauflagen
2 Salben-Gaze
1 Packung Verbandsbinden
2 versch. Mullbinden
1 Schnellverband
2 Rollen Leukoplast
2 Finger-Schnellverbände
1 Leder-Fingerschutz
5 Sicherheitsnadeln
1 Schere
Gewicht des Ganzen: 500 Gramm
Preis: 60 Mark

vauDe-Bergsteigerapotheke

Ebenso wie die Salewa-Apotheke ist auch diese in einer Gleitverschluß-Plastiktasche untergebracht.
Die 15 × 18 cm große Tasche enthält:
2 Pflasterstreifen 2 × 4 cm
2 Pflasterstreifen 2 × 6 cm
2 Pflasterstreifen 2 × 8 cm
2 Wundschnellverbände 6 × 10 cm
2 Verbandspäckchen
1 Dreiecktuch
2 Sicherheitsnadeln

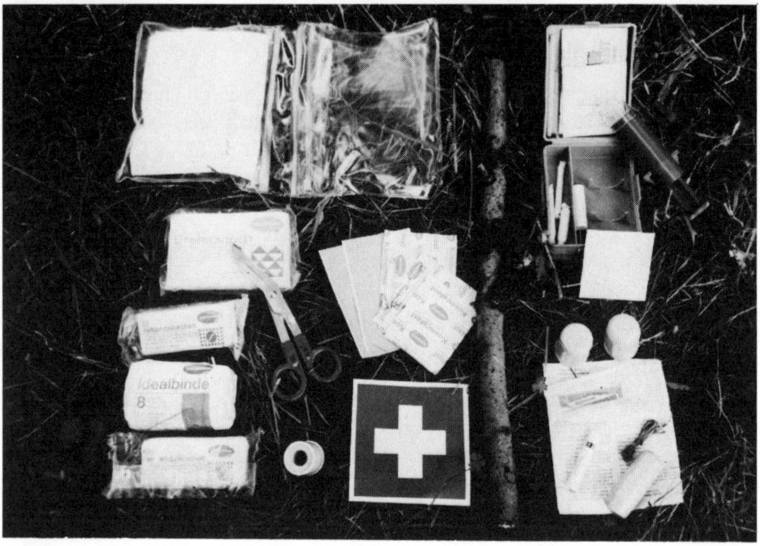

vauDe Bergsteigerapotheke, Schlangenbißset, darunter Schlangenbißsatz für Tramper.

1 Rolle Leukoplast
1 Idealbinde, 8 cm
1 Erste-Hilfe-Anleitung und
1 Schere.
Gesamtgewicht 260 Gramm, kosten tut's 24 Mark.
Für Wanderungen, alpine Touren, Rad- und Motorradfahren in gemäßigten Gebieten sind solche Apotheken durchaus ausreichend.

E. SCHLANGENBISS-SÄTZE

Schlangenbißsätze enthalten Dinge für Sofortmaßnahmen, sie enthalten keine Sera und ersetzen auch nicht den Arzt.
Sie dienen lediglich zur ersten Hilfe, wo immer es möglich ist, sollte man den Gebissenen sofort zum Arzt oder ins Krankenhaus schaffen.
Die Mitnahme eines Serums gegen Schlangengift hat nur dann einen Sinn, wenn das Serum unterwegs gekühlt gelagert werden kann, also für Rucksackreisende und Motorradfahrer sinnlos. Ansonsten nämlich wird es sehr schnell wirkungslos. Hinzu kommt, daß die Mitnahme eines Serums nicht genügt, man sollte zusätzlich noch ein Cortison-Präparat mitführen, das ebenfalls sofort nach der Serumabgabe gespritzt werden muß, um einen Schock zu vermeiden (wer genaueres wissen will, dem sei wieder die »Medizinfibel für Fernreisen« empfohlen).
Auf dem Markt befinden sich zwei Schlangenbißsätze:

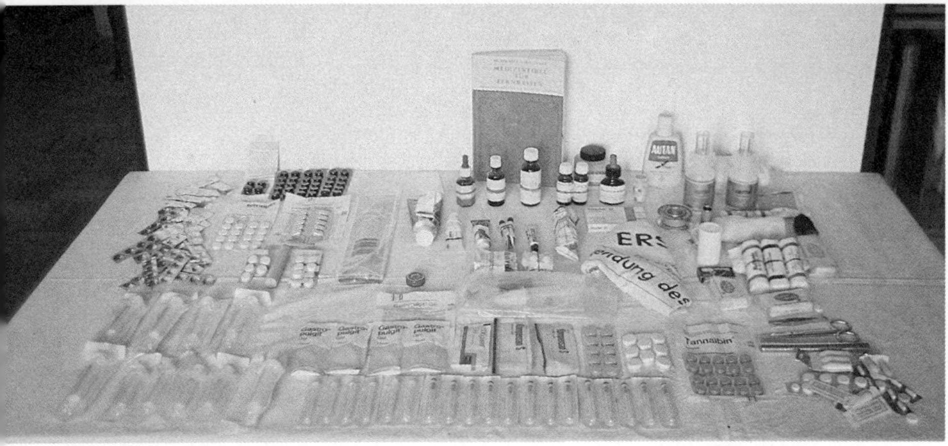

Meine Rucksack-Apotheke, die ich mir vor 4 Jahren für eine Sahara-Tour zusammenstellte.

Schlangenbißsatz für Tramper

Der Satz besteht aus drei Gummikappen, zwei dienen der Verpackung des Sets. Darin befindet sich ein Kleinskalpell, ein Desinfektionsmittel, sowie eine Abbindschnur.
Die zwei äußeren Kappen dienen als Sauger an großflächigen Körperstellen, die kleinere Gummikappe wird an kleinen Stellen, wie Finger und Gelenken eingesetzt.
Was man in jedem Fall vergessen kann, ist die Abbindschnur, jeder Sanitäter würde vermutlich einen Anfall bekommen, wenn er diese dünne Nylonschnur sehen würde. Zum Abbinden auf jeden Fall ungeeignet!
Gesamtgewicht des Sets: 40 Gramm, verpackt 8 x 3 cm groß. Gehandelt wird es für ca. 10 Mark.
Die Gummikappen dienen zum Vermeiden von Aussaugen des Giftes mit dem Mund, da man ja öfters Entzündungen, kleine offene Wunden oder Zahnfleischbluten hat.

Schlangenbiß-Set

Dieses Schlangenbißset ist in einer kleinen Plastikschachtel untergebracht. Sie enthält eine Saugpumpe, mit der man die Bißwunde aussaugen kann. Ein Aufsatz für problematische Stellen wie Gelenke, zwischen den Fingern, usw. liegt bei. In der Plastikbox befindet sich auch ein Kleinskalpell, Desinfektionsmittel, ein Abbinder (im Gegensatz zum Schlangenbißset f. Tramper allerdings brauchbar), etwas Wundrandtinktur, sterile Kompressen und etwas Heftpflaster. Die Dose hat eine Möglichkeit zur festen Befestigung im Auto.
Die Abmessungen betragen 10 x 8 x 3 cm, das Gewicht beträgt 120 Gramm. Erhältlich ist es für ca. 40 Mark.

F. MEDIKAMENTE

Was man an Medikamenten dabei haben sollte oder nicht, kann ich nicht allgemeingültig sagen. Was der eine für dringend notwendig erachtet, bedeutet für einen anderen vielleicht schon wieder unnötigen Ballast. Wer hier Medikamenten-Checklisten sucht, dem sei wieder die »Medizinfibel für Fernreisen« empfohlen. Auf den Seiten 23, 24 und 25 sind drei Reiseapotheken (mit Medikamenten) aufgelistet. Diese gliedern sich in »Notwendiger Standard«, »Dringend empfehlenswert« und »Mögliche Zusatzausrüstung«.
Anhand dieser Checklisten sollte man seine Apotheke zusammenstellen. Auf den nächsten Seiten ist eine Liste zusammengestellt, die ich vor einigen Jahren aus meiner Hausapotheke für eine Sahara-Tour mit dem Landrover zusammenstellte. Den Medikamenten steht immer die jeweilige Krankheit oder das entsprechende »Wehwehchen« voraus, darunter stehen die in Frage kommenden Medikamente. Zu dieser Liste ist zu sagen, daß einige Medikamente natürlich verschiedene Anwendungsbereiche aufweisen, daher die Wiederholungen. Zum Umfang der Reiseapotheke: Wir hatten damals genug Platz und haben viele Einheimische »verarztet«.

> Zur Hilfe der Einheimischen sei gesagt, das vor einer unsachgemäßen Behandlung (gefährliche Medikamente, mangelnde Kenntnisse, falsche Dosierung) zu warnen ist. Schmerztabletten in kleinen Dosen sind harmlos, Bedenken allerdings hätte ich bei Kreislaufmitteln, usw.
>
> NIE DEN GROSSEN ARZT SPIELEN WOLLEN!

Augenentzündung

Leukomyzin, Dexa Biciron, Oleomycetin-Prednison, Aristamid (Infektionen des äußeren Auges),
Nebacetin Salbe,
Visadron (Bindehauterkrankung)

Bauchkrämpfe

Kamillosan

Enthaarung, Läuse

Veet

Ekzeme

Fenistil-Retard, Pilzschutzsalbe, Daktar-Hydrocortison

Bluterguß

opino gel spezial, Algesalona

Erschöpfung, körperlich
Norphenovit

Furunkel
Kamillosan, Aureomycin, Nebacetin-Spray oder Salbe, Arcason Tabl., Flint Sprühverband

Fieber
Chinavit

Grippe
Kontra-gripp (RR), temagin, Chinavit, Gelonida, Dolomo

Hautenzündung
Kamillosan, Aureomycin, Nebacetin Spray oder Salbe, Flint Sprühverband

Hautschäden, leichtere
Pilzschutzsalbe

Insektenstiche
Soventol, Insektenstift, Fenistil-Rentard, Medice

Juckreiz
Soventol, Insektenstift, Fenistil-Retard

Kopfschmerzen
Migränex spezial, Migräno-kranit, temagin, melabon, dolomo

Kreislaufstörung
Ephedrin, Norphenovit

Lippenschutz
Bergsteigercreme, Labello

Magenbeschwerden, nervöse
Kamillosan

Magenschleimhautentzündung
Kamillosan, Rabro, Talcid

Magendruck, Völlegefühl
Acidrine, Talcid, Kompensan S

Magenkrämpfe, -schmerzen
Acidrine, Rabro

Mundhöhlenentzündung
Oleanmymol, Dobendan, Kamillosan, Hexoral

Malariavorbeugung
Resochin

Nasenbeschwerden
Wick Spray, Otriven

Pulsunregelmäßigkeiten
Migränex spezial

Prellung
Opino gel spezial, Algesalona

Psychische Störung
Limbatril, Dogmatil

Quetschung
Opino gel spezial

Reisekrankheit
Norphenovit

Sodbrennen
Acidrine, Rabro, Talcid, Kompensan S

Salzverlust
Fitogen

Stauung
Algesalona

Sonnenbrand
Soventol, Medice

Schmerzen, starke
Gelonida, Dolomo, Dolo-Buscopan, Prontopyrin (Steigerung der Schmerzmittelwirkung durch Limbatril!)

Vitaminmangel
Norphenovit, Multibionta N

Wirbelsäulenschmerzen
Dolo-Neurobion, Algesalona

Zahnfleischentzündung, -bluten
Kamillosan, Dobendan, Hexoral

Wunden
Kamillosan, Aureomycin, Arcasin Tabl., Nebacetin Salbe oder Spray

Verbrennungen
Kamillosan, Aureomycin, Soventol, Medice

Verbrühung
Soventol, Nebacetin Salbe oder Spray, Flint Sprühverband

Verätzung
Medice, Flint Sprühverband

Verstopfung
Endokolat, Depuran

Zerrung
Algesalona

Zahnschmerzen Temagin, Gelonida, Dolomo

27. Ersatzteile unterwegs

Gerade auf länger dauernden Touren unterwegs ist es wichtig, daß man verschiedene Ersatzteile und Reparaturmaterial mit sich führt, um im Bedarfsfall einige Reparaturarbeiten vornehmen zu können.
Daß ein Rad- oder Motorradfahrer Ersatzteile und Reparaturmaterial für sein Gefährt dabei hat, versteht sich von selbst. Aber auch Rucksackreisende sollten für ihr Gepäck Ersatzteile mitnehmen. Ich würde mich also für gewisse Dinge (Zelt, Schlafsack, Rucksack, etc.) gleich beim Kauf erkundigen, ob für dieses oder jenes Modell Ersatzteile erhältlich sind, bzw. mitgeliefert werden (z.B. Originalgewebe).
Denn das ist nicht bei allen Herstellern so, geschweige denn selbstverständlich. Und wenn einem dann unterwegs etwas zu Bruch geht, kann man sehen, wie man die Sache wieder hinbiegt.
Einige Hersteller bieten gleich von Haus aus etliche Zubehörteile an, so z.B. Nylonband, Schnallen, Nähschnur, Rucksackersatzsplinte, usw.
Bei anderen Firmen kann man entsprechendes Material bestellen, andere wieder führen in dieser Beziehung überhaupt nichts (das sind dann die »Praxisbezogenen«, deren Vertreter teuere »Abenteuerurlaube« buchen, in der Freizeit surfen, oder Tennis spielen, aber noch nie einen Rucksack längere Zeit getragen haben).
Nun ist es natürlich so, daß man unmöglich ein Paar Ersatzschultergurte mitschleppen kann, aber Kleinigkeiten mit geringem Gewicht sollte man auf jeden Fall dabei haben.
Als Ersatzteile kämen in Frage:

Fürs Zelt:

1 Stück Außengewebe
1 Stück Innenmaterial
1 Stück Moskitonetz
Nylonband zum Ausbessern der Schlaufen
Einige Ersatzhäringe

Für den Schlafsack:

1 Stück Außengewebe
1 Stück Innengewebe

Für den Rucksack:

1 Stück Rucksackmaterial
1 Stück starkes Nylon (wer seinen Gurten nicht traut)
Bei Tragegestellrucksäcken einige Splinte (Schlüsselringe)

Ersatzteile für den Kocher:

(Je nach Modell verschieden)

Auf Zeltinnengewebe liegend:
Zeltgewebe, Moskitotüll, Schlafsackaußen- und Innengewebe, Nähzeug, Rucksackstoff, Nylon- und Reepschnüre, selbstklebendes Nylonband, Tankaverschlüsse, Ersatzschnürsenkel, Hüftgurtersatzschnalle, Fastex-Schnallen, Dichtungsring für Trangia-Brenner, Packbeutel für die Ersatzteile.

Für den Trangia-Kocher beispielsweise 1 bis 2 Dichtringe
Für Benzinkocher Dichtringe, kleinen Schraubenschlüssel, Ersatzdüsen, Reinigungsnadel, usw.
Gebrauchs- und Reparaturanleitung nicht vergessen!

Sonstiges

Schnur, Draht, Klebeband (mit denen man kleine Risse an Bekleidung, Zelt, Schlafsack und Rucksack flicken kann), Isolierband, Reepschnur, (1 Reißverschluß mitzunehmen, kann man sich schenken, da man erstens nicht weiß, wo einer kaputt geht, das Ding zu schwer ist und selten die Länge paßt!), Nähahle (um auch stärkere Materialien, wie z.B. Lederlaschen annähen zu können).

Nähzeug

Ebenso wie auf Ersatzteile kann man bei kleinen Touren auch auf das Nähzeug verzichten (wobei ich aber trotzdem zumindest Knöpfe, Nadel und Faden dabei hätte). Ansonsten aber sollte man ein vernünftiges Nähzeug dabei haben. Das Nähzeug bringt man am besten in einem kleinen Stofftäschchen unter. Verschlossen wird es mit Klett-, Reißverschluß oder Bändern.

Es sollte enthalten:

Nadeln (in verschiedenen Längen, Stärken und mit verschieden großen Ösen), Knöpfe (verschiedene Größen), Faden (verschiedene Längen und Stärken), Nähahle, (auf eine Schere kann man verzichten, da man ein Taschen- oder Arbeitsmesser mitführt).

28. Notausrüstung

Notausrüstung ist diejenige Ausrüstung, die man dabei haben sollte, um in Notfällen (Unfall, Kältesturz etc.) überleben zu können. Nun ist es so, daß der Markt eine ganze Anzahl von nützlichen Dingen bereithält, aber andererseits auch Sachen, von denen man nur dringend abraten kann. Das kommt ganz einfach daher, daß die »Survival-Welle« rollt, und sich etliche Leute einbilden, daß sie, wenn sie ein »Survival-Messer« halbwegs gerade in der Hand halten können, nicht mehr weit von Rüdiger Nehberg entfernt sind. Die mir bekannten Dinge möchte ich jetzt aufzählen und auch meinen Kommentar dazu abgeben, inwieweit ein anderer die beschriebenen Artikel für sinnvoll hält, bleibt jedem selbst überlassen.

Storm-Shelter (Notzelt)

Dieses Notzelt besteht aus einem einfachen Plastikschlauch in roter oder gelber Farbe. Er ist als Notunterkunft und Not-Biwacksack gedacht. Bei einigermaßen gutem Wetter und wenig Wind kann man durch diesen Schlauch eine Schnur ziehen und diese an zwei Bäumen befestigen. Bei starkem Schneestreiben oder Regen kann man auch eine Seite mit Isolierband zukleben, um vor Regen oder Schnee geschützt zu sein. Bedingt durch das Material (sehr dünn) eignet sich der Storm-Shelter wirklich nur als Notunterkunft. Einem längeren Dauergebrauch hält er nicht stand.
Je nach Hersteller liegen noch eine Signalpfeife und einige Streichhölzer bei, die »Überlebens-Anweisung« ist in englischer Sprache abgefaßt.
Bei starkem Wind empfiehlt sich kein Aufspannen, sondern, um den Wind und somit die Auskühlung abzuhalten, ein Einwickeln mit dem Schlauch. Erhältlich ist er für ca. 17 Mark.

Signalspiegel

Einen Spiegel sollte man dabei haben, um mit ihm im Notfall Blinksignale geben zu können. Auch bei Verletzungen oder Wunden am eigenen Körper gibt es Stellen, zu deren Beobachtung man einen Spiegel benötigt und wenn man sich vielleicht einen Ausschlag oder Gletscherbrand im Gesicht geholt hat, möchte man sich die Sache bestimmt einmal ansehen.
Ein Metallspiegel bietet sich an, da er unzerbrechlich ist. Solche Spiegel kosten nur ein paar Mark, je nach Stärke und Ausführung.
Die billigsten Spiegel sind dünne Blechscheiben mit einem Loch zum Um- oder Aufhängen. Die Dinger verbiegen sich aber relativ schnell und haben vor allem kein Loch in der Mitte, das zum Anpeilen von Objekten (Flugzeug, Suchtrupp, etc.) dient.
Recht gute Erfahrungen habe ich früher mit einem Schweißspiegel gemacht. Bei beiden Typen muß man selbst ein Loch in der Mitte durchbohren.
Einen wirklich guten Spiegel mit verchromter Oberfläche, Visierloch und Loch zum Befestigen einer Kordel stellt Horst Pritz in Passau her.

Der Spiegel ist 8 x 7 cm groß und wiegt nur 50 Gramm. Preis: ca. 5,50 Mark. Eine genaue Gebrauchsanweisung liegt jedem Spiegel bei.

Sturm- und wasserfeste Streichhölzer

Sturmstreichhölzer eignen sich nicht nur für den Notfall, sondern erleichtern das Anzünden eines Feuers oder einer Zigarette bei starkem Wind erheblich. Einmal angezündet, brennen sie durch, bzw. gehen bis zum Abbrennen immer wieder an.
Wasserfeste Streichhölzer können mit Nässe in Kontakt kommen und entzünden sich auch naß. Allerdings (jetzt kommt's!) muß bei einigen Herstellern die Reibfläche der Schachtel trocken gehalten werden, sonst tut sich nichts, womit sich der Erwerb einer wasserdichten Streichholzbox anbietet, um die Hölzer und ein Stück Reibfläche darin unterzubringen. Bei anderen Herstellern dagegen kann die Reibfläche ebenfalls feucht oder naß werden, und die Hölzer zünden trotzdem.
1 Packung Sturmstreichhölzer kostet ca. 95 Pfg., 1 Packung wasserfeste Streichhölzer ca. 85 Pfg.

Einwegfeuerzeug

Ein Einwegfeuerzeug sollte man als Ersatz in seiner Notfallausrüstung mitführen. Ein Einwegfeuerzeug hält »ewig« und im Gegensatz zu Benzinfeuerzeugen kann nichts verdunsten. Denn wenn man's braucht, ist womöglich kein Benzin mehr vorhanden und man steht da und wundert sich.

Magnesium-Anzünder

Für Survival-Zwecke immer wieder angeboten wird der »Magnesium-Feuerstarter«. Er besteht aus einem Magnesiumblock, an dem sich an einer Seite ein Feuerstein befindet. Lt. Hersteller soll man nun mit einem Messer Magnesiumspäne abschaben, die entstandenen Späne auf einen Haufen schütten und durch schräges Draufschlagen des Messers auf den Feuerstein entzünden sich die Späne. Das stimmt, doch wenn man in der Praxis z.B. einmal mit feuchtem Holz ein Feuer entzünden muß, würde ich doch lieber zu Feuerzeug (Streichhölzer) und Kerze greifen.
Denn die Magnesiumspäne sind nach meiner Erfahrung schneller verbrannt, als das das Holz durch die Hitze etwas trocken wird und Feuer fängt. Gegenargument: Bei trockenem Brennmaterial und gutem Zunder?
Antwort: Brauche ich keinen Magnesium-Anzünder.
Die Vorzüge des Anzünders liegen in seiner unbegrenzten Lagerfähigkeit und seiner absoluten Unempfindlichkeit gegen Wasser.
Maße: 75 × 25 × 10 mm, Preis ca. 17 Mark.

Signalpfeife

Eine Signalpfeife ist klein und überall unterzubringen. Signalpfeifen gibt es entweder mit einem schrillen Dauerton oder als Trillerpfeife. Nicht nur im Notfall zum Aufmerksammachen auf den eigenen Standort, sondern auch in Wald und Busch zum gegenseitigen Verständnis zu benutzen, wenn man sich aus den Augen verliert. Die kleinsten Ausführungen wiegen 3 Gramm, sind 4 × 1 cm groß und kosten ca. 2 Mark.

CYALUME-Leuchtstab

Dieser Leuchtstab besteht aus einer Weichplastikhülle mit Aufhängevorrichtung. Wenn man das Licht benötigt, biegt man den Stab. Dadurch brechen im Inneren zwei Glaskapseln mit chemischer Flüssigkeit und vermengen sich. Durch Schütteln beschleunigt man den Vorgang. Es entsteht ein grünliches Licht, das weder durch Wind noch durch Wasser erlischt und keine Wärme verbreitet.
Mehrere Stunden hat man eine relativ gut leuchtende Lichtquelle, danach fällt die Leistung ab und der Stab leuchtet noch einige Stunden schwach weiter.
Als echtes Notsignal nur bedingt anzuwenden, da die Lichtstärke nicht groß genug ist, um mehrere tausend Meter weit gesehen zu werden. Verpackt ist der Stab in einer Plastikhülle (eingeschweißt). Länge 15 cm, Gewicht 25 Gramm. Er kostet zwischen 5 und 7 Mark.

Signalabschußgerät

Bei bestimmten Reisen, z.B. beim Wandern, beim Bergsteigen und Skifahren kann ein Signalabschußgerät im Notfall gute Diente leisten. Eine richtige große Leuchtpistole verschießt zwar weit zu sehende Leuchtsignale, ist aber vom Gewicht her zu schwer, um für Rucksackreisen Verwendung zu finden.
Ein gutes Signalgerät, das klein, leicht und trotzdem relativ weit zu sehende Leuchtsterne verschießt, ist das Signalgerät SGAD 80.
Das Abschußgerät wiegt (ohne Verpackung) 60 Gramm (!) ist 9 cm lang und hat einen Durchmesser von nicht ganz 2 Zentimetern.
Im Gegensatz zu einer Signal-Pistole, zu deren Bedienung man zwei Hände benötigt, reicht hier bei eingeschraubtem Schießbecher eine Hand aus, was bei Verletzungen wichtig ist. Das Gerät hat eine Schlagbolzensicherung. Der Spannabzug greift nur, wenn die Patrone oder der Schießbecher voll eingeschraubt ist.
Die Bedienung ist denkbar einfach: Schießbecher oder Signalpatrone bis zum Anschlag einschrauben (richtig fest einschrauben, sonst zündet das Gerät nicht!). Zeigefinger und Mittelfinger werden in Abzugsmulde gelegt, das Endteil auf den Handballen gestützt. Durch Herunterziehen der Abzugsmulde erfolgt der Schuß.
Das ganze funktioniert auch bei absoluter Dunkelheit und mit verletzten oder klammen Fingern.
Laut Hersteller ist das Gerät unempfindlich gegen Wasser, Schlamm, Staub, Wärme und Kälte (und bis jetzt muß ich ihm recht geben). Das Gerät wird im schwimmfähigen Gehäuse geliefert. Achtung: Mit schwimmfähig ist nicht das Gerät selbst gemeint, sondern die Styroporverpackung, in der das Gerät untergebracht ist. Als Patronen sind Stern-, Knall- und Rauchpatronen erhältlich (Kaliber 6/15). Hat man noch keine Patrone ins Gerät eingeschraubt und muß dies in absoluter Dunkelheit bewältigen, ist dies nicht weiter schlimm, da jede Patrone Längsrippen aufweist, die sich leicht ertasten lassen.

ter schlimm, da jede Patrone Längsrippen aufweist, die sich leicht ertasten lassen.
Farbe Rot = 2 Rippen, Grün = 1 Rippe, Weiß = 0 Rippen.
Die Steighöhe der Sternpatrone ist mit 70 Metern angegeben bei einer Brenndauer von 5 Sekunden. Nach meiner Schätzung dürfte die Steighöhe zwischen 60 und 70 Metern liegen.
Die Sichtweite beträgt am Tag 2, in der Nacht 20 km (einigermaßen ebenes Gelände oder erhöhter Abschußpunkt vorausgesetzt).
Dieses Gerät erhält man für ca. 50 Mark.

Survival-Messer

Survival- oder Überlebensmesser werden schon seit geraumer Zeit angeboten. Ein »Survival-Messer« sieht aus wie jedes andere Messer auch, weist jedoch im runden Griff einen Hohlraum auf, in dem man Streichhölzer, Tabletten und ähnlichen Kleinkram verstauen kann. Die Lederscheide besitzt eine aufgenähte Tasche, in der Kompaß, Brennglas, Angelhaken und Signalspiegel untergebracht sind. Das mag nun gut klingen. »Aha, wird man sich sagen, das Ding ist zweckmäßig«.
Doch der Schein trügt. Abgesehen vom weichen Material der Klinge (die Spitze verbiegt sich) leidet durch den Hohlraum im Messergriff die Qualität der Klingenbefestigung. Die ist nämlich nur mit einer Schraube im Messergriff fixiert. Bei einem guten Jagdmesser hingegen geht die Klinge durch bis zum Griffende.
Bleibt der »wasserdichte« Hohlraum im Griff. Durch die Klingenbefestigung und dem Schraubdeckel bleibt im Inneren nicht viel Platz zum Unterbringen diverser Sachen. Bei dem Typ, den ich unter die Lupe nahm, kam hinzu, daß der Schraubdeckel zwar dicht war, das Wasser jedoch durch die Klingenbefestigung eindrang.
Hinzu kommt das Material der Lederscheide, die einen Vergleich mit einem Puma-White-Hunter nicht standhält.
Das Signalspiegel ist zu gebrauchen, ebenso erfüllt der Kompaß **im Notfall** eine grobe Richtungsangabe.
Man sollte nicht auf die Idee kommen, durch Hineindrehen eines dünnen Astes das Messer als Speer gebrauchen zu wollen. Denn erstens ist es viel zu kopflastig und zweitens wird man gerade im Notfall an seinem Messer hängen und es nicht so weit kommen lassen, daß man vielleicht seine einzige Waffe verliert.
Vergleicht man die Preise, die von ca. 150 bis 200 Mark liegen, kommt man mit einem robusten Jagdmesser viel besser weg.
Und Angelschnur, Haken und sonstige kleine Dinge wird man auch woanders, nämlich im Überlebensgürtel verstauen können . . .

Survival-Kit

Das Thema Survival-Kit wird in vielen Survival-Büchern ausführlich behandelt. Unter einem Survival-Kit versteht man ein mehr oder weniger kleines Päckchen mit Überlebensausrüstung, das man ständig am Körper, z.B. am Gürtel, trägt.

Oben: »Survival«-Messer. Darunter: Rettungssack, Storm Shelter, norwegische Notnahrung und Rettungsdecke, Pemmikan (Cathay), Leuchtstab, sturm- und wasserfeste Streichhölzer, Brennglas, Einwegfeuerzeug, Signalpfeife, Signalabschußgerät, Metallspiegel, Magnesium-Feuerstarter.

Je nach zu erwartender Situation wird auch der Umfang des Inhalts aussehen. In der kanadischen Wildnis wird der Survival-Kit größer ausfallen als in häufig von Menschen frequentierten Gegenden. Das Survival-Kit muß möglichst klein und leicht sein, andererseits aber auch alle zum Überleben wichtigen Dinge enthalten.
Was man zum Überleben wirklich benötigt, darin scheiden sich die Geister und vor allem die Meinungen einiger Hersteller, die fix- und fertige Survival-Kits anbieten.
Gerade bei Fernost-Importeuren ist Vorsicht geboten, denn was diese »Schreibtisch-Menschen« teilweise zusammenstellen, mag zwar gewinnträchtig sein, ist aber häufig für den Praxisgebrauch völlig ungeeignet.
Ich würde jedem dazu raten, sich sein eigenes Survival-Kit zusammenzustellen, und zwar nach dem speziellen Vorhaben, denn was für einen Bergwanderer interessant ist, muß es noch lange nicht für einen Tramper sein, dem man seinen Rucksack gestohlen hat.
Gerade bei nässeanfälligen Dingen, wie z.B. Mullbinden, Streichhölzern, Reibflächen, Schmerztabletten usw. sollte man unbedingt auf eine wasserdichte Verpackung achten, sonst hat man im Notfall den größten Ärger.
Verschiedene Gegenstände kann man mit einem Folienschweißgerät in Plastik einschweißen, wer ganz sicher gehen will, tut dies mehrmals. Stellt man sich seine Notausrüstung selbst zusammen, fährt man vor allem billiger als mit gekauften Komplett-Produkten.
Ein einfaches Folienschweißgerät kostet ca. 30, ein Vakuum-Schweißgerät ca. 60 Mark. Folienschweißgeräte werden in Kaufhäusern und im Elektrohandel angeboten und dienen normalerweise zum Abpacken und Einfrieren von Fleisch, Gemüse, usw.

»Solar Quell«

»Solar Quell« ist ein Destilliergerät zur Gewinnung von Trinkwasser aus See-(Salz), Brackwasser oder Urin. Es wurde für Extremsituationen entwickelt, vor allem aber für Seenotfälle, wo es darauf ankommt, ausreichend Trink-

wasser zur Verfügung zu haben. Das Gerät ist lediglich als Trinkwasserergänzung gedacht, da es zur Erzeugung eines Liters Trinkwasser ca. sechs Stunden benötigt, was bei großer Hitze auf dem offenen Meer auf Dauer zu wenig ist. Bei vermutlich aber sowieso schon knappen Trinkwasserreserven kann es eine echte Hilfe sein.
Die Funktion ist einfach: Durch einen Schlauch wird in das aufgeblasene Gerät (s. Beschreibung) Flüssigkeit eingefüllt. Durch die Sonneneinstrahlung wird ein Destilationsvorgang ausgelöst, d.h. die Flüssigkeit schlägt sich an der Innenseite des Kunststoffdaches nieder und läuft von dort aus in einen Sammelring.
Das Gerät kann überall dort eingesetzt werden, wo man ungenießbare Flüssigkeit zur Verfügung hat (Meer, Wüste).
Verpackt nimmt das Gerät nur wenig Platz in Anspruch, etwa 34 × 26 × 3 cm. Das Gewicht beträgt 900 Gramm. Billig ist es nicht: etwa 390 Mark muß man dafür hinblättern.

Originalbeschreibung des Herstellers:

»SOLAR QUELL«

Destilliergerät zur Aufbereitung von trinkbarem Wasser aus See- oder Brackwasser.

SOLAR QUELL ein Gerät zur Komplettierung der Seenotausrüstung von Rettungsinseln und Rettungsbooten, oder auch für Notfälle in Trockengebieten.

SOLAR QUELL hat sich bereits seit Jahren bewährt.

SOLAR QUELL erzeugt trinkbares Wasser durch Verdampfung und Kondensation von Seewasser (auch Brackwasser, Urin, etc.), unter Ausnutzung der Sonnenenergie.

SOLAR QUELL produziert unter günstigen Witterungsverhältnissen ca. 175 ccm trinkbares Wasser pro Stunde. Die Höchstleistung wird erreicht, wenn das Gerät direkt der Sonneneinstrahlung ausgesetzt wird, jedoch kann auch bei bedecktem Himmel trinkbares Wasser gewonnen werden.

SOLAR QUELL benötigt in verpacktem Zustand wenig Platz, kann also problemlos untergebracht werden. Durch das geringe Gewicht von 900 g ist SOLAR QUELL für die Notausrüstung von Flugzeugen gerade zu prädestiniert.

Notnahrung

Für den Notfall empfiehlt sich die Mitnahme einer kleinen Notration. Den ersten Hunger kann man stillen, und mit etwas im Magen sieht die Welt schon wieder ganz anders aus.
Möglichst viel Kalorien (KJ) auf möglichst kleinem Raum bei geringstem Gewicht, lautet die Devise.
Es sollte kein Fertiggericht sein, das erst heißes Wasser benötigt oder gekocht werden muß, um verzehrfertig zu sein. Denn das würde einen Kocher oder ein Feuer (und entsprechendes Geschirr) voraussetzen. Eine Notnahrung sollte man direkt aus der Packung verzehren können.

Mehrere Produkte bieten sich an:

Eine norwegische »EMERGENCY RATION«.Die Packung ist wasserdicht in Silberfolie verpackt und versiegelt. Sie enthält vier Kuchenriegel mit veschiedenen Geschmacksrichtungen: Vanille, Frucht, Käse, Schokolade. Alle vier Riegel zusammen enthalten 1000 Kcal. wiegen 215 Gramm und sind bei Bergsportfirmen erhältlich.

Das aus deutscher Produktion stammende »Cathay« (Aufbau und Zusammensetzung siehe Leichtgewichtsnahrung). Ein Kalorienbomber. Eine Pakkung wiegt 100 Gramm und enthält 660 Kcal. Erhältlich in vier verschiedenen Geschmacksrichtungen: Neutral, Salz, Fisch, Zitrone.

SOS-Rettungsdecke und Rettungssack

Eine Rettungsdecke oder ein Rettungssack ist aus einer Spezialfolie gefertigt, die beidseitig bedampft ist, und zwar entweder silber/silber oder silber/gold. Rettungsdecken sind sehr leicht und äußerst klein verpackbar. Sie sind für den Notfall (z.B. bei Kälteeinbruch, oder Einwickeln eines Verletzten) gedacht und nicht für den Dauergebrauch bestimmt. Als ich seinerzeit eine Rettungsfolie am Ätna gegen die Kälte einsetzte – ich hatte ein ganz billiges Modell mit silber/silber-Bedampfung – mußte ich noch im Laufe der Nacht feststellen, daß die Rettungsfolie einriß. Am nächsten Morgen dann hatte ich nur noch Fetzen.
Die Rettungsdecke kostete damals 6 Mark und ich würde jedem raten, einige

Mark mehr locker zu machen, damit die Decke wenigstens einige Nächte heil übersteht.

Durch die Bedampfung bietet eine Rettungsdecke vor Kälte und umgedreht auch vor Hitze Schutz. Zwischen 80 und 99 Prozent der Strahlung werden reflektiert.

Rettungsdecken kosten zwischen 7 und 14 Mark und wiegen etwa 60 Gramm. Verpackt sind sie ca. – je nach Modell – 9,5 x 8,5 x 1,5 cm groß.

Noch besser als eine Rettungsdecke ist ein Rettungssack. Das mir bekannte Modell ist am Einstieg und an den Nähten verstärkt und ist notfalls auch zur Verwendung im Biwaksack geeignet. Er reflektiert 99 % aller Wärmestrahlen und ist aufgefaltet 200 x 100 cm groß. Das Packmaß ist ca. doppelt so groß wie das der Rettungsdecke, dafür aber hat der Rettungssack den Vorzug, daß es nirgends hereinzieht. Vom Material her ist der Rettungssack **wesentlich** stabiler als eine SOS-Decke.

29. Geld- und Dokumentenaufbewahrung (Diebstahlsicherung)

Gerade auf Reisen sollte man sein Geld und seine Dokumente, wie Bahn- oder Flugticket, Internationaler Impfausweis, Visa, Reisepaß, Carnet de Passage, internationaler Führerschein usw. möglichst diebstahlsicher aufbewahren, denn der Verlust von Geld oder bestimmten Dokumenten (z.B. Devisenerklärung) bringt nicht nur Ärger, sondern kann ausgesprochen unangenehm werden. Man wäre nicht der erste, der aus Leichtsinnigkeit für mehrere Tage ein afrikanisches Gefängnis besichtigt.
Spielt sich das Ganze noch weit von den Großstädten ab und ist man der Landes- oder Behördensprache nicht mächtig, kann sich die Sache noch um einiges verzögern.
Man sollte also alles daransetzen, einen Diebstahl oder sonstigen Verlust von Papieren zu vermeiden.
Es gibt verschiedene Aufbewahrungsmöglichkeiten:

A. GÜRTELTASCHE

Gürteltaschen erhält man in Leder- oder Gewebeausführung. Ich habe z.B. auf verschiedenen Touren eine US-Gürteltasche aus Webbing am Gürtel getragen. In dieser steckten dann zwei alte Brieftaschen, in denen die Papiere untergebracht waren. Diese Gürteltasche ist mit einem kleinen Schloß abschließbar. Den Schlüssel dazu trug ich an einem Band um den Hals, der Ersatzschlüssel steckte im Portemonnaie, wo ich nur kleine Mengen Geld der Landeswährung aufbewahrte. Große Geldscheine waren ebenfalls in der Gürteltasche untergebracht.
Die Gürteltasche wird mit zwei stabilen Metallstiften, die in zwei Löcher einrasten, am Gürtel befestigt.
Preis: ca. 10 Mark.
Es kommt natürlich auch auf den Hüftgurt des Rucksacks an, ob man eine Gürteltasche tragen kann.
Zum Schlafen in diebstahlgefährdeten Bereichen (Bahn), empfiehlt sich die Unterbringung unter dem Hemd, und zwar so, daß ein Herausfallen nicht möglich ist.

B. BRUSTBEUTEL

Großer Beliebtheit efreut sich der Brustbeutel. Leder würde ich synthetischem Gewebe vorziehen, da es sich angenehmer trägt. Brustbeutel gibt es von ganz einfachen Modellen mit einem Hauptfach bis hin zu Produkten mit zum Teil verschließbaren Quer- und Längstaschen.

Beim Kauf also überlegen, was alles in den Beutel hinein soll. Ist es nämlich zu viel, was bei Fernreisen aufgrund vieler Dokumente der Fall sein kann, erreicht der Brustbeutel doch ein relativ großes Gewicht und rutscht hin und her, was beim Laufen mit Gepäck nicht allzu schön ist.
Dem kann man entgegenwirken, indem man seine Papiere aufteilt, also z.B. Brustbeutel und Hüftgürtel oder Gürteltasche. Brustbeutel sind ab 10 Mark aufwärts erhältlich.

C. GELDGÜRTEL

Eine prima Sache war die Einführung des Geldgürtels. Ich sage war, weil sich mittlerweile auch bei entlegenen Grenzübergängen herumgesprochen hat, daß in den ach so unscheinbaren Gürteln Schwarzgeld untergebracht sein könnte . . .
Gegen Diebstahl aber eignet sich der Geldgürtel nach wie vor. Mir sind zwei Arten von Gürteln bekannt. Das eine Modell hat einen langen Innenreißverschluß, der in der Mitte des Gürtels sitzt. Der andere Gürtel hat eine eingenähte Tasche, ebenfalls mit RV zugänglich. Bei beiden Ausführungen ist von außen nichts zu erkennen. Geldgürtel gibt's in verschiedenen Farben und Lederqualitäten, die Preise liegen zwischen 30 und 40 Mark.

D. GELDKATZE ODER HÜFTGÜRTEL

Gibt es in Leder und in Nylon. Nylonausführungen sollte man zwischen Hemd und Unterhemd tragen, da ein Tragen auf der blanken Haut nicht gerade angenehm ist.
Die Geldkatze oder der Hüftgurt besteht aus einer mit Reißverschluß ausgestatteten Tasche, die je nach Typ eine Unterteilung aufweisen kann. Mit einer Metall- oder Gürtelschnalle wird die Geldkatze um den Bauch geschlossen. Vorsicht: Mit dem Rucksackhüftgurt kann es hier zu Schwierigkeiten kommen! Erhältlich sind sie zwischen 10 und 30 Mark.

E. WADENBEUTEL

Der Wadenbeutel sitzt unterhalb des Knies und hat das Reisepaßformat von 20 × 12,5 cm, Mittels eines breiten Gummizugs wird das Ding am Bein befestigt. Der Wadenbeutel besteht aus einem Baumwollmischgewebe (in Leder gibt es meines Wissens keinen). Als Verschluß dient ein Klettverschluß. Durch eine Schnur ist er auch als Brustbeutel zu verwenden. Erhältlich ist er für ca. 10 Mark.

F. GELDBEUTEL UND BRIEFTASCHEN

Neuerdings werden Geldbeutel aus Cordura-Nylon angeboten. Je nach Ausführung und Hersteller gibt es Fächer für Hartgeld und Scheine und Klarsichtfächer für Kreditkarten und sonstiges.
Die Geldbörsen sind mit Klettverschlüssen ausgestattet.

Von links hinten nach vorne:
Brieftasche aus Nylon, Brust- u. Wadenbeutel, Geldkatze aus Nylon, US-Koppeltasche, Brustbeutel im Längs-, Brustbeutel im Querformat.

Eine ähnliche Aufmachung mit etlichen Taschen mehr hat die Brieftasche. Die Geldbörse erhält man für ca. 10, die Brieftasche für ca. 15 Mark.

Kleiner Brustbeutel, zwei Geldgürtel, große Gürteltasche, Rucksackalarmanlage, Geldkatze aus Leder, kleiner Brustbeutel, Geldbörse aus Cordura-Nylon, Innengürteltasche

Tips und Tricks:

- **Eine gute Möglichkeit, Diebstähle einzuschränken, stellt die getrennte Aufbewahrung von Geld und Dokumenten dar, also aufgeteilt auf verschiedene Verstecke.**
- **Besitzt man einen Tragegestellrucksack, so läßt sich ein Teil des Geldes im Packrahmen unterbringen, indem man einen Gummistöpsel herausnimmt. Um das Geld vor Nässe zu schützen, hatte ich meine Scheine in einem verknoteten Präservativ untergebracht.**
- **Eine andere Möglichkeit, um Reservegeld sicher aufzubewahren ist ein Einschweißen von Scheinen in Plastik. Dabei nimmt man wenig, aber große Geldscheine. Das ganze wird dann von innen mit einem Jeansfleck in die Hose genäht und muß »echt« aussehen.**
- **Gerade beim Einkaufen sollte man keine großen Geldscheine vorzeigen. Besser ist es, die Geldbörse ab und zu an einem stillen Ort aufzufrischen.**

G. RUCKSACKALARMANLAGE

Für Rad- und Motorradfahrer ebenso interessant wie für Rucksackreisende: Eine kleine Rucksackalarmanlage, die mit 3 Batterien betrieben wird. An der Seite des Gerätes befindet sich ein Metallstift, der mittels Schlüsselring mit einer Schlaufe verbunden ist. Wird nun dieser Metallstift aus der Buchse gezogen, ertönt ein unüberhörbar lauter Summton, der Tote aufweckt. Der Ton kann nur durch Wiedereinstecken des Metallstiftes ausgeschaltet werden. Das Gerät bietet sich also zur Sicherung von Rucksäcken, Bahnabteilen, Motorradkoffer usw. an.

Das Gerät ist auch als kleine Taschenlampe zu verwenden. Gewicht 100 Gramm, Preis ca. 12 Mark.

Einsatzbereiche

- Das Gerät kann im Rucksack (Fahrradtasche, Motorradkoffer, etc.) verstaut werden. In der Schlaufe des Metallstiftes wird eine Schnur – möglichst eine dünne Nylonschnur – befestigt, die neben oder unter dem Gepäckstück angebracht wird (schläft man im Freien oder in einem Gebäude neben dem Gepäckstück, kann man die Schnur auch am Arm, Fuß usw. befestigen). Wird nun der Rucksack entfernt, sprich geklaut, zieht sich der Metallstift aus dem Gerät und das Ding tönt los.
- Das Ganze geht natürlich auch umgekehrt, also Standpunkt des Gerätes am eigenen Körper, Schnur am Gepäckstück (Achtung bei Bewegungen im Schlaf)
- Will man ein Bahnabteil sichern, befestigt man die Nylonschnur an der Schiebetür, das Gerät wird z.B. zwischen Sitz und Wand, am Körper oder an einem Gepäckstück befestigt (auf eine unauffällige Anbringung ist zu achten!).
- Das Gerät ist immer so an- bzw. unterzubringen, daß es niemand bemerkt. Die Schlaufe kann man abschneiden und die Nylonschnur gleich durch den Schlüsselring ziehen.

30. Messer

Ein Messer auf Reisen dabeizuhaben ist fast schon Pflicht, und sei es nur in Form eines Taschenmessers, am besten eines Schweizer Offiziersmessers. Sicher wird sich mancher fragen, was er mit einer Minisäge im Gebirge anfangen soll, ein anderer amüsiert sich über Schraubenzieher und Fischerklinge. Das Messer oder Taschenmesser muß auf die persönlichen Bedürfnisse zugeschnitten sein. Während in rauher Wildnis eine Nagelfeile und ein Schraubenzieher unnötiger Ballast und Geldausgabe sind, wird einem Wanderer ein Flaschenöffner oder Büchsenöffner willkommen sein. Wer läuft schon mit einem Jagdmesser am Sonntagnachmittag auf stark begangenen Wanderpfaden umher?
Verschiedene Typen kommen in Frage:

A. TASCHENMESSER

Klappmesser

Ein Klappmesser besteht aus einem Griff mit einer ausklappbaren Klinge. Beim Kauf eines solchen Messers ist darauf zu achten, daß das Messer eine Sperre aufweist, um ein versehentliches Zusammenklappen der Klinge zu verhindern. Meist sitzt diese Sperre an der hinteren oder vorderen Oberseite des Griffes. Durch Eindrücken läßt sich die Klinge in den Griff einklappen, ansonsten wird sie bei diesem in aufgeklappter Lage automatisch festgehalten. Ich persönlich würde einem zerlegbaren Messer den Vorzug geben (also geschraubte Griffteile, nicht genietete), um es im Notfall besser reparieren zu können.

Bundeswehr-Taschenmesser

Das BW-Taschenmesser hat eine ausklappbare Klinge, Säge, Büchsenöffner und Flaschenheber. Neu bekommt man es um die 20 Mark in Ausrüstungs- und Fachgeschäften. Für einfache Arbeiten ist es recht gut zu gebrauchen.

Schweizer Offiziersmesser

Schweizer Offiziersmesser werden von zwei Firmen hergstellt. Eine davon, die Firma Wenger, sei hier aufgeführt. Die Firma hat ein Weltpatent auf die Scherenkonstruktion, die nicht wie sonst aus einer Federkonstruktion besteht, die – speziell bei Nachbauten – sich im Laufe der Zeit ausleiert (der Widerstand beim Zusammendrücken fällt weg), sondern für gleichbleibenden Druck sorgt.
Echte Schweizer Offiziersmesser haben eine fünfjährige Garantie. Es gibt sie von 15 bis 80 Mark, von einfachen Modellen mit 5 Teilen bis hin zu kleinen Werkzeugkästen mit Schraubenschlüssel und Zahnstocher. Bei dieser Gelegenheit sei gleich gesagt, daß es (wie soll es anders sein!) Fernostnachbauten

Verschiedene Schweizer Offiziersmesser, BW-Taschenmesser, Klappmesser

gibt, die zwar erheblich billiger sind, aber gravierende Mängel aufweisen. Bei vielen Modellen ist die Vernietung recht schlampig ausgeführt, so daß bereits nach kurzer Zeit einzelne Teile zu wackeln anfangen. Ich habe es selbst erlebt, daß sich die angebrachten Schraubenzieher verbiegen und der Korkenzieher (bei erstmaliger Benutzung!) in die Länge zieht. Ein anderer Korkenzieher am gleichen Messertyp zog sich nicht – dafür brach er ab! Man sollte daher beim Kauf auf die Schweizer Flagge auf der Messerschale und auf den Stempel »Switzerland« sowie das Armbrustzeichen auf der großen Klinge achten.

Welcher Messertyp einem zusagt, sollte man sich genau überlegen, denn durch die verschiedenen Werkzeuge am Taschenmesser entfällt teilweise die Mitnahme separater Dinge.

Klar, mit einer Messersäge kann man keine »richtige« Säge ersetzen, aber wieviele Leute nehmen überhaupt eine große Säge mit.

Auch ich dachte, was man wohl unterwegs mit einem Kreuzschlitzschraubenzieher anfangen sollte, bis ich einen Algerier traf, der heilfroh war, als ich zur Reparatur die Rückseite seines Radiorecorders aufschrauben konnte. Das Mittagessen war gesichert!

Man kann auf einiges verzichten, wählt man das richtige Messer aus:

– Auf eine Schere für das Verbandszeug,

– Auf eine Lupe (für kleine Verletzungen z.B. durch Splitter reicht die am Taschenmesser angebrachte Lupe voll aus.

– Auf Feile, Kapsel- und Büchsenöffner.

Arbeitsmesser »Hubertus Hunter«, Finnenmesser, Stiefelmesser, Arbeitsmesser

B. ARBEITSMESSER

Als Universal-Messer für rauhen Gebrauch empfehle ich ein Jagdmesser. Nun ist es so, daß die Preispalette von Jagdmessern von weit unter hundert Mark bis hin zu handgearbeiteten Typen aus Spezialstahl, deren Preis sich in vierstelligen Summen bewegt, reicht. Aus diesem Grunde bleibe ich hier beim Mittelmaß, denn wer sich für Messer der Spitzenklasse interessiert, wird Fachmann genug sein und sich andersweitig informieren, wenn er ein so teueres Stück erwerben möchte.
Hinzu kommt die Frage, ob man ein derart teures Messer ausschöpfen kann, aber das muß sich jeder selbst beantworten.
Wenn man sich auf sein Messer hundertprozentig verlassen muß, oder öfters Reisen unternimmt, bei denen man das Messer mitnimmt, lohnt sich auf Dauer die Ausgabe von einigen Mark mehr.
Zwei Typen seien hier genannt:

»Hubertus Hunter«

Von der Fa. Hubertus aus Solingen stammt das »Hubertus Hunter«, mit dem ich bisher sehr gute Erfahrungen machte. Das Hubertus Hunter besitzt einen robusten Hartholzgriff, in dem sich zur Scheidensicherung eine Öse befindet, durch die eine Lederschlaufe gesteckt wird. Das Messer liegt gut in der Hand. Die Klinge geht bis zum Griffende durch, ist also aus einem Stück. Im Gegensatz zum »Puma White Hunter« verläuft die Klinge nach vorn nicht so breit. Auf dem Klingenrücken ist eine Daumenauflage angebracht, um Druck ausüben zu können. Für grobe Holzarbeiten ist der Messerrücken als Beilschneide ausgebildet, um die feinere Schneide zu schonen. Die Klinge ist rostfrei.

Die Scheide ist nicht schlecht, allerdings dehnt sich das Lederband, das als Halterung dient, sehr aus. Dieses kann man entweder vom Schuster durch ein neues, stärkeres Band ersetzen oder man läßt sich eine robuste Lederscheide anfertigen, bzw. nimmt die Sache selbst in die Hand.
Das »Hubertus Hunter« erhält man für ca. 110 Mark.

Puma »White Hunter«

Von Puma gibt es das »White Hunter«. Der Aufbau dieses Messers ist fast mit dem »Hubertus Hunter« identisch, allerdings wurde als Griffmaterial Hirschhorn verwendet. Die Klinge verbreitert sich vorn mehr als am oben beschriebenen Messer. Das hintere Teil der Klinge weist eine feine Zahnung auf, die sogenannte »Anreiß-Schneide«. Die Scheide ist erstklassig verarbeitet und sehr robust. Auch hier ist die Klinge rostfrei, die Sicherung ist die gleiche wie beim »Hubertus Hunter«. Das »White Hunter« kostet ca. 165 Mark. Die Länge des Messers beträgt 27 cm, wobei auf die Klinge 15 cm entfallen, diese Maße gelten auch für das »Hubertus Hunter«. Von der Qualität und Haltbarkeit ist das »White Hunter« ein echt zu empfehlendes Messer.

Finnenmesser

Finnenmesser haben den Vorteil, sehr scharf zu sein. Man sollte deshalb ein Finnenmesser niemals zu groben Arbeiten benutzen, damit die Schärfe möglichst lange erhalten bleibt.
Finnenmesser eignen sich hervorragend zum Ausnehmen von Fisch und Wild. Da man in der Wildnis sein Jagdmesser dabei hat, sollte man also ein kleines Finnenmesser wählen, das billiger als seine größeren Kollegen ist und zum Abhäuten voll seinen Zweck erfüllt. Hinzu kommt auch das entsprechend niedrige Gewicht. Finnenmesser erhält man ab ca. 15 Mark aufwärts.

Stiefelmesser

Als reines Verteidigungsmesser wurde das Stiefelmesser konzipiert. Bei uns findet man meist die Kopie des amerikanischen »Gerber«-Messers, die gar nicht schlecht ist und vor allem – wesentlich billiger. Zwei Ausführungen sind erhältlich, wobei die Unterschiede nur im Griff liegen: der eine besteht aus Hartplastik, der andere aus Metall. Diese Stiefelmesser sind stilettartig geschliffen. Die Messerscheide besteht aus Leder und weist einen Metallclip auf. Dadurch läßt sich das Messer im Stiefel oder an der Bekleidung verdeckt tragen, und zwar auch mit dem Griff nach unten (man kommt schneller dran). Um ein Herausfallen zu verhindern, ist an der Scheide eine Druckknopfsicherung angebracht.
Das Stiefelmesser ist robust verarbeitet und man kann es auch zu Arbeiten heranziehen – nur, wie gesagt, hergestellt wurde es zur Verteidigung, es muß also jede(r) selbst wissen, ob er so etwas benötigt. Für Mädchen ist so ein Messer vielleicht gar nicht schlecht, zumindest wirkt es beruhigend, z.B. beim Trampen. Das Stiefelmesser ist 24 cm lang, die (scharfe) Klingenlänge beträgt 13 cm, obere Scheidenbreite 5 cm, Gewicht 200 Gramm. Zu bekommen ist es zwischen 50 und 60 Mark.

31. Werkzeuge unterwegs

Der Wanderer, Fahrrad- oder Motorradfahrer mag dieses Kapitel überspringen; Leute aber, die sich längere Zeit zu Fuß oder mit dem Boot draußen aufhalten oder gar in menschenleeren Gebieten unterwegs sind, werden um bestimmte Anschaffungen nicht herumkommen.

A. AXT

Eine Axt benötigt man für größere Mengen Feuerholz ebenso wie zum Bau eines Unterstandes oder einer Blockhütte. Bei größeren Vorhaben empfiehlt sich die Mitnahme (oder der Kauf im Reiseland) einer langstieligen, schweren Axt. Bei kleineren Unternehmungen bietet sich ein kleineres Modell an: eine leichtere Axt oder ein Handbeil, das viel weniger wiegt und leicht zu verstauen ist.

Handbeile gibt es viele, aber nur wenige sind einigermaßen gut zu gebrauchen. Sei es, daß das Eigengewicht des Beiles zu gering, das Material zu schlecht oder das ganze Beil viel zu klein ist, um als Hackwerkzeug Verwendung zu finden. Taugt es wirklich etwas, ist es oft zu schwer und für die Mitnahme nur bedingt geeignet. Man muß also einen Kompromiß schließen. Eine Möglichkeit ist der Besuch eines Stahlwarengeschäfts, in denen man zum Teil recht brauchbare Handäxte findet, zumindest aber kleinere Versionen, sogenannte »Küchenbeile«.

Ein anderes Handbeil sei hier kurz beschrieben:

Ein einigermaßen gut brauchbarer Typ scheint mir das Handbeil der Fa. Herberts zu sein. Dieses Beil bekommt man mit einer Lederscheide. Die Axt selbst besteht aus einem Stück. Als Griff wurden auf das durchgehende Metallstück zwei Holzschalen aufgenietet. Alles in allem scheint das Ding recht robust zu sein und nach Auskunft eines Freundes für unterwegs gut geeignet. Die Schneide allerdings sollte man noch nachschärfen. Die Maße des Handbeils betragen 34 cm Länge, die Beilschneide ist 13 cm lang und hinten 1,5 cm stark, nach vorn verjüngend. Das Gewicht beträgt 900 Gramm. Preis ca. 40 Mark.

Aus Fernost kommt die »Camping Vollstahl-Axt«, die man für unter 20 Mark erhält. Die Axt hat eine kleine Stoffscheide, die aber nicht gerade die stabilste ist. Zu kleinen Arbeiten ist sie vielleicht noch zu verwenden, aber die Qualität dieses Dings läßt doch zu wünschen übrig. Gewicht des Ganzen: 800 Gramm.

B. SÄGEN

Hier tritt das gleiche Problem wie bei Äxten auf. Eine Gestellsäge bietet sich aus Qualitätsgründen an, ist jedoch zu sperrig, um zur Mitnahme in Frage zu kommen.

Von hinten nach vorne: Hunter-Klappsäge, Taschensäge, Handbeil mit Lederscheide, Machete (deutsche Fertigung), Allzweck-Werkzeug-Set, Taschensäge auf BW-Klappspaten, Sand- und Schneeschaufel.

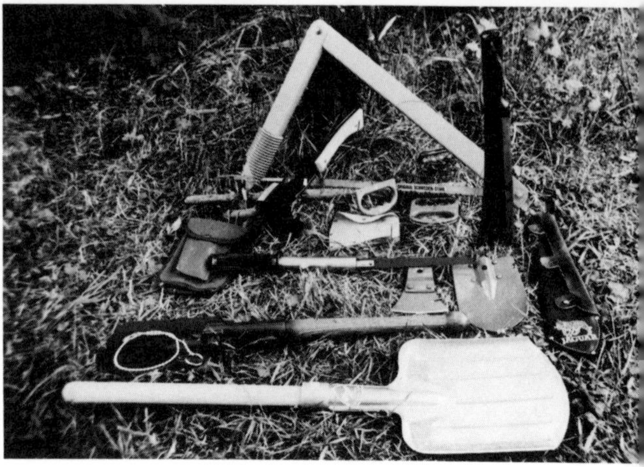

Eine Alternative wäre die Mitnahme eines guten Sägeblattes. Bei Bedarf wird mit etwas handwerklichem Geschick das entsprechende Gestell dazu gebastelt.

Zwei im Handel befindlichen Typen seien aufgeführt:

»Hunter«-Klappsäge

Von Hobbyt stammt diese parktische Klappsäge, die für Rucksackträger eine echte Alternative zu anderen Sägen darstellt. Zum Transport ist das Sägeblatt in einer U-förmigen Aluschiene untergebracht, und zwar so, daß die Zähne nichts verletzen können. Zusammengeklappt ist die Säge 55 cm lang, 5 cm breit und 2 cm dick.
Zum Gebrauch werden die beiden Alu-Schienen auseinandergeklappt, das Sägeblatt herausgeklappt und mit einer Schraube gespannt. Die Säge hat einen nach Wunsch verschiebbaren Kunststoffgriff.
Die Länge des Sägeblattes beträgt 46 cm, das Gewicht der Säge 500 Gramm. Erhältlich ist sie für ca. 50 Mark. Die Sägeleistung kann ich als sehr gut bezeichnen.

Taschensägen

Taschensägen bestehen aus einem Sägedraht, der klein zusammengerollt werden kann oder in einem zusammensetzbaren Griffstück untergebracht wird. Im ersten Fall befinden sich am Ende des Drahtes zwei Ösen oder Schlüsselringe, in denen man entweder einen gebogenen Ast befestigt oder das ganze U-förmig um den zu durchsägenden Ast legt, um diesen mit Hin- und Herbewegungen zu durchsägen. Für den Notfall oder für kleine Dinge sind Taschensägen zu gebrauchen, für Dauergebrauch jedoch nicht zu empfehlen.
Für ein Fernost-Produkt legt man ein paar Mark auf den Tisch, für eine bessere Ausführung, beispielsweise die Taschensäge von Fjällräven, die mit Handgriffen ausgestattet ist, ca. 25 Mark.

C. SPATEN

Einen Spaten wird man recht selten benötigen. Drei verschiedene Modelle seien hier beschrieben:

BW-Klappspaten

Zweifellos einer der stabilsten in dieser Art. Leider ist dieser Spaten recht schwer. In der alten Ausführung weist er einen Holzstiel auf. Oben befindet sich die einklappbare Picke und das Spatenblatt. Die neuere Version besitzt nur das Spatenblatt, ist aber aufgrund der Ganzmetallkonstruktion leichter und dreifach zusammenklappbar. Diese Dreifachversion wird in Korea nachgebaut, aus Aluminium. Die Kopie ist in der Regel neu billiger als das Original gebraucht. Das hat seinen Grund darin, daß der Nachbau schon bei geringer Beanspruchung seinen Geist aufgibt, und zwar meist im Gewinde. Von einem Erwerb eines solchen Spatens kann ich nur abraten.
Für die Qualität des BW-Spatens spricht allein schon sein Alter, denn meistens sind diese weit über 10 Jahre alt und erfüllen doch noch ihren Zweck.

D. SCHNEE- UND SANDSCHAUFEL

In der Wüste oder im Gebirge (z.B. zum Errichten einer Aufstellfläche fürs Zelt) reicht eine leichte Aluminiumschaufel aus. Erstens erspart man sich zusätzlich Gewicht und zweitens wird die Schaufel bei Sand oder Schnee nicht allzusehr beansprucht. Die französische Tournus-Schaufel hat einen abnehmbaren Griff mit 75 cm Länge. Das Schaufelblatt mißt 25 x 19 cm. Gewicht 600 Gramm. Der Preis beträgt zwischen 30 und 40 Mark.
Von Salewa stammt ein anderes Modell mit gleichem Gewicht. Auch hier besteht das Blatt aus Aluminium. Bei diesem Modell hat man zwei Einstellungsmöglichkeiten: gerade oder mit einem 90-Grad-Winkel. Zusammengeklappt kommt sie auf das gleiche Packmaß wie der französische Typ: 50 cm. In der Gesamtlänge weist diese Schaufel 76 cm auf.

E. MACHETEN

Haumesser oder Macheten gibt es z. B. aus koreanischer, finnischer und deutscher Produktion. Am billigsten sind (wie sonst?) die koreanischen Macheten. Sie bestehen einheitlich aus einem Plastikgriff und verschiedenen Klingenformen. Von ca. 15 bis 30 Mark bewegen sich die Preise bei diesen Haumessern. Bereits ihre Bezeichnungen vermitteln ein echtes Abenteuer-Gefühl: »Bush-Worker«, »Säge«- oder »Bolo-Machete«, so werden sie meist genannt. Die Scheiden sind olivgrüne Stoffscheiden (aufpassen bei den Nähten!). Zum Wegschlagen von kleinen Ästen, Busch- und Steppengras sind sie geeignet, bereits aber bei dickeren Ästen verbiegen sie sich. Von allen koreanischen Macheten ist die stabilste immer noch die Bolo-Machete, die die doppelte Stärke der anderen Haumesser aufweist. Sie erhält man für ca. 30 Mark.

Aus deutscher Fertigung stammt die »Jaguar«-Machete. Sie bekommt man in einer Lederscheide, die eine Schlaufe zur Befestigung am Gürtel aufweist. Die Klinge ist 36 cm lang, der Griff nicht aus Plastik, sondern aus Hartholz, das Gewicht beträgt 800 Gramm. Ich habe sie bis jetzt zum Holzhacken eingesetzt und bin der Meinung, dieses Modell verdient den Ausdruck stabil. Zu bekommen ist es für ca. 75 bis 79 Mark.

Allzweck-Werkzeug-Set

Hierbei handelt es sich um eine Kombination von Beil, Säge und Spaten (der leider etwas klein ausfällt). Benötigt man den Spaten- oder Beilaufsatz, findet die Säge im Griff Platz.

Zum Gebrauch werden die einzelnen Teile auf den Griff aufgesteckt. Die Säge funktioniert recht gut, zur Axt aber muß ich sagen, daß sie durch die Befestigung eine rauhe Behandlung nicht verträgt.

Für »richtiges« Werkzeug also nur ein mangelhafter Ersatz. Die einzelnen Teile sind in einer Segeltuchtasche untergebracht und wiegen zusammen 980 Gramm, erhältlich ist dieses Set für 39 Mark.

32. Photoausrüstung

A. AUSWAHL DER PHOTOAUSRÜSTUNG

Bei der Auswahl der Photoausrüstung sind mehrere Dinge zu beachten. Zum ersten soll die mitgeführte Ausrüstung leicht sein, was ein Problem für sich darstellt, denn bei nur zwei Gehäusen, Weitwinkel-, Normal- und Teleobjektiv hat man bereits einige Kilo an Gewicht zusammen. Ich möchte hier keine Marken empfehlen (die meisten Leser werden ohnehin schon eine Kameraausrüstung haben), sondern lediglich einige Tips aus verschiedenen Erfahrungen wiedergeben. Bei längeren Reisen oder Touren, wo die Kamera stark strapaziert werden kann, empfiehlt sich die Mitnahme eines kleineren, mechanischen Kameragehäuses mit gleichen Objektiv-Anschlüssen (Bajonett-Verschluß, M 42 Schraubgewinde). Denn die Elektronik vieler hochwertiger Kameras wird in heißen oder tropischen Ländern doch recht strapaziert, und wenn das Gerät dann seinen Geist aufgibt, sollte man wenigstens auf ein Ersatzgehäuse umsteigen können.

Objektivauswahl

Ein Profi gab mir mal den Rat: »Vergiß das Normalobjektiv – laß es zu Hause. Weitwinkel (28 oder 35 mm) und Teleobjektiv (135, 200 mm) reichen völlig aus!«
Er hatte völlig recht.
Noch mehr Gewicht läßt sich allerdings bei Verwendung eines Zoom-Objektives einsparen, beispielsweise im Brennweitenbereich von 80 bis 200 mm.

Format

Allein schon aus Platz- und Gewichtsgründen bietet sich das Kleinbildformat 24 × 36 mm an. Mittel- oder großformatige Kameras sind zu schwer und zu sperrig, um sie auf Rucksackreisen mitzunehmen. Hinzu kommen die schweren Objektive. Will man die Bilder verkaufen oder einer Illustrierten anbieten, sollte man daran denken, daß sich nur Farbdia zum Druck eignen. Die Meinung, daß nur mittel- oder großformatige Dias von Zeitschriften abgenommen werden, kann ich aus eigener Erfahrung widerlegen. Und sollte man wirklich einmal Schwierigkeiten mit dem Format bekommen, so gibt es Labors, die aus einer Kleinbildvorlage ein herrliches 6 × 9 Dia herstellen. Ist das Kleinbilddia scharf, ist das kein Problem.

Filter

Jedes mitgenommene Objektiv sollte mit einem UV- oder Skylight-Filter ausgestattet werden. Diese Filter kann man immer drauflassen. Sie vermeiden einen Blaustich, der von starker Sonneneinstrahlung kommt (Schnee- oder Sandgegenden).

Stativ

Will man selbst mit auf das Bild, oder sind längere Belichtungszeiten zu erwarten (nächtliches Lagerfeuer, Höhlen, Dämmerung) sollte man unbedingt ein Fotostativ dabeihaben. Ein Leichtgewicht versteht sich von selbst. Trotz seines geringen Gewichts muß das Stativ leicht ausziehbar sein und sicher stehen.

Zubehör

Draht- oder Fernauslöser sind zu empfehlen. Kommen noch Ersatzbatterien für den Belichtungsmesser in Frage (die man auf jeden Fall dabeihaben sollte). Auch Reinigungsläppchen und Pinsel sind auf Tour zu empfehlen, um das gute Stück stets sauber halten zu können.

Actigel-Trockenpatronen

Diese Patronen enthalten ein Trockenmittel, das Fotokoffer oder Filmbehälter trocken hält.
Das Trockenmittel einer Patrone kann ca. 10 Gramm Wasser aufnehmen und schützt so im Fotokoffer gegen Feuchtigkeit. Nach Gebrauch können die Dinger durch Erhitzen in trockenem Sand wieder aktiviert werden.
Der Preis einer Trockenpatrone beträgt ca. 8,50 Mark. Eine Patrone soll für einen Koffer von 0,5 m^3 Inhalt ausreichen.

B. SCHUTZ DER PHOTOAUSRÜSTUNG

Unterwegs muß die Kamera vor Nässe und Stößen geschützt sein. Eine gepolsterte Kameratasche bietet sich an. Sicher kann man seine Kamera auch im Rucksack verstauen, aber dann muß man sie bei jedem geeignetem Objekt herauskramen. Noch schlimmer ist dies bei beweglichen Motiven (z. B. Tieren), die ja selten still an einem Platz ausharren. Bis man die Kamera schußbereit hat, ist das Motiv meist verschwunden.
Man benötigt also ein Behältnis, in dem die Kamera geschützt ist, gleichzeitig muß aber ein schneller Einsatz gegeben sein. Es kommt hinzu, daß die Tasche in greifbarer Nähe untergebracht werden muß, denn im Gepäck oder auf dem Rucksack angeschnallt nützt sie wenig, da man dann den gleichen Effekt hat – es dauert zu lange, bis man zum »Schuß« kommt.
Schultertaschen eignen sich für umfangreiches Foto-Gepäck, oder für Rad- und Motorradfahrer.
Die meiner Meinung nach besten Fototaschen stellt Lowe her. Abgesehen von unterschiedlichen Formen und Größen haben alle Lowe-Taschen eines gemeinsam:
Als Polsterung wird ein geschlossenporiges Schaumstoffmaterial verwandt (s. Biwakmatten). Dadurch sind die Kamerataschen wasserdicht, verformungsfrei und eine gute Polsterung ist gegeben. Trotz der relativen Weichheit sind die Fototaschen stabil und schützen die Ausrüstung gegen Stöße und Schläge. Die Reißverschlüsse sind leicht zugänglich und man kommt schnell an die Objektive, bzw. an die Kamera. Je nach Größe und Ausführungen weisen die

Mini-Box professional, davor Ewa-Marine-Schutzhülle. Lowe-Zoom-Tasche, Omega-Tasche. Davor Objektivbeutel für Normal- und Teleobjektiv.

Taschen Inneneinteilungen auf, die mit Klettverschlüssen befestigt sind und so die Innenaufteilung beliebig verändern lassen. Je nach Typ gibts die Phototaschen mit einem verstellbaren Schultergurt oder Hüftgurt. Einige verschiedene Typen seien hier genannt:

Kameratasche

Die Kameratasche ist in drei Größen erhältlich. Die mittlere Größe hat eine Breite von 13 cm, eine Tiefe von 11 und eine Höhe von 10 cm. Diesen Typ gibts auch für Kameras mit Winder, wobei die Grundmaße gleich bleiben, die Höhe aber jeweils um etliche Zentimeter zunimmt.
Zu dieser Kameratasche, die mit Schultergurt geliefert wird, ist ein verstellbarer Hüftgurt erhältlich. Mit diesem kann man die Kameratasche seitlich an der Hüfte oder vorn am Körper anbringen und hat sie so stets griffbereit. Diese Kameratasche gibt es je nach Größe für 45 bis 60 Mark. Der Hüftgurt kostet ca. 14 Mark. Zusätzlich sind verschieden breite Schultergurte, gepolstert oder ungepolstert, erhältlich.

Objektivbeutel

Objektivbeutel dienen zum Schutz mitgeführter Objektive. Sie sind ebenfalls gepolstert, und werden mit Tanka und Zugverschluß verschlossen. Diese Objektivbeutel verfügen über eine oder zwei angenähte Laschen zur Befestigung am Hüftgurt der Kameratasche oder des Rucksacks.
Die Objektivbeutel sind in fünf verschiedenen Größen erhältlich. Angefangen von Größe I (11 cm hoch, ∅ 8 cm) bis zur größten Ausführung (28 cm hoch, ∅ 11 cm) reicht das Angebot. Die Preise bewegen sich zwischen 30 und 60 Mark.

Omega-Taschen

Die Omega-Taschen haben eine nierenförmige Form und bestehen aus fünf Fächern, wobei ein großes zur Aufbewahrung der Kamera dient, die restlichen zum Unterbringen von Objektiven und Filmmaterial. Die Unterteilungen sind mit Klettverschluß ausgestattet, also wahlweise entfernbar, wodurch ein großer Einsatzbereich gegeben wird. Am fest angebrachten Hüftgurt be-

finden sich zwei zusätzliche Täschchen für Kleinkram. Zwei Größen sind erhältlich, die »Omega I« hat das Format von 30 cm Breite, ist 12 cm tief und hat eine Höhe von 15 cm. Sie wird um die Hüfte getragen und läßt sich in jede gewünschte Position bringen. Die Omega-Taschen sind für 130 bzw. 150 Mark erhältlich.
Aus dem reichhaltigen Sortiment von Schulter- und Kamerataschen sei noch ein Typ herausgegriffen, der sich meiner Meinung nach für Rucksackreisende besonders eignet, die »Zoom-Tasche«. Die Tasche hat einen obenliegenden Handgriff, ist mit Schultergurt ausgestattet und kann mit dem Hüftgurt ergänzt werden. Die Tasche hat ein großes Hauptfach und eine aufgesetzte RV-Tasche. Die Kamera wird mit dem Zoom- oder Teleobjektiv nach unten in die Tasche versenkt.
Die »Zoom I« hat 21 cm Höhe, ist oben 18, unten 8 cm breit und weist eine Tiefe von 8 cm auf.
Die »Zoom II« ist entsprechend größer, da sie für Kameras mit Winder konstruiert wurde. Erhältlich ist die »Zoom I« für 120 Mark. Gewicht des Ganzen: 230 Gramm.
Während die Lowe-Fototaschen für die Aufbewahrung ein Optimum darstellen, benötigt man bei Situationen, in denen die Kamera funktionsbereit sein soll, aber Wasser, Sand und Staub sie ruinieren können, einen Schutz, der die Kamera während des Fotografierens zuverlässig schützt. Die Fa. Goedecke bietet dazu verschiedene PVC-Hüllen an.

Ewa-Marine

So nennt sich die Serie der Schutzhüllen. Diese Schutzhüllen sind für Photoapparate sowie für Kameras erhältlich. Es gibt sie für Kleinbild- und Mittelformatkameras, einige Typen sind speziell auf bestimmte Kameramodelle abgestimmt, so z. B. Canon, Nikon, Mamiya, um nur einige zu nennen. Auch die Höhe der Hüllen ist wegen Verwendung unterschiedlich großer Blitzgeräte verschieden. Bleiben wir einmal bei dem Standard-Gehäuse, das sich für alle Kleinbild-Spiegelreflexcameras eignet, deren Maße 15 cm in der Breite, 10 cm (m. Objektiv) in der Tiefe und 10 cm in der Höhe nicht überschreiten. Das Ganze gibt es auch eine Nummer größer zu 16 × 20 × 12 cm, usw. Man sollte sich also die für die Kamera geeignete Schutzhülle heraussuchen. Für die beiden beschriebenen Hüllen legt man momentan ca. 120 Mark auf den Ladentisch. Die Hüllen sind folgendermaßen aufgebaut:
Sie bestehen aus einer starken, transparenten PVC-Doppelfolie. Als Verschluß dient eine rostfreie, seewasserfeste Profilschiene. In die Schutzhülle sind zwei Glasscheiben (für Objektiv und Sucher) eingebaut. Auf der rechten Seite der Hülle befindet sich ein eingearbeiteter Innenhandschuh (schließlich muß man die Blende wählen, Entfernung und Zeit einstellen sowie den Filmtransporthebel bedienen). Die Schutzhülle wird mit Umhängekordel geliefert und bietet absoluten Schutz gegen Wasser, Sand und Staub. Sie eignet sich für Unterwasseraufnahmen bis zu 10 Metern Tiefe.
Zu bekommen sind die Hüllen im Fotofachhandel oder in Sport- und Ausrüstungs-Geschäften.

33. Praktische Kleinigkeiten

Packriemen

Packriemen oder Spanngurte dienen zur Befestigung zusätzlicher Dinge an Rucksack, Fahrradtaschen oder am Motorrad. Angefangen von 50 cm erhält man sie bis hin zu eineinhalb Metern Länge. Die Ausführungen selbst sind verschieden. Es gibt Metall- oder Plastikschnallen, die Packriemen sind in den verschiedensten Farben erhältlich, oft auch mit Werbeaufdruck. Besorgt man sich Metallausführungen, soll man auf nichtrostendes Material achten. Mit Hilfe von Packgurten lassen sich Biwakmatten, Schlafsäcke, Zelte und sonstiges auf Rucksäcken und Gepäckträgern befestigen.
Die Preise liegen je nach Hersteller, Qualität und Länge zwischen 2 und 5 Mark.

Tanka-Verschlüsse

Tankas oder sogenannte Schnellverschlüsse eignen sich zum Zusammenziehen von Schnüren an Bekleidungsstücken, Packbeuteln und Schlafsäcken. Sie bestehen aus einer runden Plastikhülse und einem mit einer Feder versehenen Knopf. Drückt man den Knopf in die Hülse, kann man die Schnur oder das Band durch das vorgesehene Loch schieben. Durch Loslassen des Knopfes wird die Schnur festgehalten. Ein Tanka ist quasi ein Knotenersatz und läßt sich blitzschnell verstellen. Tankas findet man an Schlaf- und Rucksäcken, an Packbeuteln und Bekleidungsstücken. Die Verschlüsse kann man einzeln kaufen. Sie liegen bei 1,50 Mark pro Stück.

Klettverschlüsse

Ebenfalls an vielen Ausrüstungsgegenständen sind Klettverschlüsse zu finden. Bei Jacken und Parkas dienen sie meist als Taschenverschluß, bei Schlafsäcken findet man sie als Reißverschlußklöppel-Abdeckung. Für Reparaturzwecke oder zum Selbstbau von Moskitonetzen bekommt man Meterware. Die Breite liegt bei Meterware meist um 2 cm, teilweise erhält man das Klettband oder Flauschband selbstklebend. Der Meter Klettband (Flausch- und Klettband) liegt bei ca. 4 Mark, bei einer selbstklebenden Ausführung muß man ca. 5,50 Mark rechnen.

Federwaage

Will man wissen, was das Gepäck wiegt, empfiehlt sich eine Federwaage. Auch zum Abwiegen bei Fluggepäck (Ruck- oder Seesack) ist das Gerät anzuraten. Die Federwaage hat einen Haltebügel, an der Unterseite befindet sich ein Haken zum Einhängen des Gepäckstücks. Die Anzeige geht von 0,5 bis 23 kg. Die Anschaffung lohnt sich, denn die Federwaage ist billig. Ca. 8 Mark kostet das 90 Gramm leichte Gerät.

Taschenofen

Gleich vorweg: Ein Taschenofen ist zwar eine praktische Sache, lohnt sich zur Mitnahme aber nur dann, wenn der Nachschub an Feuerzeugbenzin gesichert ist (also z. B. bei Winterwanderungen in heimischen Gefilden). Es gibt zwei Sorten von Taschenöfen. Das eine Modell wird mit Brennstäben »geheizt«, das andere mit Feuerzeugbenzin. Ich ziehe das zweite Modell vor, da ich (zumindest was Deutschland angeht) Feuerzeugbenzin in jedem Dorf bekomme, während der Nachschub mit Brennstäben nicht gesichert ist. Außerdem hatte ich vor Jahren mit einem Brennstabmodell Schwierigkeiten, da mir die Dinger immer ausgingen. Von der Wärmeleistung her gefällt mir der Benzinbrenner auch besser, wenngleich ich in der Zwischenzeit von verschiedenen Seiten gehört habe, daß das mit Brennstäben betriebene Modell auch recht gut sein soll.

Die Inbetriebnahme ist einfach: Der Brenner wird abgezogen und in die Wattefüllung wird Feuerzeugbenzin geträufelt. Danach setzt man den Brenner wieder auf, eine Flamme wird daruntergehalten und der Brennerkopf glüht leicht im Inneren. Jetzt setzt man die Abdeckhaube auf, das Ding kommt in ein Wollsäckchen und liefert nun bis zu 14 Stunden eine Wärmeleistung von ca. 50 Grad.

Ein Freund von mir benutzte im vorigen Winter zwei solche Öfen und hatte morgens immer zwei vorgewärmte Stiefel.

Der Taschenofen kostet ca. 14 Mark und wiegt 65 Gramm.

Moskito-Tüll

Zur Reparatur, zum Nachrüsten von Zelten oder Selbstbau von Moskitonetzen eignet sich Moskitotüll. Den bekommt man in Ausrüstungsgeschäften. Der Maschenabstand beträgt meist 1 mm, was in der Regel völlig ausreichend ist. Das Gewebe ist vollsynthetisch und wird meist in der Breite 120, 150 oder 200 cm gehandelt. Je nach Breite und Vertrieb kostet er zwischen 5 und 11 Mark.

Wasserdichte Streichholzbox

Diese Behälter gibt es in zwei Ausführungen. Einmal in Plastik mit Schraubverschluß, einmal in Metallausführung aus Aluminium. Die zweite Ausführung ist zweifellos die bessere. Die runde Dose besitzt einen Schraub- und Kippverschluß sowie einen Aufhängebügel. Der runde Behälter ist 6,5 cm lang und wiegt 24 Gramm. Er eignet sich für alles, was wasserdicht aufgehoben werden soll: Tabletten, Streichhölzer, Talisman, oder ein lieber Brief von jemanden, den man gern hat. Die wasserdichte Box kostet ca. 6 Mark.

Anti-Mücken-Geräte

Im Handel sind diese elektronischen Mückenvertreiber meist unter den Bezeichnungen »Antipic« oder »Moskitron« zu bekommen. Die Wirkungsweise ist jeweils die gleiche. Das Gerät wird mit einer 1,5-Volt-Batterie betrieben, deren Kapazität angeblich für ein Jahr Dauerbetrieb ausreicht. Das Gerät erzeugt einen sehr hohen Ton. Dieser Ton entspricht in seiner Frequenz

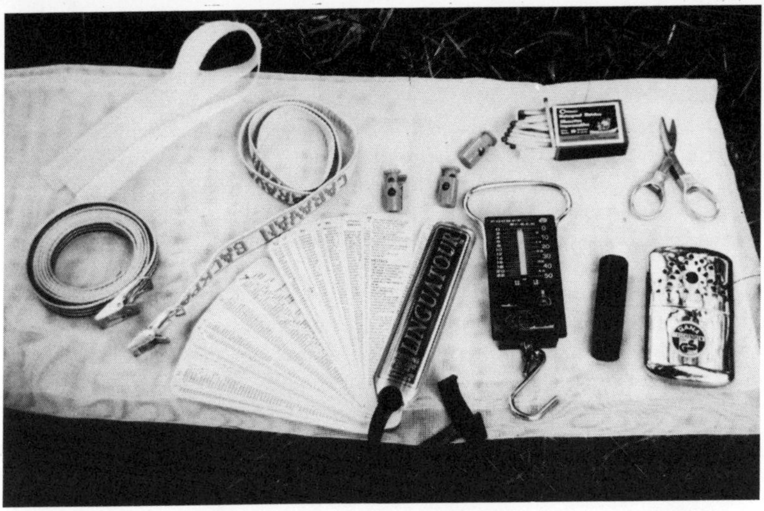

Auf Moskitogaze liegend: Klettband, Schnallgurte, drei Tanka-Verschlüsse, wasserfeste Streichhölzer, Taschenschere.
Darunter: Linguatour, Federwaage, wasserdichte Streichholzbox, Taschenofen

dem Flügelschlag der männlichen Stechmücken. Die (befruchteten) Mückenweibchen weichen diesem Ton zuverlässig aus. Damit ist der Sinn erreicht, denn nur die weiblichen Stechmücken saugen Blut, die männlichen Mücken oder Moskitos stechen nicht (Aha!).
Das Gerät soll in einem Umkreis von ca. 6 Metern in Räumen wie im Freien wirken.
Der hohe Piepston kann für viele Leute entnervend wirken. Anderen wieder macht er nichts aus (es soll sogar Glückliche geben, die ihn überhaupt nicht mehr hören).
Diese Anti-Mücken-Geräte wirken nicht gegen Bienen, Wespen, Bremsen und Hornissen.
Laut Hersteller haben sich diese Geräte hervorragend bewährt, ich selbst habe noch keine Erfahrungen damit gemacht und habe auch schon gehört, daß die Dinger überhaupt nichts taugen sollen –, daher möchte ich auf ein Urteil verzichten. Die Geräte wiegen ca. 30 Gramm (mit Batterie) und sind 7 × 1,8 cm groß. Sie bekommt man für ca. 25 Mark.

Kilmos-Spiralen

Ebenfalls einen Mückenschutz stellen diese Spiralen dar. Sie werden entzündet und der entstehende Rauch vertreibt die Mücken. Die »Kilmos-Spiralen« werden aus Kräutern hergestellt und sind völlig gesundheitsunschädlich. Eine Spirale brennt ca. 8 Stunden. Die Dinger sind sehr billig in der Anschaffung. 10 Spiralen (= eine Packung) kosten ca. 2,50 Mark.

Taschenschere

Eine faltbare Taschenschere (jawohl, sowas gibt es!) bieten verschiedene Ausrüster an. Das Ding ist klein zusammensteckbar und wiegt fast nichts. Ich muß aber auch dazu sagen, daß jede Schere eines Schweizer Offiziersmessers besser ist. Naja, dafür kostet die Schere halt auch nur ca. 3 bis 5 Mark, und wer seine Reisepartner verblüffen möchte, na bitte . . .

»Linguatour«

Ideal für unterwegs in anderen Ländern ist der Linguatour, ein Reise-Lexikon. Im Gegensatz zu den herkömmlichen Wörterbüchern ist dieses Wörterbuch wesentlich robuster und bedienungsfreundlicher. Hinzu kommt das kleine Format. Der »Linguatour« ist in Fächerform gestaltet. Die einzelnen Seiten bestehen nicht aus Papier, sondern aus einem Kunststoff, der belichtet wurde. Das bedeutet, daß die Buchstaben wasser- und abriebfest sind.
Kälte und Hitze machen dem Ding nichts aus, es ist knitterfrei und reißfest.
Ein »Linguatour« enthält jeweils die 7000 wichtigsten Wörter/Begriffe einer Sprache, wobei eine Seite Deutsch – Fremdsprache, die andere Fremdsprache – Deutsch gehalten ist.
Dieses Wörterbuch gibt es in folgenden Sprachen:

1. Deutsch – Englisch/Englisch – Deutsch
2. Deutsch – Spanisch/Spanisch – Deutsch
3. Deutsch – Französisch/Französisch – Deutsch
4. Deutsch – Italienisch/Italienisch – Deutsch

Die Maße des Linguatours betragen 3 × 3 × 15 cm, sein Gewicht beträgt 130 Gramm. Erhältlich ist er für 18 Mark.
Vom gleichen Hersteller (memoform) stammt das »Transidioma«, das vier verschiedene Fremdsprachen beinhaltet (Englisch, Spanisch, Französisch, Italienisch, Deutsch). Das »Transidioma« enthält über 60 000 Begriffe. Die 2 700 gebräuchlichsten Worte einer Sprache sind alphabetisch aufgelistet. Zu jedem Wort findet man daneben die Bezeichnung in den 4 anderen Sprachen sowie einen weiteren synonymen (sinnverwandten) Begriff in der Sprache des Suchwortes. Das »Transidioma« ist im Gewicht und in den Maßen mit dem »Linguatour« identisch. Erhältlich ist es für 36 Mark.

34. Spezielle Bergausrüstung

Hier sind Ausrüstungs-Gegenstände aufgeführt, die bei Bergsteigern Verwendung finden, aber auch für andere Reisende interessant sein können, genannt seien nur Seile und Karabinerhaken. Denn auch in der Wildnis kann es passieren, daß man eine Felswand oder Schlucht überwinden muß. Die wichtigsten Stücke sind ausführlich beschrieben, die weniger wichtigen in Kurzfassung. Ein Kletterer oder Bergsteiger wird selbst wissen, welches Gerät für ihn tauglich ist.

A. SEILE

Nicht nur für Bergsteiger interessant, sondern für all diejenigen, die unterwegs in die Lage kommen können, Abgründe oder Felswände durchqueren zu müssen. Bergseile sind aber wegen gewisser Eigenschaften nicht billig, und wenn ein Anfänger die Preise, die etliche Hundert Mark betragen, hört, wird er zunächst einmal erschrocken zusammenzucken.
Einige Daten über Bergseile:

Seilstärke

Da gibt es zunächst das Einfachseil. Es hat einen Durchmesser von 10,5 bis 11,5 mm. Es wird eingesetzt, wo Stürze mit freiem Fall vorkommen können. Das andere Seil, nämlich das Halbseil, hat einen Durchmesser von 7,5 bis 10,5 mm und wird in der Regel als Doppelseil benutzt, um absolut sturzsicher zu sein. Unter Doppelseilbenutzung versteht man die Verwendung von zwei Halbseilen. Je nach Vorhaben kann auch ein 9-mm-Seil als Einfachseil verwandt werden, (z. B. in leichtem Gelände, zum »schnellen« Abseilen unterwegs, usw.).

UIAA-Norm

Ein Bergseil muß verschiedene Voraussetzungen mitbringen, um die sogenannte UIAA-Norm zu erfüllen.
Über die Sicherheit eines Bergseiles geben verschiedene Faktoren Auskunft, von denen ich einige aufzählen will. Berg-Profis wissen Bescheid, und all denjenigen, die sich intensiv damit beschäftigen wollen, ist zum Schluß dieses Buches einschlägige Lektüre empfohlen.

Bruchfreie Normstürze

Als sturzsicher gilt nach der UIAA-Norm ein Seil, das den freien Fall eines Kletterers in die doppelte Seillänge mindestens fünfmal aushält, ohne zu reißen. Über die größte Sicherheit verfügen Multisturzseile, die z. B. zwischen 12 und 15 Stürze aushalten. Ein 8,5-mm-Halbseil kann beispielsweise zwischen 6 und 8 Normstürzen »verkraften«. Bei Verwendung als Doppelseil erhöht sich die Sturzanzahl auf 16 Stürze.

Setzt man also sein Seil nicht laufend am Berg ein, kann man ruhig etliche Mark sparen und sich ein Halbseil zulegen. Außerdem ist es leichter.

Fangstoß

Der Fangstoß ist die Kraft, die beim Abfangen eines Sturzes auf den Stürzenden einwirkt. Bei den mir bekannten Seiltypen liegt der Fangstoß zwischen 700 und 1100 Kilopond.

Welche Seillänge?

Bergseile werden in den festen Längen 30, 40, 45 und 50 Meter angeboten. Über- und Sonderlängen können auf Anfrage hergestellt werden. Vom Einsatzzweck des Seiles hängt es ab, welche Länge man benötigt. In der Regel wird dies ein 40-Meter-Seiltyp sein, mit dem man nach genug Reserven besitzt. Für den Wildnisreisenden können aber auch kürzere Seillängen durchaus ausreichen. Zur Überwindung eines steilen Abhangs nimmt man beispielsweise das Seil doppelt, indem man es um einen Baum oder Felsen legt (darauf achten, daß das Seil nirgends scheuert!). Nach erfolgtem Abseilen zieht man das Seil einfach zu sich herunter. Bei Verwendung eines 40-Meter-Seils kann man also etwa 20 Meter Gefälle überwinden (wobei es darauf ankommt, in welchem Abstand zur Wand sich eine Befestigungsmöglichkeit befindet).
Mein Freund Stephan benutzt beispielsweise einen Knoten, an dessen Ende er die gleiche Länge dünner Reepschnur knüpft, um das Seil nicht doppelt nehmen zu müssen und seine Länge voll ausschöpfen zu können.
Unten angekommen, zieht er kräftig an der Reepschnur, der Knoten löst sich, und das Seil fällt herab. Nach seiner Aussage ist der Knoten »Marke Eigenbau« und die Sache »Todsicher«. Um Nachahmer und Knochenbrüche zu vermeiden, möchte ich aber hier auf die Beschreibung seines Knotens verzichten.

Lebensdauer des Seiles

Für Bergsteiger gilt der grobe Richtwert von vier Jahren bei einem Halbseil und zwei Jahren bei einem Einfachseil. Ich habe gelesen, daß Bergführer, die ihr Seil ja überdurchschnittlich beanspruchen, ihr Seil nicht länger als ein Jahr benutzen. Als Bergsteiger würde ich die Richtwerte auf jeden Fall annehmen, bei Leuten aber, die ihr Seil sehr selten benutzen, mag die Lebensdauer entsprechend länger sein. Abgesehen vom Alter des Seiles und Häufigkeit seiner Benutzung kommen aber noch andere Faktoren hinzu: Verschiedene Umwelteinflüsse, also Temperaturen, UV-Strahlung, Nässe und Kälte.
Laut Hersteller ist ein Seil auszusondern, wenn:
1. Das Seil durch scharfe Felskanten oder Steigeisen beschädigt wurde,
2. Wenn das Seil einen Sturz aufzufangen hatte,
3. Wenn der Seilmantel durch Scheuerung stark abgenutzt worden ist.

Ein Bergseil sollte man kühl und trocken lagern. Nasse Seile sollen generell im Schatten getrocknet werden. Preise: Je nach Länge und Qualität bis zu einigen 100 Mark.

Steigleiter, Reepschnur, Steigeisen, verschiedene Haken, Eisschraube, Karabiner, Bergseil, Sitzgurt, Pickel. Im Vordergrund eine Gletscherbrille.

B. REEPSCHNUR

Reepschnüre sind vielseitig anwendbar. Man kann sie zur Anbringung eines Sitzgurtes ebenso wie als Zeltabspannschnüre oder zum sicheren Zusammenbinden von Ästen und sonstiges benutzen. Kurz, alles was sicher sitzen muß. Reepschnüre gibt es ebenso wie Bergseile in verschiedenen Farben und Stärken. Man bekommt sie per laufenden Meter von 3 mm bis 9 mm Ø.
Einige Stärken und deren Belastbarkeit:

3 mm Reepschnur	230 kp	ca. 0,80 Mark/lfd. Meter
5 mm Reepschnur	530 kg	ca. 1,70 Mark/lfd. Meter
8 mm Reepschnur	1550 kp	ca. 2,90 Mark/lfd. Meter

C. KLETTERGURTE

Klettergurte (Anseilgurte) dienen in Verbindung mit Karabinerhaken und/ oder Seilbremse zum Einhängen in das Seil.
Bei einem Sturz in das Seil wird der Fangstoß über den Anseilgurt auf den Körper übertragen. Je ausgefeilter konstruiert ein Klettergurt ist, desto besser verkraftet der Körper diesen Stoß. Er hilft also Verletzungen vorzubeugen. Arbeitet man mit Seilbremse, ermöglicht der Gurt ein sicheres und exakteres Abseilen. Man kann sich einen Klettergurt auch aus Schlauchband oder Reepschnur selbst basteln, aber die Bequemlichkeit und vor allem die Sicherheit (kein Einschneiden in Oberschenkel oder Nierenpartie eines gekauften) wird selten erreicht. Es gibt drei Arten von Klettergurten: Den Sitzgurt, den Brustgurt und den Komplettgurt, wobei letzterer aus kombiniertem Sitz- und Brustgurt besteht. Der Sitzgurt oder Brustgurt ist entweder einzeln zu tragen oder in Kombination. Für Bergsteiger wird aus Sicherheitsgründen

meist ein Komplettgurt verwandt, da man nach einem Sturz mit evtl. Ohnmacht sicher hängt, während man in einem reinem Sitzgurt durch den tiefen Schwerpunkt kopfüber hängen bleiben kann. Freikletterer dagegen bevorzugen Sitzgurte und auch für alle anderen, die den Gurt nur selten benötigen, kann man vom Anschaffungspreis und vom Gewicht her einen Sitzgurt empfehlen. Einen Sitzgurt erhält man bereits ab ca. 65 Mark.

D. KARABINER

Karabiner, auch Kletterkarabiner genannt, dienen zur Sicherung des Seiles, zum Durchlaufen des Seiles bei Hakengebrauch, zum Einhängen einer Seilbremse und vielen anderen Sachen.
Es gibt sie in den unterschiedlichsten Formen und Farben. Je nach Verwendungszweck weisen sie verschiedene Formen auf. Es gibt sie mit Schnappverschluß oder mit Schraubsicherung, wobei der Verschluß einschnappt und mit dem Schraubverschluß gegen ungewolltes Aufgehen gesichert wird.
Karabiner gibt es in Stahl-, Aluminium- und Hohlaluminium-Ausführung, wobei der letzte Typ der leichteste, aber auch teuerste Karabiner ist.

E. SEILBREMSEN

Eine Seilbremse dient – wie der Name schon sagt – dazu, das Seil zu bremsen, also die Geschwindigkeit, mit der man sich abseilt, selbst mit möglichst geringem Kraftaufwand zu bestimmen. Die einfachsten Ausführungen stellen sogenannte Abseilringe oder Abseilachter dar. Indem man das Seil leicht nachläßt, kann man so die Geschwindigkeit selbst bestimmen. Nur ganz loslassen darf man nicht, denn sonst geht es abwärts. Von Petzl stammt eine Abseilbremse, die zwei Rollen aufweist, in die das Seil eingelegt wird. Mit einem Handgriff kann man auch hier die Schnelligkeit regeln. Läßt man den Handgriff los, blockiert die Bremse – es kann also nichts passieren. Allerdings kostet diese Bremse auch gleich dreimal soviel wie eine einfache Ausführung.

F. EISPICKEL

Mir sind zwei Arten von Eispickeln bekannt: Eispickel zum Gehen, also zum Abstützen, und eine kürzere Ausführung zum Klettern.
Die kürzere Ausführung, also der Pickel zum Eisklettern, bleibt Spezialisten vorbehalten, die im Steileis klettern oder – was immer beliebter wird – gefrorene Wasserfälle angehen.
Die lange Ausführung dient zum Gehen und Steigen in Firnhängen und ermöglicht ein kraftsparenderes Gehen.
Ich habe in Nepal meinen Pickel aber auch dazu benutzt, um in steilen Waldhängen an Wurzeln, Bäumen oder einfach im Geröll Halt zu finden, wobei er mir mehr als einmal einen Absturz erspart hat. Eispickel sind mit Halteschlaufen erhältlich oder können als Zubehör geliefert werden. Die heutigen Eis pickel haben einen Metall- oder Kunststoffschaft, der je nach Modell iso-

liert ist. Oben befindet sich die Haue, am Schaftende ist eine Spitze, um den Pickel in Schnee oder Eis rammen zu können.
Es gibt -zig Modelle, angefangen von unter 100 Mark, bis hin zu Pickel, die schon fast an die 400-Mark-Preisklasse reichen.
Bei der Auswahl gilt – wie für die gesamte Bergausrüstung – die Beratung in einem Fachgeschäft, um das für seine Verhältnisse geeignete Modell auszuwählen.
Beim Kauf sollte man gleich Gummikappen für die Haue und die Spitze miterwerben, denn diese kosten nur ein paar Mark und schützen den Rucksack vor Schäden.

G. STEIGEISEN

Steigeisen dienen für einen sicheren Stand und Halt auf Firn und Eis. Die einfachsten Ausführungen sind Grödel, die vier oder sechs Zacken aufweisen und nur für leichte Touren gedacht sind. Die größeren Modelle verfügen entweder über ein Gelenk oder sind starr, wobei die letztgenannten nur zur Verwendung in Steileis konstruiert sind. Die vielseitigsten Steigeisen (mit Gelenk) dienen zum Gehen und Steigen bei einfachen und schwierigen Touren. Die Zackenanzahl ist verschieden, meist wird man 12zackige Steigeisen wählen. Diese Steigeisen haben am Absatz vier, am Vorderteil acht Zacken, wobei zwei davon schräggestellte Frontalzacken sind, um einen sicheren Halt in steilem, vereistem Gelände zu gewährleisten. Die Steigeisen sind in der Länge verstellbar, um sie der jeweiligen Schuhgröße anzupassen und einen exakten Halt am Bergschuh zu gewährleisten.
An den Seiten befinden sich sechs Ringe, durch die die Bindung geführt und am Schuh befestigt wird. Steigeisenbindungen gibt es auch einzeln zu kaufen. Man hat die Wahl zwischen Kunststoff-, Leder- oder Neoprenbindungen.
Auch Steigeisen gibt es in den verschiedensten Ausführungen, wobei die Preise von 60 Mark aufwärts gehen.
Für Steigeisen gibt es gepolsterte bzw. verstärkte Aufbewahrungsbeutel, sowie einen Zackenschutz aus Gummi, der zu empfehlen ist.

H. TECHNISCHES GERÄT

Für Bergsteiger und Kletterer gibt es eine Vielzahl von Haken, Eisschrauben und Klemmkeilen. Es sind sogenannte »Friends«, »Stoppers«, »Hexentrics« und andere Gegenstände erhältlich. Mit einer Kurzbeschreibung wäre hier niemandem gedient, im Gegenteil, manch einer würde dies vielleicht falsch verstehen und die Anwendung von technischen Geräten als einfach erachten. Aus diesem Grunde sei hier auf die Aufführung und Beschreibung verzichtet; kommt hinzu, daß ich über zuwenig Fachwissen in Bezug auf derartige Geräte verfüge. Hier sei auf spezielle Fachliteratur verwiesen. Die wichtige, sachgemäße Behandlung trifft natürlich auch auf die Anwendung von Pikkeln, Seilen und Karabinern zu, um nur einige Gegenstände zu nennen.

35. Spezielle Speläologieausrüstung

Wer sich für Speläologie (Höhlenkunde) interessiert, dem seien verschiedene Ausrüstungs-Gegenstände genannt. (Schleifsack s. »Transport- u. Aufbewahrungsmöglichkeiten«)

Karbidentwickler

Das ist ein kleines Gerät, das aus Wasser und Karbid Acetylen-Gas entwikkelt. Das Gerät verfügt über eine Aufhängevorrichtung und hat eine Wasser-Zufuhr-Regulierung mit Rückschlagventil. Es ist in zwei Versionen erhältlich. Einmal für 200 Gramm, die größere Version für 300 Gramm Karbid. Die Preise liegen je nach Größe zwischen 55 und 60 Mark.

Karbid-Stirnlampe von Petzl (Vertrieb über vauDe)

Diese Stirnlampe funktioniert nicht nur mit Karbid, sondern kann wahlweise mit einer Batterie betrieben werden. Sie paßt zu obigem Karbidentwickler.

Auf einem wasserdichten Höhlenoverall liegend: Gummistiefel, Speläo-Leiter, Helm mit Stirnlampe, wasserdichter Materialsack, darauf Magnesiumfackel, Karabiner, Haken, Reepschnur, Höhlenseil.

Höhlenoverall

Vom gleichen Hersteller stammt ein Höhlenoverall, der aus PVC-beschichtetem Nylon besteht. Der Overall hat eine Kapuze und eine Innentasche. Verschlossen wird er mit Klettverschluß und einer Druckknopfleiste. Ich habe gehört, daß dieser Overall absolut wasserdicht sein soll, habe selbst allerdings noch keine Erfahrung damit. Der Overall wiegt 1300 Gramm und kostet 175 Mark.

Speläo-Leiter

Eine gute Sache, leider nicht gerade billig ist die sogenannte Speläo-Leiter, die aus einem dünnem Stahldrahtkabel mit Dural-Sprossen besteht. Die zusammenrollbare Leiter ist 10 Meter lang, wiegt 1500 Gramm und kostet zwischen 140 und 190 Mark.

36. Motorrad-Spezial

Die hier aufgeführten Tips für Motorrad-Reisen stammen von Rudi Weidner, der seine Erfahrungen bei europäischen und außereuropäischen Reisen sammelte.

Vorgeschlagene Veränderungen am Motorrad:

1. Einbau einer stärkeren Hupe
2. Montiertes Gitter vor dem Scheinwerfer
3. Selbstgebaute Packtaschen (Rudi empfiehlt zum Bau Glasfasermatten oder Blech)
4. Sturzbügel sind besonders bei 4-Zylinder-Modellen empfehlenswert, da Lichtmaschinen- und Zündungsdeckel gefährdet sind.
5. Selbstgebaute Gepäckträger aus Flacheisen.
6. Bei Motorrädern, die Superbenzin benötigen, empfiehlt es sich – falls möglich – stärkere Fußdichtungen einzubauen, um auch mit schlechtem Sprit bedenkenlos längere Strecken fahren zu können.
7. ein größerer Tank ist immer empfehlenswert.

Werkzeuge und Ersatzteile:

1. Werkzeugsatz mit großer Zange, Ventillehren u. Spannungsprüflampe
2. Reparaturanleitung oder zumindest Betriebsanleitung des entsprechenden Modells für Einstellarbeiten unterwegs.
3. Reifenmontiereisen (Reifen mit Seifenwasser einschmieren – man tut sich leichter bei der Montage)
4. Kleine Handpumpe
5. Schläuche für Vorder- u. Hinterrad sowie Flickzeug und Ersatzventile
6. Sicherungen und Birnen
7. Etwas Kabel und Isolierband
8. Kette mit Schloß (besser 2 Stück)
9. Ersatzspeichen mit Speichenschlüssel
10. Ersatzzündkerzen (evtl. niedrigerer Wärmewert)
11. Luftfilter zum Auswaschen oder Ersatzluftfilter
12. Ölfilter
13. Bowdenzüge
14. Ersatz-Radlager (in sandigen Gegenden); wird darauf verzichtet, sollte man die im Gebrauch befindlichen vorher überprüfen.
15. Benzinadditiv zur Verbesserung der Klopffestigkeit.
16. Etwas Draht und Schnur
17. Bei Zwei-Takt-Maschinen genug Zweitaktöl mitnehmen

19\. Diverse Ersatzschrauben und -muttern.

19\. Reservekanister (Anzahl und Größe je nach Tour)

20\. Handwaschpasta

21. Putzlappen
22. 2 Ersatzreifen (empfehlenswert nur für längere oder für Touren mit sehr schlechten Straßen- oder Pistenverhältnissen, da Reifen bei niedrigen Geschwindigkeiten eine lange Lebensdauer aufweisen).

Spezielle Bekleidung für Motorradtouren:

Zu der normalen Motorrad-Kleidung ist noch folgendes zu empfehlen:

1. Eine Wachsjacke oder einen Wachsanzug, da er Regenbekleidung erspart, große Taschen hat und auch als Anorak zu tragen ist.
2. Regenbekleidung, also Regenkombi, Regenhandschuhe, Regenschuhe (Gamaschen)
3. Eine Stoffjacke für heiße Gegenden (man sollte Jacken aus Leinen oder Baumwolle den Vorzug geben), z. B. Jeansjacke. Diese schützen auch etwas bei Stürzen.
4. Statt einer Stoffjacke kann man auch eine Panzerkombi aus BW-Beständen nehmen.
5. Empfehlenswert sind – besonders auf schlechten Strecken – Knie- und Ellenbogenschützer aus Kunststoff, die in Sportgeschäften erhältlich sind.
6. Für wärmere Gegenden empfiehlt sich ein Jet-Helm. In sehr heißen Gegenden ist es jedoch oftmals angenehm, mit Integralhelm zu fahren, da dieser die heiße Luft vom Gesicht fernhält. Ausprobieren!
7. Eine Motorradbrille schützt vor Sand und Staub. Am besten nimmt man ein Modell mit getönten Gläsern, oder einen Typ, unter dem man eine Sonnenbrille tragen kann.
8. Ein Halstuch, das als Staubschutz vor den Mund gebunden werden kann, ist empfehlenswert. Das Tuch kann auch als Dreieckstuch zum Abbinden von Wunden verwandt werden.
9. Eine Plane. Dient als Schattenspender, und bei Reparaturen müssen die ausgebauten Teile nicht in den Schmutz gelegt werden.

Diebstahlsicherung des Motorrads

- Eine einfache und wirkungsvolle Sicherung des Motorrads läßt sich dadurch erreichen, daß man das Kabel des Panikschalters (Steckanschlüsse im Scheinwerfergehäuse) nochmals durch einen Kippschalter unterbricht und diesen *versteckt* am Motorrad anbringt, z. B. unter der Gabelbrücke (wasserdicht abisolieren!).
- Anbringen eines Bügelschlosses
- Mitnahme einer Eisen- oder Stahlkette zum Anketten des Motorrads an einen Baum oder ein Verkehrsschild.
- Mitnahme der Rucksackalarmanlage.

Allgemein gilt: Das Motorrad am besten auf belebten Straßen abstellen!

37. Checklisten aus der Praxis

Checklisten sind immer subjektive Dinge. Was einer vielleicht absolut nötig findet, gilt für den anderen schon fast als überflüssiger Luxus, oder gar als unnötiger Ballast. Aus diesem Grunde möchte ich den Abdruck »vorgekauter« Checklisten auch vermeiden; erstens, weil die Ansichten nun mal verschieden sind, und zweitens, um etwas zum Mitdenken anzuregen. Deshalb habe ich Freunde gebeten, mir ihre Checklisten zur Verfügung zu stellen.
Beim Durchlesen wird man merken, daß der eine viel oder wenig Bekleidung mitnahm, der andere wieder mehr Wert auf andere Sachen legte, die er als wichtig erachtete. Kurz und gut, es kommt auf den persönlichen Geschmack, auf die Art und Durchführung der Tour oder Reise und auf die Reisedauer an.
Aus diesem Grund stammen die nachfolgenden Checklisten aus der Praxis, also aus bereits durchgeführten Touren, nicht aus geplanten.
Wenn jetzt der eine oder andere Leser vielleicht meint, »ich hätte aber noch das oder dies mitgenommen«, oder »das hätte ich aber an seiner Stelle weggelassen«, dann ist der Sinn dieser Checklisten erreicht.
Ich habe diese Checklisten nicht verändert, auch die meinen habe ich nicht nachträglich verbessert, denn nach Beendigung einer Reise weiß man meist einiges, was man hätte besser machen können. Ich würde z. B. nie mit dem Schlafsack, mit dem ich vor 6 Jahren unterwegs war, noch einmal auf Tour gehen, deshalb sind solche Gegenstände auch mit »Schlafsack« und nicht mit »Doppelschlafsack« der Firma »X« bis – soundsoviel Grad bezeichnet.

A. WANDERN UND BERGWANDERN

Allgemeine Checkliste von Ernst Uhl, der seit vielen Jahren wandert und bergwandert.

Schuhe
Hohe Schuhe – nie Halbschuhe! – mit moderner Profilgummisohle. Das Obermaterial sollte aus weichem Rindsleder bestehten, das sich gut einfetten läßt. Ist das Obermaterial aus Wild- oder Veloursleder oder gar aus Cordstoff, bekommt man nicht nur bei Regen, sondern schon am Morgen auf taunassen Graswegen nasse Füße!

Wollstrümpfe

Hose
(strapazierfähig, auch Kniebundhose)

Saugfähige Unterwäsche

Baumwollhemd

Rucksack
Leichter Wanderrucksack aus synthetischem Gewebe, der gepolsterte Tragegurte hat und gut sitzt. Er sollte wasserdicht sein, mehrere Außentaschen und ein leichtes Gestell mit oder ohne Verspannbändern haben, damit der Rücken etwas freigehalten wird und man nicht bereits nach wenigen Kilometern auf dem Rücken durchgeschwitzt ist.

Wasserdichter Anorak mit Kapuze

Wollpullover

Regenkotze (Poncho)
unter den auch der Rucksack mit untergebracht werden kann.

Getränke in Plastikflaschen
Die Flaschen sind nicht nur unzerbrechlich, sondern auch sehr leicht. In der Mitte des Rucksackes verstaut und von Kleidung umgeben, bleiben die Getränke verhältnismäßig frisch. Zu empfehlen ist ungesüßter oder nur schwach gesüßter Tee.

Wanderkarte

Verpflegung/Proviant je nach Länge der Tour

Wundschnellverband (Wundpflaster)

Schmerztabletten

Als Ersatzkleidung:
Einzeln in Plastikbeuteln verpackt, falls der Rucksack doch nicht wasserdicht ist. Baumwollhemd, Unterwäsche, 1 Paar dünnere und 1 Paar stärkere Wollstrümpfe. Mit einem Strumpfwechsel lassen sich oft Fußbeschwerden beheben oder lindern, außerdem ist ein Strumpfwechsel bei durchgeweichten Schuhen äußerst angenehm.

Dokumente
Z. B. Reisepass, Impfausweis, etc.

Zusätzlich bei Bergwanderungen
Reserveverpflegung (Eiserne Ration, Traubenzucker, Schokolade). Rettungssack aus Metallfolie. Kopfbedeckung (zusammenrollbarer Hut, Wollmütze). Reepschnur, mindestens 15 m lang, mit Karabinerhaken. Hüftgurt (in leichter Ausführung) für den Rucksack, um ein »Hüpfen« des Rucksackes beim schnellen Bergabsteigen oder beim »Abfahren« über ein Kar zu vermeiden.

B. TRAMPEN

Mit dem Rucksack machte ich vor einigen Jahren mit einer Freundin einen Trip in die Sahara, der 7 Wochen dauerte. Als Transportmittel benutzten wir Bahn, Bus, Schiff, Flugzeug, Lkw (Autostop).
Dauer: Juli/August

Meine damalige Checkliste sah so aus:

Bekleidung:
1 Pullover
1 Hemd
2 Paar Socken
1 Sporthose
1 Unterhose
1 Paar Wanderschuhe
1 Baumwollkäppi
1 Paar Geröllgamaschen
1 T-Shirt
1 Gletscherbrille
1 Paar Sandalen
1 Hut
1 Jeans

Sonstiges:
1 Tragegestellrucksack
1 Taschenlampe
2 Batterien (Ersatz)
1 Messer
1 Gürteltasche mit Schloß für Ausweis, Papiere, Geld

Übernachtung:
1 Schlafsack
1 Biwakmatte
1 Doppelzelt
div. Sandheringe
Rettungssack

Hygiene
1 Seife (in Plastikbehälter)
1 Zahnpasta
1 Reisezahnbürste
1 Handtuch
1 Bürste
1 Rolle Toilettenpapier
Waschmittel (Rei in der Tube)

Küche/Verpflegung:
1 Bergsteigereßgeschirr
1 Kocher und Betriebsstoff
1 12-Liter-Faltkanister
1 6-Liter-Faltkanister
1 Essbesteck
Wasserentkeimungsmittel
1 Feldflasche
200 Gramm Kaffee
200 Gramm Tee, schwarz
Salz, Pfeffer

Orientierung/Karten/Bücher
1 Reiseführer Tunesien
1 Reiseführer Algerien
1 Buch »Durch Afrika«
Schreibzeug/Notizbücher
1 Kompaß
1 × Carte intern. du monde »In Salah«
1 × dto. »Tamanrasset«
1 Karte Hallwag Tunesien, Algerien
1 : 1 000 000
1 Wörterbuch Französisch
1 Thermometer

Photoausrüstung
1 Sucherkamera
1 Spiegelreflexkamera
1 Weitwinkelobjektiv mit Skylightfilter
1 Teleobjektiv
Zwischenringe
1 Kleinstativ
16 Filme, Reinigungstücher, Drahtauslöser, Ersatzbatterien und Zubehör

Apotheke
»Medizinfibel für Fernreisen«
1 Fieberthermometer
Brandsalbe
Div. Verbandsbinden
Einwegspritzen und Kanüle

Salztabletten
Schmerz- u. Fiebermittel
Div. Pflaster
Mittel gegen Erkältungskrankheiten, Durchfall,
Verstauchungen und Zerrungen
Penicillin

Bis auf die gemeinsam benutzten Artikel wie Zelt, Geschirr, Kocher, Seife, Zahnpaste usw. hatte meine Freundin die gleiche Ausrüstung.
Da wir die Verpflegungsfrage vor Ort bei den Einheimischen lösten, wurde auf Mitnahme von Nahrung (bis auf Kleinigkeiten unterwegs) verzichtet. Schwerpunkt dieser Tour war die Mitnahme von möglichst wenig; Leben und Verpflegung bei den Einheimischen.

C. FAHRRAD

Die folgende Checklioste stammt von Dittmar Rauch, der seit Jahren mit seinem Fahrrad in Europa auf Touren geht. Die Ausrüstungsliste stammt von seiner letzten Tour 1982, die 25 Tage dauerte und ihn 2400 Kilometer von Deutschland nach Jugoslawien und zurück führte.

Werkzeuge, Ausrüstung und Ersatzteile rund um das Rad:

2 Satteltaschen
Diverses Werkzeug
1 Fahrradkette
2 Bremsseile
1 Gangseil
8 Bremsgummi
2 Ersatzschläuche
1 Mantel
2 Luftpumpen
10 verschiedene Schrauben
10 Speichen
4 verschiedene Schraubenschlüssel
1 Rückspiegel

Kleidung
9 Paar Socken
7 × Unterwäsche
2 Taschentücher
6 T-Shirts
3 Pullover
1 Radfahrertrikot (kurzes Hemd, kurze Hose, Mütze)
1 Shorts
4 Handtücher
3 Waschlappen
1 Strickjacke
1 Windjacke
1 Paar Handschuhe
1 Schal
2 Paar Turnschuhe
1 Paar Clogs
1 Paar Halbschuhe
1 Trainingsanzug
1 Regenjacke
1 kurze Jeans
1 lange Jeans
1 Ledergürtel
1 Schlafsack
1 Taschenlampe
1 Regencape
1 Brustbeutel
1 BV-Mappe
1 Taschenmesser
1 Fahrtenmesser
1 Fotoapparat
1 Sonnenbrille
1 Waschbeutel
1 Armbanduhr
Nähzeug
Landkarten
Eßbesteck
1 Umhängetasche
1 Aludecke

Ausweise und Papiere
1 Personalausweis
1 Reisepass
3 Internatinale Krankenscheine

1 Schnur
Sonnenöl
Spiegel und Kamm
Nagelfeile
Notizblock
Seife
Toilettenpapier
Tempos
Batterien
Nivea Creme

2 Scheckhefte
1 Rad-Fahrtenpass
1 Blutspenderpaß
Schiffahrschein
Adreßbuch

Gebrauchsgegenstände
Verbandszeug
Kugelschreiber
1 Fleckenmittel Rei

D. MOTORRAD

Diese Checkliste stellte sich Rudi Weidner für eine Tour nach Ägypten im Juli u. August 1980 zusammen.
Die Gesamtdauer der Reise betrug 7 Wochen.

Motorradbekleidung:
1. Lederbekleidung
2. Wachsanzug
3. Motorradstiefel
4. 2 Sturzhelme, einmal Integral – einmal Jethelm
5. Regenanzug
6. Regengamaschen
7. Regenhandschuhe
8. Motorradbrille für staubige Gegenden
9. Stoffjacke
10. Mund- und Halstuch

Kleidung:
1. 2 lange Hosen (Jeans)
2. 2 Hemden (Baumwolle)
3. 1 Pullover
4. 3 T-Shirts
5. 2 Unterhosen
6. 3 Paar Socken
7. 1 Paar Turnschuhe
8. 1 Badehose
9. 1 Sonnenhut

Übernachtung:
1 Doppeldachzelt mit Moskitonetzen
1 Kunstfaserschlafsack
1 Jugendherbergsschlafsack (Inlett)
1 Isolier- (Biwak-) matte
1 Zeltplane als Schattenspender, Nässeschutz, Unterlage

Sonstiges:
Schreibzeug
Neo Ballistol Öl (Sonnenschutz)
Nähzeug
Sonnenbrille
Sturmstreichhölzer
Taschenlampe
Lampe mit Anschluß an die Motorrad-Batterie

Körperpflege:
Handtuch
Waschlappen
1 Seife
Zahnpasta und Zahnbürste
Toilettenpapier
Wäscheleine
Kamm
Hautcreme
Waschmittel
Taschentücher
kleine Schere
Rasierzeug

Essen und Trinken
1. Kocher (Benzinkocher)
2. Koch- und Eßgeschirr, Trinkbecher
3. Universalmesser
4. Büchsenöffner
5. Notnahrung für 2 bis 3 Tage
6. Tee, Kaffee
7. Zucker, Salz, Gewürze

8. Feldflasche
9. Leinenwassersack
10. Wasserentkeimungstabletten

Reiseapotheke

1. Verschiedene Pflaster
2. Dreiecktuch
3. Verschiedene Mullbinden
4. Desinfektionsmittel, Wundpuder
5. Neo Ballistol Öl
6. Vitamintabletten
7. Salztabletten
8. Mittel gegen Durchfall (z. B. Kohletabletten)
9. Grippe- und Fiebermittel
10. Schmerztabletten

Dokumente und Papiere

Ausweis
Impfausweis
Jugendherbergsausweis
Internationaler Führerschein,
Fahrzeugschein
Intern. Studentenausweis
Krankenkassenmitgliedsbescheinigung
Ausbildungsnachweis
Bargeld und Traveller-Schecks
Brustbeutel, Geldgürtel (selbsteingenähte Innentasche in den Jeans)
Adressenliste
Carnet de Passage (Wird für das Fahrzeug in einigen Ländern verlangt)

Photo

Kamera mit verschiedenen Objektiven
Blitz
Filme
Reinigungstuch und Minischraubenzieher
Staub- und wärmeisolierende Tasche oder Beutel für Fotosachen

E. WILDNIS

Die folgende Check-und Ausrüstungs-Liste stammt von Stephan Pastor. Stephan war 1982 zu Fuß drei Monate im kanadischen Busch allein unterwegs.

Von Kopf bis Fuß:

1 Hut
1 Halstuch
1 BW-Hemd (Sommer)
1 ärmelloses Unterhemd (Wolle)
1 Unterhose
1 Paar Jeans
1 Paar Baumwollsocken
1 Paar BW-Springerstiefel

Ausrüstungs-Gegenstände — immer am Mann:

Am Gürtel:
Bowiemesser, Papiere und Dokumente
Doppelte Patronentasche
eine Hälfte 12 Patronen, die andere Hälfte enthielt Notfallausrüstung: Schlingendraht. Angelhaken und -schnur, 1 Päckchen Rasierklingen, Magnesium-Feuerstarter

In den Taschen:
2 Verbandsbinden
3 Schachteln wasserdicht verpackte Streichhölzer für den Notfall, eine davon zum Gebrauch
2 Kerzen, 2 Esbitwürfel, Taschenkalender, div. Sicherheitsnadeln

Ein Expeditionstragegestell mit aufgebundenem Seesack. Darin befanden sich:

1 Skinnermesser
1 Abziehstein
86 Patronen
Schraubenzieher
Putzzeug
Waffenöl
Leder- und Stofflecken
Nähzeug
Tagebuch
Kompaß
Angelhaken und -schnüre
Gewehrfutteral
1 Paar Socken
1 »Long John« (Underall)
1 Lodenmantel
1 Regenmantel
Turnschuhe
ungefütterte Lederhandschuhe
1 Nylonplane
10 Meter Nylonschnur (als Abspannschnur usw. zu verwenden)
30 Meter Reepschnur, Ø 4 mm
30 Meter Halbseil, Ø 9 mm
1 Seilbremse
3 Karabiner
1 leichter Schlafsack (Kunstfaser – 8 Grad)
1 warmer Schlafsack (Kunstfaser – 20 Grad)

1 Alupfanne
1 Alu-Teller
1 Topf
1 Becher
1 Griff
2 Alufeldflaschen, je zwei Liter

Notnahrungsmittel:
1 Kilo Haferflocken
1 Kilo Rosinen
500 Gramm Salz
500 Gramm Honig
2 Kilo braunes Mehl
500 Gramm Erdnußbutter

Verbandszeug (1. Hilfe):
Verschiedene Binden
Dreieckstücher
Heftpflaster
Rasierklingen (für Notoperation usw.)
Desinfektionsmittel
1 Tube Zugsalbe
1 Dose Kohletabletten
1 Schlangenbiß-Set (m. Vakuumpumpe und Skalpell)

Waffe:
1 Winchester 94, Kaliber .30/30

F. REISE MIT EXPEDITIONSCHARAKTER

Checkliste für meine Tour im Februar/März 1982 (Trekking und Bergsteigen in Nepal). Zwei Personen. In Nepal mit einem Sherpa und vier Trägern über den Ganja La, durch den Bergdschungel zurück nach Tharke Ghyang.
Checkliste pro Person:

Bekleidung:
4 Paar Schladminger Socken
2 Paar Schladminger Strümpfe
2 lange Unterhosen
3 kurze Unterhosen
3 Unterhemden (T-Shirts mit kurzem Arm)
1 Jeans
1 Thermoskin Unterziehpulli
1 Khaki-Hose (Baumwolle)
1 Geldgürtel
2 Hemden (Baumwolle)
1 Faserpelz-Underall
1 Wärmehose aus Kunstfaser
1 Jacke M65 (Nachbau)
1 Mütze
1 Baumwollkäppi
1 Halstuch (Stirnband)
1 Paar Turnschuhe
1 Paar Entrant Biwakschuhe

1 Paar Seidenhandschuhe
1 Sturmhaube (Seide)
1 Paar Daunenhandschuhe
1 Paar Himalaya-Fäustel
1 Paar Expeditionsgamaschen
1 Daunenjacke mit einziehbaren, ungefütterten Ärmeln
1 Daunenjacke voll gefüttert

Bergausrüstung:
1 Höhenmesser
1 Kompaß
1 Schneeschaufel (am Pickel zu befestigen)
1 Eispickel mit Handschlaufe und Spitzenschutz
1 aufschraubbare Kamerahaltung für den Pickel (Eigenbau)
1 Paar Steigeisen mit Zackenschutz
1 Paar steigeisenfeste Bergschuhe
1 Gletscherbrille ohne,
1 Gletscherbrille (stärker) mit Nasenschutz
2 Brillenetuis
1 40 Meter Einfachseil
1 Seilbremse
1 Sitzgurt
Div. Karabiner
Div Reepschnur

Übernachtung:
1 Doppelschlafsack (Daune/Kunstfaser kombiniert)
1 Schlafsacktransporthülle
1 Biwakmatte
1 Termo-Zelt
div. Schneehäringe

Beleuchtung:
1 Trangia-Lampe (Zelt)
div. Teelichter
1 Taschenlampe
div. Batterien

Aufbewahrung und Transport:
1 Rucksack mit Innentragegestell, 85 Liter.
1 Stuff Sack
1 Aluminium-Box (Zarges)
div. Nylonpackbeutel

Dokumente:
1 Geldgürtel (Zur Aufbewahung von Geld, 1 Brustbeutel, Traveller-Schecks, Flugtickets, Reisepass (Visum), Trekking-Permit und sonstige Dokumente, wie Intern. Impfausweis, etc.)

Hygiene:
1 Seife
2 Handtücher
1 Bürste
1 Zahnputzset
1 Metallspiegel

Notausrüstung:
Sturmstreichhölzer
Kerzenstummel
Notnahrung (mountain house)
Rettungsdecke
Starkes Aufputschmittel

Photoausrüstung:
Mein Freund Klaus hatte seine »Canon A 1« und diverse Objektive und Zubehör dabei. Meine Liste sah folgendermaßen aus:

1 Spiegelreflexcamera, Carena 1000
1 Teleobjektiv
1 Weitwinkelobjektiv
Zwischenringe
1 Stativ
3 Farbfilter
3 Filterhalter
1 Sebia Filter
1 Verlaufsfilter
2 Sternfilter
1 Split-Field
1 Fernauslöser
1 Polfilter
3 Adapterringe

5 Ersatzbatterien
1 Filmshield-Beutel
20 Kodak »Kodachrome 25«
3 Kodak »Kodachrome 400«
2 Filme Kodack »Ektachrom«

Hinzu kamen noch Kleinteile, wie Putzzeug usw. Untergebracht war das Ganze in einem Aluminiumkoffer.
Als Ersatzcamera diente eine »Pentax«, die ebenso wie die »Carena« den gleichen Objektivdurchmesser und -anschluß aufwies.

Gemeinsam benutzte Artikel:
Ist man zu zweit oder zu mehreren unterwegs, werden bestimmte Artikel gemeinsam genutzt. Bei uns waren dies:

Zelt
Taschenfilter
15 Ltr. Faltkanister
Entkeimungstabletten
1 Schneeschaufel
Federwaage
Aluminium-Kiste
Kartenmaterial

Ersatzteile:
1 Paar Ersatzhandschuhe
1 Ersatzhöhenmesser
1 Paar Ersatzsteigeisenbindungen
Div. Ersatzhäringe
1 Ersatzgletscherbrille

Reparaturmaterial:
Nähzeug (mit Sicherheitsnadeln, verschiedenen Fäden, Knöpfen, Nadeln, Isolierband, usw.)

Ersatzteile für das Zelt:
Ein großes Stück Außengewebe
Ein großes Stück Innengewebe
Ein Stück Moskitonetz
Nylonband zum Ausbessern von Schlaufen
Für den Schlafsack einige Stücke Innen- und Außengewebe, Stoffe für Bekleidung, Kleber, Isolier- und Klebeband, Schnur und Draht

Apotheke:

Die Checkliste für die Apotheke ist nicht mehr auffindbar. Wir hatten allerlei Salben gegen Kopfschmerz, allgemeine Schmerzmittel, Mittel gegen Erkältungen, Fieber, Penicillin, Salben gegen Verstauchungen und Zerrungen, diverse Einwegspritzen, Desinfizierungsmittel, Sonnen- und Lippenschutz (Gletschercreme), usw. dabei. Ebenso waren Aufputschmittel (für den Notfall), Schlaftabletten, magenberuhigende Medikamente, Mittel gegen Erbrechen und Durchfall mit von der Partie.

Zur Checkliste:

Dem Leser wird schon aufgefallen sein: Kocher und Geschirr sowie Nahrung fehlt. Das hat seinen Grund daher, da wir alles zusammen mit unserem Sherpa Ang Kami in Kathmandu einkauften. Die mitgenommene Nahrung beschränkte sich fast ausschließlich auf Grundnahrungsmittel. Gegessen haben wir die einheimische Kost zusammen mit den Trägern – was ich nur raten kann. Gekocht wurde über Feuer, weshalb die Mahlzeiten in der Schneeregion auch immer kalt ausfielen (was sowieso nur einige Tage der Fall war). Außerdem bin ich der Meinung, daß unsere Träger und Ang Kami es schwer genug hatten (zuwenig Bekleidung, obwohl wir alle Bekleidung aufteilten, auch die Unterbekleidung). Kommen die Traglasten hinzu, und obwohl auch wir unsere Rücksäcke schleppten, trugen sie doch mehr wie wir, und deshalb sagten wir uns, wenn es für die Träger nichts Warmes gibt, brauchen wir auch nichts Warmes – geschadet hat es nicht.

38. Empfohlene Lektüre

Wandern und Bergwandern/Bergsteigen/Trekking

Münchner Hausberge
Walter Pause
München

Bergheil
Walter Pause
München

Wandern – Bergab
Walter Pause
München

Menschen am Matterhorn
Bern

Everest
Expedition zum Endpunkt
Reinhold Messner
München

Nepal für Globetrotter
Ludmilla Tütting

Bergwandern in Nepal
Stuttgart

Richtig Reisen: Nepal
Dieter Bedenig
Köln

Für Radfahrer

Das Fahrrad Reisebuch
Michael Höppner
Wolfgang Mützt
Ursula Pauen
Berlin

Heiße Tour Afrika
Mit dem Fahrrad von Algier nach Kapstadt
Helmut Hermann
München

Für Kanu, Kajak, Boot

Wasserwege in die Freiheit
Horst Maas
Stuttgart

Sturzfahrt vom Everest
Mit dem Kajak durch Wildwasser und ewiges Eis
München

Abenteuer Abenteuer
Blauer Nil und Rudolfsee
Rüdiger Nehberg
Hamburg

Wildnis Privat
Der Ratgeber für Kanutouren in Kanada
Michael Diekmann und
Florian Thieme

Survival

Survival
Rüdiger Nehberg
Hamburg

Überleben
in Eis, Meer, Wüste und Dschungel
Ruth Seering
Bergisch-Gladbach

Die überlistete Wildnis
Hans-Otto Meissner
München

Überlebenstraining
W. R. v. Rhamm
Stuttgart

US Army Survival Handbuch
von John Bosswell (deutsch)
Stuttgart

Wildnis

Abseits der Straßen
Alaska und Yukon
Cornelia Strauch und
Michael Müller

Wildes rauhes Land
Reisen und Jagen
im Norden Kanadas
Hans-Otto Meissner
München

Alaska, Canada
Manfred Wöbcke

Wüste
Transsahara
Klaus und Erika Därr

Das afrikanische Rift Valley
Colin Willock

Biologie der Sahara
Peter Dittrich

Die Sahara
Jeremy Swift

Danakil
Zu Fuß durchs Höllenloch der Schöpfung
Rüdiger Nehberg
Hamburg

Eis und Schnee

Abenteuer Arktis
Arved Fuchs
Stuttgart

Winterwandern
Mit Schlitten, Ski und Schneeschuh
Rainer Höh

Die letzten Könige von Thule
Leben mit den Eskimos
Jean Maurie
Frankfurt

Dschungel

Unternehmen Kopfjäger
Walter Wolter
Stuttgart

Wayapi
Ein Jahr im Dschungel Guyanas.
Als Frau allein bei Indianern
Elfie Stejskal
Stuttgart

Kolibris und Krokodile
Mit dem Pferd durch die Urwälder
des Amazonas
Evelyne Coquet
München

Der Ruf des Condor
Ein Mann allein durch Südamerika
Heinz Rox-Schulz
München

Meine Freunde – die Kopfjäger
Mit dem Rucksack durch Borneo und die Philipinen
Georg Kirner
München

Das Tropenbuch
Vom Leben und Überleben in subtropischen Ländern
Roland Hanewald
Aurich

Medizinischer Ratgeber:

Medizinfibel für Fernreisen
Dr. med Wolf & Gabriele Lieb

Orientierung

Astro Navigation
Bobby Schenk
Bielefeld

Das Buch »Durch Afrika« ist zwar mehr für Auto-Reisende gedacht, aber für Rad-, Motorrad- und Rucksackreisende ebenso gut geeignet.
Autoren: Därr/TCS
Heimstetten

39. Kleine Materialkunde von A – Z

Hier seien kurz Materialien, Stoffe, Gewebe und Metalle beschrieben, die bei Ausrüstungsgegenständen verwandt werden. Da verschiedene Materialien nicht nur als Gewebe, sondern auch als Füllmaterial verwandt werden können (z. B. Polyester), sind alle Metalle und Gewebe, sowie Naturprodukte alphabetisch aufgeführt.

Aluminium (Leichtmetall)

Aluminium wird zur Herstellung von Rucksacktragegestellen, Zeltgestängen, Häringen, Zeltspannern usw. verwandt. Ferner werden Geschirre. Kocher, Tassen und Teller gefertigt. Aluminium zeichnet sich (bei gutem Material) durch Zähigkeit und Stabilität aus. Im Gegensatz zu anderen Materialien ist Aluminium wesentlich leichter, und die Zeiten, in der Alumaterial teurer war, sind auch schon lange vorbei.

Angorawolle (eigentlich: Angorakaninwolle)

Angorawolle ist unübertroffen weich, leicht und glatt. Die Haut wird von Angorawolle nicht gereizt (wie beispielsweise von Schafwolle) und mehr als durch Schafwolle gewärmt. Ebenso wie neuere Kunstfasern weist auch Angorawolle **hohle** Haare auf. Aus Angorawolle werden daher sehr leichte, gleichzeitig aber sehr warme Bekleidungsstücke hergestellt. Für einen Pullover reichen z. B. 80 bis 140 Gramm, während man bei Schafwolle die doppelte Menge benötigt. In der ersten Zeit des Tragens von Angorabekleidung muß man mit Haaren rechnen, was sich aber mit der Zeit vermindert. Der außergewöhlich starke Wärmeschutz macht Angorabekleidung sehr gut geeignet für Unterwäsche und Wärmeschutzkleidung. Nachteil: Angoraprodukte zählen nicht gerade zu den billigsten.

Baumwolle

Baumwolle ist – wie der Name schon sagt – eine Faser pfanzlichen Ursprungs und wird aus einer strauchartigen Pflanze gewonnen. Baumwolle besitzt eine gute Reisfestigkeit. Sie nimmt Wasser auf und weist in nassem Zustand eine etwas erhöhte Reisfestigkeit auf. Sie ist einfach zu waschen und verlangt dabei keine besondere Behandlung wie einige andere Textilfasern. Baumwollprodukte sind wärmeunempfindlich.

Bearskin

Mit Bearskin wird ein Orlon-Faserpelzgewebe bezeichnet. Dieses Gewebe weist eine hohe Webdichte auf und ist sehr leicht. Das Gewebe speichert warme Luft, gibt davon aber einen Teil nach außen ab. Der Faserpelz kann direkt auf dem Körper geragen werden.

Ähnlich wie Schafwolle wärmt auch Bearskin noch in nassem Zustand. Die Bekleidung ist voll atumgsaktiv, jedoch nicht winddicht. Bei starkem Wind empfiehlt der Hersteller ein winddichtes Kleidungsstück darüber zu tragen.

Cambric

Mit Cambric wird ein Baumwoll-/Polyester Mischgewebe bezeichnet.

Cordura-Nylon

Codura-Nylon wird als Material für Rucksäcke, Außen- und Fahrradtaschen verwandt.
In den Eigenschaften ist Codura-Nylon mit Nylon identisch, bedingt durch die Webart allerdings wirkt es nicht »glatt«, sondern sieht ähnlich wie Segeltuch oder Leinen aus. Codura ist schwerer als Nylon und meines Wissens robuster und haltbarer als »einfaches« Nylon.

Core-Spun

Darunter versteht man ein Verfahren, um Baumwolle robuster und haltbarer zu machen. Ein feiner Polyesterstrang wird mit Baumwollfäden umsponnen. Bei der Verwendung als Nähfaden für Zelte und Rucksäcke erhält man eine reißfeste Naht, die fast zuverlässig gegen Nässe abdichtet, da die umsponnene Baumwolle aufquillt und so die Nahtlöcher abdichtet. Bei der Verwendung für Bekleidung ergibt sich ein Gewebe, das ebenso haltbar wie ein Polyester-/Baumwoll-Mischgewebe ist.

Dacron Hollofil

Mit Dacron Hollofil wird eine hohle Kunstfaser aus Polyester bezeichnet. Durch die Hohlräume wird im Innern der Fasern zusätzlich Luft eingeschlossen. Im Gegensatz zu »vollen« Kunstfasern weisen Hohlfasern – bedingt durch die Hohlräume – mehr Bausch auf. Bei gleichem Füllgewicht ergibt sich somit anderen Fasern gegenüber mehr Loft (s. Schlafsäcke). Dacron Hollofil wird als Füllmaterial bei Schlafsäcken und Bekleidung verwandt.

Dunova-Faserpelz

Wird für Bekleidung verwandt. Dieser Faserpelz kann auf der Haut getragen werden und nimmt eine gewisse Zeit Schweiß auf, ohne sich naß anzufühlen. Bei Verwendung von Unterbekleidung (Lifa, Thermowear etc.) gibt diese die Feuchtigkeit nach außen ab. Der Dunova-Faserpelz speichert dann die Feuchtigkeit bis zur allmählichen Verdunstung. Die Faser behält (da sie im Gegensatz zur Baumwolle nicht quillt) ihre Ventilationswirkung auch bei Nässe.

Duraluminium

Duraluminium ist ein extra leichtes und festes Aluminuium, das auch zum Flugzeugbau verwandt wird. Duraluminium wird für Rucksacktragegestelle verwandt und hat sich dabei hervorragend bewährt.

Entrant

ist – ähnlich wie Gore-Tex – ein spezialbeschichtetes Kunstfasergewebe, das den Regen abhält, den Schweiß aber nach außen entweichen läßt. Verwandt wird es z. B. bei Schlafsäcken und Bekleidung. An der Innenseite ist Entrant mit einem Kunststoff beschichtet, der unzählige, winzige Poren aufweist. Wassertropfen sind ein vielfaches größer als diese Poren, können also diese Porenschicht nicht durchdringen. Wasserdampfteilchen (Schweiß) dagegen können ungehindert nach außen dringen. Hierdurch erhält man ein atmungsaktives Gewebe bei gleichzeitigem 100%igem Regenschutz.
Entrant-beschichtetes Gewebe ist strapazierfähig und reißfest und ist gegen die im menschlichen Schweiß enthaltenen Säuren völlig unempfindlich.

Fiberfill

Mit Fiberfill wird eine Kunstfaser aus Polyester bezeichnet. Es findet als Füllmaterial bei Schlafsäcken Anwendung. Meist wird Fiberfill im unteren Teil des Schlafsacks verwandt, während die Oberseite mit Daune, Hollowfiber oder einer anderen Kunstfaser gefüllt ist, da sich Fiberfill im Gegensatz zu vielen anderen Kunstfasern bei Belastung weicher anfühlt und sich nicht zusehr zusammendrückt.

G 1000

Mit G 1000 wird ein Mischgewebe bezeichnet, das sich aus Baumwolle und Polyester zusammensetzt. Der Baumwollanteil beträgt 35, der Polyesteranteil 65 %. G 1000 ist vom Hersteller wasserabweisend imprägniert und wird zur Herstellung von Bekleidung (Hosen und Jacken) verwandt.

G 1001

G 1001 weist den gleichen Baumwoll-/Polyestergehalt wie obiges G 1000 auf. Allerdings ist es nicht wasserabweisend imprägniert, sondern luftdurchlässig und findet bei Innenzelten Anwendung.

G 500

Bei diesem Mischgewebe beträgt der Baumwollanteil 30, der Polyesteranteil 70 %. Das Gewebe ist luftdurchlässig, aber wasserabweisend imprägniert. Die Machart des Gewebes ist wesentlich weicher und leichter als die des G 1000. Dieses Mischgewebe wird bei Freizeitkleidung vewandt.

G 67

Damit wird ein Polyestermaterial bezeichnet, das für Außenzelte verwandt wird. Aus diesem Grunde ist es luftdicht und wasserdicht imprägniert. Je nach Typ wird dieses Material auch aluminiumbeschichtet.

Gore-Tex

Unter Gore-Tex versteht man ein beschichtetes Gewebe, das voll atmungsaktiv und gleichzeitig wasserdicht ist. Es besteht aus mehreren, fest miteinander verbundenen Schichten. In der Mitte befindet sich die sogenannte Gore-Tex-

Membrane. Diese enthält ca. eineinhalb Milliarden Poren pro Quadratzentimeter. Die rund 20 000 Mal größeren Wassertropfen können so nicht durch das Gewebe dingen. Trotzdem sind die Poren groß genug, um den Wasserdampf (dessen Moleküle rund 700 mal kleiner sind als der Porendurchmesser) nach außen entweichen zu lassen. Gore-Tex dient als Gewebe für Zelte, Bekleidung, Schlafsackaußenmaterial, Gamaschen und Regenbekleidung.

Gummi

Aus Gummi bestehen Schuhsohlen, Zeltabspannungen, Schuhwerk, usw. Gummi wird auch zur Wasserundurchlässigkeit bei Regenbekleidung (dünne Gummierungen) verwandt.
Gummierte Bekleidungsstücke sind logischerweise nicht atmungsaktiv, aber 100%ig wasserdicht. Mit Gummibändern werden Zeltgestänge zusammengehalten, Innen- und Außenzelte verbunden, also alles, was auf Spannung gehalten werden muß und gleichzeitig dehnbar sein sollte.

Hollofil II

Hollofil II ist eine Kunstfaser, die hohl ist. Sie dient zur Füllung von Schlafsäcken und Bekleidung. Hergestellt ist die Hohlfaser aus Polyester. Die Hohlfaser weist eine gute Isolation auf. Durch eine spezielle Oberflächenbehandlung wirkt Hollofil sehr weich. Verarbeitet wird die Faser meist in Vliesverarbeitung. Hollofil II verfügt über einen sehr guten Bausch (Loft).

Hollowfiber

Hollowfiber ähnelt in seinen Eigenschaften Hollofill II und wird zur Füllung von Schlafsäcken verwandt.

Hypalon

Hypalon ist ein Synthese-Kautschuk, mit dem Regenbekleidung beschichtet wird. Hypalon zeichnet sich durch eine gute Witterungsbeständigkeit aus und ist gegen Ozon, Sauerstoff und UV-Strahlen resistent. Hypalon ist widerstandsfähig gegen mechanischen Abrieb, leicht und klein verpackbar. Hypalon wird nicht von Schimmel, Moder oder Pilzen befallen. Mit Hypalon beschichtete Regenbekleidung ist absolut wasserdicht.

ICI Terylene Superloft

Diese endlose Hohlfaser aus Terylene ist der Daune verblüffend ähnlich. Verwandt wird sie zur Füllung von Schlafsäcken, und zwar nicht in Viiesform, sondern die Faser wird in die einzelnen Kanäle gefüllt. Meiner Meinung nach eine der besten Fasern überhaupt.

Kautschuk

Mit Kautschuk wird Natur-Gummi bezeichnet. Im Gegensatz zu anderen Materalien, z. B. PVC, ist Kautschuk witterungsbeständig und äußerst haltbar. Aus Kautschuk wird ganz oder teilweise Schuhwerk hergestellt (z.B. Gummistiefel). Kautschuk bleibt auch bei starker und tiefer Kälte weich und flexibel. Daher bietet sich Kautschuk als Material für Kälteschutzstiefel an.

KEB-Gewebe

Keb-Gewebe bekam seinen Namen nach einem gleichnamigen Zelt, bei dem das Material verwendet wurde. Bei diesem Verfahren wird Polyester (s. Polyester) mit Acryl oder Polyurethan beschichtet, dadurch sinkt normalerweise die Reißfestigkeit des Gewebes. Um diese zu erhöhen, wurden die Fasern mit einer Paste behandelt, die die Reißfestigkeit ca. viermal erhöht.

KS 100 E

KS 100 E ist ein Rucksackgewebe mit einer speziellen Beschichtung, die die guten Eigenschaften von Baumwollsegeltuch und Nylon vereint. Der Stoff ist reißfest, leicht und griffig. Das Material ist wasserundurchlässig.

Leder

Leder wird zur Schuhherstellung verwandt. Bei Ausrüstungsteilen findet es als Verstärkung oder auf genähte Laschen bei Zelten und Rucksäcken Verwendung. Bei verschiedenen kleineren Rucksäcken wurden und werden Lederschultergurte verwandt.

Lifa

ist die Bezeichnung für Sport- und Unterwäsche von Helly Hansen. Diese Sportwäsche besteht aus der Kunstfaser Polypropylen (Nähere Beschreibung s. »Unterbekleidung«).

Lunofill

Lunofill ist die Bezeichnung für eine Hohlfaser, die aus Polyester besteht. Diese Faser wird als Füllmaterial für Schlafsäcke verwandt. Auch diese Hohlfaser weist durch die Hohlräume einen guten Bausch auf. In ihren Eigenschaften entspricht sie den anderen Polyester-Hohlfasern.

Meraklon

Meraklon ist – ebenso wie Lifa – eine Kunstfaser aus Polypropylen. Auch diese Faser gibt die Körperfeuchtigkeit an die Außenseite des Bekleidungsstückes ab. Die Hautseite bleibt trocken, ein Feuchtigkeits-Kältegefühl tritt nicht ein. Meraklon nimmt kein Wasser auf und ist schnelltrocknend. Das Material ist sehr strapazierfähig und pflegeleicht. Der Hersteller empfiehlt für Meraklon-Unterbekleidung Ganzjahreseinsatz.

Neopren

Mit Neopren wird ein Grundmaterial innen und außen dick beschichtet, was gummiartig wirkt.
Neopren wirkt sehr stark isolierend, weshalb dieses Material auch bei Surf- und Tauchanzügen Verwendung findet. In unserem Fall wird Neopren für Steigeisenbindungen verwandt, da es sehr haltbar ist. Auch bei Kälteschutzgamaschen kommt Neopren zur Anwendung.

Nylon (Polyamid)

Nylon besteht auch Polyamidfasern und verliert in nassem Zustand zwischen 5 und 15 % seiner Festigkeit.
Nylon ist sehr leicht und dehnt sich bei Feuchtigkeit aus. Nylon vermag einen minimalen Teil Wasser in sich aufzunehmen, aus diesem Grund sind Kleidungsstücke aus diesem Gewebe bei heißem Wetter nicht zu empfehlen, da der größte Teil des Schweißes auf der Haut verdunsten muß. Nylon findet bei Zelten, Rucksäcken, Packtaschen, Bekleidung usw. seinen Einsatz. Nylonmaterial ist das billigste Material und wird daher in der Regel bei unterer oder mittlerer Preisklasse verwandt. Es gibt gute, kräftige Nylonstoffe, aber auch sehr dünne – je nach Preisklasse und Hersteller.

Polarlight

Mit Polarlight wird eine Kunstfaser aus Polyester bezeichnet. Die Faser besitzt gute Lofteigenschaften und ermöglicht kleinere Packmaße als frühere Produkte. Polarlight trocknet wie alle Kunstfasern sehr schnell. Die strapazierfähige Faser wird zur Füllung von Schlafsäcken und Bekleidung verwandt.

Polarguard

heißt eine aus Amerika stammende Kunstfaser aus Polyester. Sie war damals die erste Alternative zu Daune und ist heute im Vergleich zu neueren Entwicklungen veraltet.
Daunenähnlich sind Isoliereigenschaften und Quellfähigkeit, in Gewicht und Packmaß ist Polarguard der Daune (und moderenen Kunstfasern) unterlegen.

Polarwear

Damit wird ein Faserpelzgewebe aus Dacron bezeichnet. Es nimmt nur wenig Waser auf und trocknet recht schnell. Der Schweiß wird in Form von Wasserdampf nach außen abgegeben. Polarwear ist pflegeleicht und strapazierfähig und wärmt auch noch bei Nässe. Polarwear-Bekleidung kann direkt auf der Haut als Unterbekleidung getragen werden.

Polyfill

Mit Polyfill wird eine Polyester-Hohlfaser bezeichnet. Die Faser weist einen guten Bausch auf und wird bei Schlafsäcken zur Füllung verwandt. Die Verarbeitung erfolgt in Vliesverarbeitung. Polyfill weist die gleichen Eigenschaften wie andere Hohlfasern auf.

Polynosic

Mit Polynosic wird Nylongewebe bezeichnet, das baumwollähnlich bearbeitet wurde. Der Vorteil besteht darin, daß sich das Material fast wie ein Baumwollbezug anfühlt, aber gleichzeitig schneller erwärmt und sich angenehmer auf der Haut als reines Nylon anfühlt. Polynosic wird als Innenmaterial für Schlafsäcke verwandt.

Polyamid

siehe Nylon

Polyester

Polyester ist eine synthetische Faser und wird aus einer Säure und Alkohol gewonnen. Polyesterfasern verfügen über eine hohe Zerreißfestigkeit, hohe Elastizität und Formbeständigkeit. Sie sind schnell zu trocknen und säurefest. Durch die sehr geringe Wasseraufnahme (minimal) und keinerlei Schweißaufnahme ist reines Polyestergewebe als Bekleidung nicht zu empfehlen.
Für Außenzelte jedoch dürfte Polyester das beste Material sein. Mit Baumwolle gemischt (Baumwoll-/Polyester Mischgewebe) bildet es eine hervorragendes Gewebe für Innenzelte und strapazierfähige Bekleidung.

Quallofil

Quallofil, eine Polyesterfaser, verfügt ebenfalls über Hohlräume. Im Gegensatz zu anderen Hohlfasern weist Quallofil vier getrennte Hohlkammern auf. Dies verringert das Gewicht, sorgt für eine gutes Wärmeisolierverhalten und einen guten Loft. Durch die vier Kammern weist die Faser eine lange Haltbarkeit und größere Elastizität auf.

Rhovylon

heißt die Kunstfaser, die zur Herstellung von Thermo Wear-Bekleidung verwandt wird. Eigenschaften siehe Thermo Wear und Thermo Wear L.

Ripstop-Nylon

Ripstop-Nylon wird bei Schlafsäcken als Innen- und/oder Außenmaterial verwandt. Die Eigenschaften von Ripstop-Nylon sind die gleichen wie bei Nylon, nur soll Ripstop-Nylon eine höhere Reißfestigkeit haben.

Rutarmé N

Rutarmé N ist die Bezeichnung für ein Nylonmaterial, also Polyamid. Das Gewebe ist atmungsaktiv und luftdurchlässig. Es wird als Gewebe für Innenzelte eingesetzt.

Seide

Die echte Seide wird mit Hilfe der Seidenraupe aus ihren Kokons gewonnen. Auf einem einzelnen Kokon sind 3000 bis 4000 Meter Faden aufgesponnen. 300 bis 900 Meter davon können zur Herstellung verwandt werden. Seide gilt als die reißfesteste Tierfaser, sie ist hochelastisch und leitet die Wärme schlecht. Aus diesem Grund wird Seide für warme Unterbekleidung und Gesichtsmasken verwandt. Seide sollte man chemisch reinigen lassen, um ihre lange Lebensdauer zu erhalten. Seide steht im Verhältnis Isolierfähigkeit/Eigengewicht an der Spitze aller Fasern.

Silikongummi

Mit Silikongummi können die Außenwände von Zelten imprägniert werden, oder besser gesagt, beschichtet werden. Dadurch werden die Außenzelte absolut wasserdicht.

Steelon

Mit Steelon wird teilweise Nylon (Polyamid) bezeichnet, das luft- und wasserdicht imprägniert ist. Steelon wird für Rucksäcke, Rucksackregenhüllen und Hüftgurte verwandt.

Superdaune

Von der Fa. Salewa so bezeichnete Daune, die als Füllmaterial in Schlafsäkken Verwendung findet. »Superdaune« besteht – wie viele andere Daunenmischungen auch – aus 80 % Entendaunen und 20 % Stützfedern.

Thermowear

Mit Thermowear wird eine Unter- und Sportbekleidung bezeichnet. Thermowearbekleidung ist atmungsaktiv und wärmt auch bei Nässe. Die Faser ist schnelltrocknend, hautfreundlich und angenehm weich. Ein Feinfasergewirke an der Innenseite sorgt für Abgabe der Feuchtigkeit an die Außenluft.

Thermowear L

Thermowear L stellt eine Weiterentwicklung obiger Kunstfaser dar. Der Eignungsschwerpunkt dieser Bekleidung liegt im Sommer. Sie schafft eine Wärmehülle um den Körper. Die Feuchtigkeit (Schweiß) wird an die darübergetragene Kleidungsschicht (z.B. Baumwolhemd) abgegeben. Auch dieses Gewebe ist schnelltrocknend, so daß man auch nach starkem Schwitzen die Unterbekleidung anbehalten kann, ohne sich zu erkälten.

Thinsulate

Thinsulate ist eine Kunstfaser, die zur Füllung von Wärmebekleidung entwickelt wurde. Das Material erreicht bei gleicher Füllstärke annähernd den doppelten Isolationswert herkömmlicher Kunstfasern. Mit Thinsulate gefüllte Bekleidungsstücke sind also warm und klein verpackbar. Im Gegensatz zu anderen Materalien wird bei Thinsulate die Wärme nicht durch Luftspeicherung, sondern durch Luftbindung erzielt. Zwischen den feinen Verästelungen des Materials wird die warme Luft eingeschlossen und »bindet« sich so an jede Faser. Die Ableitung der Wärme ist minimal und auch die Atmungsaktivität wird nicht beeinträchtigt.

Vibram

Vibram wird zur Schuhsohlenherstellung verwendet. Das Material ist relativ weich, man hat einen guten Stand. Vibram wird als Laufsohle bei Wander-, Berg- und Wärme- oder kombinierten Stiefeln genommen.

Ventile

Als Ventile wird seitens eines Herstellers eine langfaserige Baumwolle bezeichnet. Ventile ist luftdurchlässig, aber wasserdicht imprägniert. Es wird bei Anoraks und Hosen verwandt.

Vinylon F

Vinylon F (Kuralon) ist eine Kunstfaser, die bei Rucksäcken und Rucksacküberzügen verwandt wird. Das Gewebe ist luftdurchlässig, aber wasserdicht.

Wolle (Schafwolle)

Wollhaare können sehr viel Feuchtigkeit aufnehmen. In dieser Beziehung übertreffen sie alle Textilfasern. Bis zu 35 % ihres Eigengewichtes kann Wolle innerhalb kurzer Zeit aufnehmen, ohne sich feucht anzufühlen. Von außen kommende Feuchtigkeit kann ebenso gebunden werden wie austretender Schweiß. Wollprodukte schützen daher auch vor Erkältungskrankheiten. Da Wolle aus Eiweiß besteht (Baumwolle besteht z.B. fast aus reiner Zellulose), das in seiner Verbindung dem der menschlichen Haut gleicht, ist sie gut zu tragen.

Wolle kann durch eine spezielle Behandlung gewalkt werden. Gewalkte Wolle ist fester und dichter als unbehandelte Wolle. Beim Walken verhaken die Schuppenzellen verschiedener Wollhaare und durch die hohe Elastizität der Wolle tritt eine Faserverbindung ein. Walken wird u.a. bei Bekleidung angewandt (z.B. Schladminger Schafwollstrümpfe).

Zellkunststoff

Mit dem Zellkunststoff wird das Material bezeichnet, aus dem Biwakmatten (Isoliermatten) gefertigt sind. Das Material ist zum Gegensatz zu Schaumstoff geschlossenzellig, d. h. es nimmt keine Nässe (Regen, Wasser, etc.) auf und ist sehr leicht.

40. Globetrotter-Shops, Hersteller und Vertriebsfirmen

Hier sind die (mir bekannten) Ausrüstungs- und Globetrotter-Shops aufgeführt und zwar alphabetisch nach ihrem Sitz (Städtenamen). Sollte jemand nicht aufgeführt sein, bitte ich um eine Nachricht oder einen Anruf, damit das betreffende Geschäft zur Vervollständigung dieser Liste bei der nächsten Auflage mit hineinkommt. Meine Adresse:

Uhl's Ausrüstungs-Depot
Wolfgang Uhl
Enoch-Widman-Straße 3 + 12
Telefon (0 92 81) 4 48 57
8670 Hof/Saale

Hersteller und Vertriebsfirmen sind am Ende dieser Übersicht alphabetisch nach Firmennamen aufgeführt. Ich hoffe, mit dieser Übersicht jedem gerecht zu werden.

Globetrotter-Shops

Deutschland

Aachen

Globetrott-Zentrale
Tesch GmbH
Korneliusmarkt 56
Telefon (0 24 08) 41 41
5100 Aachen

Berlin

Alles für Tramper
Bundesallee 88
Telefon (0 30) 8 51 80 69
1000 Berlin 31

Outdoor
Alles für Draußen
Bismarckstraße 63
Telefon (0 30) 2 61 34 56

Bochum

Alles für das Freiluftleben
Wasserstraße 13
Telefon (02 34) 36 02 11
4630 Bochum

Dortmund

Globetramp
Backpacking Ausrüster
Hochfelderstraße 49
Telefon (02 31) 42 07 41
4600 Dortmund 30

Düsseldorf

Sack & Pack
Aachener Straße 10
Telefon (02 11) 34 62 18
4000 Düsseldorf-Bilk

Trans Globe
Bismarckstraße 81
Telefon (02 11) 35 14 50
4000 Düsseldorf 1

Frankfurt

Sine-Frankfurt GmbH
Homburger Straße 26
Telefon (06 11) 77 77 23
6000 Frankfurt 90

Hamburg

Globetrotter-Ausrüstungen
Denart & Lechart GmbH
Wandsbeker Chaussee 41
Telefon (0 40) 2 50 44 03
2000 Hamburg 76

Hattorf

Buchvertrieb
Gerda Schettler
Auf der Burg 22
Telefon (0 55 84) 12 33
3415 Hattorf

Kirchheim

Därr Expeditions-Service GmbH
Hauptstraße 26
Telefon (0 89) 9 03 80 15
8011 Kirchheim/Heimstetten

Köln

Trans Globe
Weyerstraße 33
Telefon (02 21) 23 93 98
5000 Köln 1

Mühltal

Syro-Depot GmbH
Ausrüstungen für Abenteuer-Reisen
Zur Eisernen Hand 25
Telefon (0 61 51) 14 77 94
6109 Mühltal 2

München

Äquator GmbH
Hohenzollernstraße 93
Telefon (0 89) 2 71 13 50
8000 München 40

ATAP
Implerstraße 29
Telefon (0 89) 77 38 31
8000 München 70

Lauche & Maas
Expeditions-Ausrüstung
Alte Allee 28 a
Telefon (0 89) 88 07 05
8000 München 60

Tramper- u. Trekking-Shop
Nordendstraße 42
Telefon (0 89) 9 03 80 15
8000 München 40

Münster

Tramper Treff
Körnerstraße 18
Telefon (02 51) 5 87 67
4400 Münster

Passau

Globetrotter-Ausrüstungen
Horst Pritz
Schmiedgasse 17–19
Telefon (0 81 51) 3 62 20
8390 Passau

Rotenburg

Biwak
Harzburger Straße 30
Telefon (0 42 61) 6 25 35
2720 Rotenburg-Wümme

Österreich

Wien

Hof & Turecek GmbH
Expeditionsservice
Rustengasse 7
Telefon (02 22) 85 71 01
A-1150 Wien

Schweiz

Zürich

Tramper Paradise
Badnerstraße 66
Telefon (01) 2 41 02 20
CH-8026 Zürich

Transa
Josefstraße 21
Telefon (01) 42 90 40
CH-8005 Zürich

Hersteller- und Vertriebsfirmen

Ajungilak GmbH
Gertrudenkirchhof 10
Telefon (0 40) 32 20 35
2000 Hamburg 1
(Schlafsäcke, Schlafsackzubehör)

Caravan
Nordisk Freizeit GmbH
Postfach 3248
Telefon (0 41 05) 8 20 41
2105 Seevetal 3
(Schlafsäcke, Rucksäcke, Zelte, Bekleidung, Zubehör, Vertrieb für Trangia-Geschirr)

Deutsche Katadyn GmbH
Schäufeleinstraße 20
Telefon (0 89) 57 56 73
8000 München 21
(Trinkwasser-Filter, Wasser-Entkeimungs-Präparate)

Fjällräven
Sportartikel-Handelsges. mbH
Fraunhoferstraße 10
Telefon (0 89) 8 57 50 81/82
8033 Martinsried
(Schlafsäcke, Rucksäcke, Zelte, Bekleidung, Zubehör)

Lowe
Vertrieb für Deutschland
Heka Sportartikel GmbH
Drygalski Allee 33
Telefon (0 89) 78 20 21
8000 München 71
(Rucksäcke, Fototaschen, Zelte, Zubehör)

Meindl
Postfach 20
Telefon (0 86 85) 4 75
8229 Kirchanschöring
(Schuhwerk: Wandern, Bergwandern, Bergsteigen, Trekking, usw.)

Salewa
Entwicklung, Herstellung und Vertrieb von Bergsportartikeln
Thalkirchner Straße 47
Telefon (0 89) 76 77 08
8000 München 15
(Bergsportartikel, Zelte, Rucksäcke, Bekleidung, Schlafsäcke, Kocher usw.)

TomCat
Backpacking Sportartikel GmbH
P.O.Box 3030
Telefon (07 31) 3 72 37
7900 Ulm
(Schlafsäcke, Rucksäcke, Zelte, Bekleidung, Zubehör)

vauDe
Bergsport, Trekking, Speläologie
Telefon (0 75 42) 80 14
7992 Tettnang 1
(Schlafsäcke, Rucksäcke, Zelte, Bekleidung, Zubehör)

41. Dank

»Isi« Isabella Peter
Christian Finck
Dittmar Rauch
Ernst Uhl
Günther Trapper
Klaus Deblitz
»Larsen« Rudi Weidner
Stefan Pastor
Werner Schnabel

Stefan Pastor
Werner Schnabel

Euch allen für die Hilfe herzlichen Dank!

Wolfgang Uhl

Euch allen für die Hilfe herzlichen Dank!

Wolfgang Uhl

42. Stichwortverzeichnis

E

F

G

H

I

J

K

L

M

N

O

P

Q

R

S

T

U

V

W

Z